現代カナダ経済研究

州経済の多様性と自動車産業

栗原武美子

東京大学出版会

A Study of the Contemporary Canadian Economy:
Diverse Provincial Economies and the Automotive Industry
Tamiko Kurihara

University of Tokyo Press, 2011
ISBN978-4-13-046102-3

はしがき

　この本の目的は，第二次世界大戦後のアメリカ経済と対比した時のカナダ経済の独自性，ならびにカナダ国内における10州の経済の多様性を呈示することにある．また，圧倒的な米加間の経済関係にあって日本の地位はややもすると見落とされがちであるが，近年の日本とカナダの経済関係を二国間貿易と日本の対加直接投資の観点から解明することによって，日本はカナダにとって重要な貿易国であり，投資国であることも指摘したい．

　本書の意義は，次の3点にある．先ず，カナダ経済がアメリカ経済の一部ではないことを指摘した点である．日本から見るとカナダはアメリカ合衆国と一体となって北米として認識されている．確かにグローバリゼーションの下でカナダは北米自由貿易協定の締結国であり，北米経済が一体化する方向に進んでいる．しかし，カナダ経済はアメリカ経済とは異なり，特有の発展を遂げて来た．次に，対米依存度の高い日本にとって，カナダの対米政策から学ぶべき点が多いことを明らかにした点である．カナダ経済は貿易と直接投資の面でアメリカに大きく依存している．しかし，対米依存しつつも，カナダ政府は経済政策を通じて，日本や現在のヨーロッパ連合との経済関係を強くすることでアメリカとは一線を画すように試みてきた．日本がこうしたカナダの対米政策を知ることは，日本にとって対米関係が他にもあり得ることを知る上で大切である．さらに，日本はカナダの地方分権型経済からも多くを学べることを示唆した点である．カナダは連邦制を採っており，カナダの州政府の政治経済面に及ぼす影響力は極めて大きい．日本のように中央集権的な国は，カナダのような分権制度を採用しつつ連邦政府の下で一国家を形成している国の政策を学ぶことで，本

来の意味の地方分権を理解できると考える．

　本書の理論的枠組みは，ディッケン（Peter Dicken）の *Global Shift* (2007) で展開されている仮説，すなわち，「多国籍企業と国家および統合された経済圏は，技術革新の下で相互作用をしつつ地球規模の経済変容をもたらす」に依拠している．カナダの経済発展を概観する時，特に初期における経済発展が「ステイプル理論」で説明されてきたことは周知の事実である．しかし，本書の分析対象の主眼はあくまで第二次世界大戦後の現代のカナダ経済の特徴であるため，ディッケンの仮説に依拠する次第である．

　本書は3部構成である．先ず，第Ⅰ部でカナダ経済の概観をこれまでの経済発展と経済政策を通じて呈示する．特に，第二次世界大戦後，経済関係が密接となったアメリカとの経済関係を，通商政策の変遷のみならず貿易やカナダへの直接投資といった具体的指標からその特徴を指摘する．また，カナダにとって日本は1970年代前半から2000年代前半までは第2位の貿易相手国であったことや，1980年代から1990年代後半までは日本からの直接投資額が第3位であったことも合わせて指摘する．

　第Ⅱ部では，カナダを構成している10州と3準州のうち，経済規模が大きくまた州権力の経済へ及ぼす影響力が明瞭な10州を取り上げ，人口，国内総生産（GDP），経済成長率，就業者数，失業率といった基本的な経済指標，ならびに貿易相手国や貿易品目といった対外的経済関係からそれぞれの州の経済的特徴を明らかにする．さらに，州間の経済格差を反映した財政力格差是正措置としての連邦政府の平衡交付金や，各州政府の投資政策を含む経済政策の特徴も合わせて明らかにする．

　第Ⅲ部では，日本とカナダの経済関係を日本からカナダへの直接投資を通して提示する．日本の直接投資額は金額的には少ないが，日本とカナダにとって大変重要な役割を果たしている．ここでは，製造業への投資の事例として，近年その重要度が増しているオンタリオ州の自動車産業への投資をホンダとトヨタの立地展開を中心にしてまとめる．特に，アメリカの3大自動車メーカーが経営危機に陥ったり，苦戦を強いられている中

で，日本のメーカーは相対的にカナダ市場でその存在感を増していることを指摘したい．

　本書では，カナダ経済の中でも第 1 次産業の石油産業と第 2 次産業の自動車産業を中心に記述している．これらの産業は歴史的に外国資本の下で発展してきた産業で，石油産業は，その高い外資依存度を巡って，カナダ国内では特に 1970 年代に論争の焦点となった産業である．また，自動車産業は 1965 年から今日の北米自由貿易協定に至るまで，自由貿易推進の中核をなす産業でもある．一方，本書では第 3 次産業の金融業やサービス産業については力点を置いていない．1980 年の銀行法改正まで，外国銀行はカナダへ現地法人として参入が認められず，また外国銀行の資産は国内銀行の資産の 8% 以内（1984 年から 16% 以内）に制限されてきたからである．カナダでは 5 大特許銀行が資産面でも，収入面でも他銀行より抜きん出ている．

　最後に，日本におけるカナダ研究は特に文学，歴史，政治が活発で研究業績も層が厚い．しかし，カナダの経済分野に関する，経済学，経営学，経済地理学の視点からの研究はまだ手薄である．通例であれば，はじめに関連分野の先行研究について概説するところであるが，こうした事情から，本書では日本の研究者の業績を踏まえつつも，日本では入手しにくいカナダ政府の統計資料ならびにカナダの研究者の業績を中心に論点を展開していることを，予めお断わりしておきたい．なお，日本で入手可能なカナダ研究に関しては，既に松原宏氏が論文「カナダの地域構造」（松原宏 (2003)）の中で広範囲にわたる関連業績の見事なサーベイをされているので，読者の皆さんにはそれを参照して頂きたい．

　本書は，筆者のこれまでの研究成果と共に，主として平成 14 年度から平成 16 年度科学研究費補助金（基盤研究 (B)(2)）（研究代表＝丸山真人）の研究成果報告書『カナダにおける日本の海外直接投資と地域通貨』と日本証券奨学財団の研究成果「日本からカナダ・オンタリオ州の自動車産業への直接投資に関する実証研究」の一部を活用している．第 I 部と第 II 部については，注で示している数段落以外は，ほぼ全面的に書き下ろし

ている．また，第III部については，「日本からカナダ・オンタリオ州の自動車産業への直接投資に関する実証研究」を基に，大幅に加筆修正がなされている．

　本書が現代カナダ経済の理解の一助となれば，筆者として大変嬉しい限りである．

目　次

はしがき

第Ⅰ部　カナダ経済の概観

第1章　現代カナダ経済の特徴 …………………… 3

第2章　外国資本の導入による発展 …………… 19
　　　　——カナダ連邦成立以後から小麦ブームまで

第3章　工業化の急速な進展 ……………………… 25
　　　　——第一次世界大戦から第二次世界大戦まで

第4章　高度成長から自由貿易へ ……………… 33
　　　　——第二次世界大戦後から現在まで
　4.1　戦後カナダ経済の概要　33
　4.2　米加自動車製品協定の締結　38
　4.3　国際経済体制の変容と経済的ナショナリズムの台頭　42
　4.4　経済的大陸主義へ——2つの自由貿易協定の締結　49

第5章　世界金融危機の影響 ……………………… 59
　　　　——2008年の経済不況
　5.1　実質国内総生産と雇用からみた景気後退　59
　5.2　貿易と自動車産業への影響　72
　5.3　連邦政府の景気刺激策　82

第 II 部　各州における経済的特質

第 6 章　州別の国内総生産と雇用 …………………………… 91
 6.1　財生産業とサービス生産業の貢献　91
  ——1997 年から 2007 年までの特徴
 6.2　牽引役の州のマイナス成長　116
  ——2008 年の経済不況の影響

第 7 章　州別の貿易の特徴 …………………………………… 141
 7.1　アメリカへの依存と原油の輸出入　141
  ——2002 年から 2007 年までの傾向
 7.2　自動車産業の落ち込みと原油の高騰　170
  ——2008 年の経済不況の影響

第 III 部　自動車産業における多国籍企業の投資活動

第 8 章　ビッグ・スリーの隆盛 ……………………………… 187
  ——1980 年代前半まで
 8.1　自動車産業の意義　187
 8.2　ビッグ・スリーのカナダ進出　188
 8.3　米加自動車製品協定の影響　191
 8.4　石油危機の自動車産業への影響　196

第 9 章　日系自動車メーカーの台頭とデトロイト・スリー … 199
  ——1980 年代後半以降
 9.1　日系自動車メーカーのカナダ進出　199
 9.2　米加自由貿易協定と NAFTA の自動車産業への影響　207
 9.3　オンタリオ州の立地条件と政府の自動車産業政策　216

第 10 章　デトロイト・スリーの凋落と財政難　……… 225
　　　　　──2008 年の経済不況
　　10.1　GM とクライスラーの経営危機　225
　　10.2　カナダおよびオンタリオ州における新車販売不振の影響　234

終　章 ……………………………………………………… 239

参考文献（英文）……………………………………………… 245
参考文献（和文）……………………………………………… 262
謝辞（Acknowledgements）………………………………… 267
Abstract ……………………………………………………… 271
索　引 ………………………………………………………… 281

全図

第Ⅰ部

カナダ経済の概観

第1章　現代カナダ経済の特徴

　カナダから連想されるイメージは，先進工業国で治安もよく住みやすい国で，ロッキー山脈に代表される自然が美しい豊かな国ではないだろうか．また，カナダ文化を理解している人にとっては，カナダが多種多様な民族集団からなり，1971年には多文化主義政策が導入されて，各民族集団の独自の文化を尊重する「モザイク」社会を形成していることも周知の事実だろう．経済に関して言えば，一般にカナダは日本にとって小麦などの食糧や木材・パルプなどの森林資源，石炭や銅などの鉱物資源をそこから輸入し，機械類をそこへ輸出している貿易相手国として認識されていると言えるだろう．しかし，日加関係を離れて，カナダ経済の特徴は何か，と改めて問い掛けてみると，情報は意外に少ないことに気付くのではないだろうか．

　本書の第Ⅰ部では，世界の中，とりわけイギリスやアメリカ合衆国（以下，アメリカと略記）との関係からカナダを見た時，どのようなカナダ経済の特徴が現われてくるのかを解明してみよう．第1章では，はじめに現代のカナダ経済の持つ特徴を指摘する．第2章から第4章では，カナダ連邦成立から今日に至る時期を3つの時代に区分し，現代のカナダ経済の特徴がどのような歴史的過程を経て形成されたかについて明らかにする．具体的には，第2章はカナダ連邦成立以後から小麦ブームまで，第3章は第一次世界大戦から第二次世界大戦まで，第4章は第二次世界大戦後から現在までの時期について述べる．第5章では，2008年以降の経済不況について現状分析を試みる．

　カナダ経済は，連邦成立時点では宗主国イギリスとの関係が密接であっ

4──第Ⅰ部 カナダ経済の概観

図1-1 2007年の世界の名目国内総生産

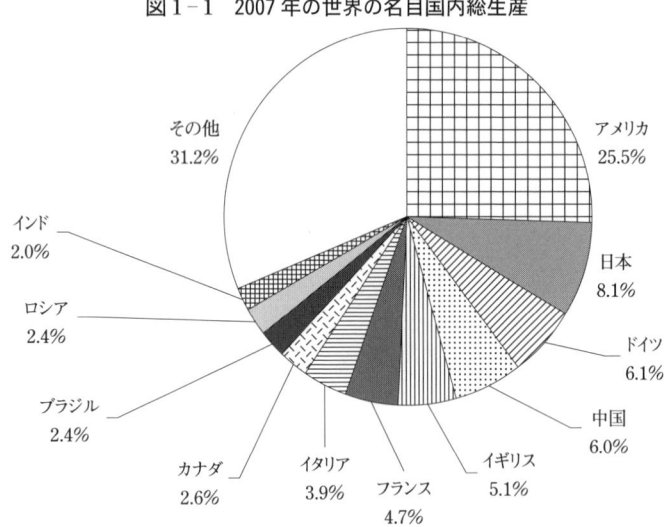

注）中国の GDP は IMF による推計値．
出典）International Monetary Fund, World Eonomic Outlook Database, April 2008.

たが，時代と共に隣国アメリカとの関係が密接になっていった．この点は，特に，第二次世界大戦後のカナダ政府の経済政策の変遷に焦点を当てて詳細に述べたい．第Ⅰ部において，カナダ経済の成長については国民総生産（GNP）や国内総生産（GDP）によって，カナダとイギリスやアメリカなどの経済関係は，貿易や直接投資という指標を用いて明らかにしたい．

現代のカナダ経済の特徴は以下の7つの点にまとめることができる．

第1に，カナダは先進工業国であり，その経済規模はアメリカの約10分の1である．カナダは，先進国クラブと称される経済協力開発機構（OECD）の加盟国であり，先進主要国会議（現在のG8）に1977年から参加している先進工業国である．2007年のカナダの名目国内総生産（名目GDP）は1兆4,321億[1] US ドル（以下，米ドルと略記）で，図1-

---

1) 本文中の数字は，表やグラフに掲載されていないものも含め出典の数字を四捨

1が示すように，世界の名目GDPの第8位で2.6%を占めている．同年，アメリカの名目GDPは世界第1位の13兆8,438億米ドルで，これはカナダの9.7倍である．このため，カナダ経済は隣国アメリカ経済の約10分の1の規模と把握されている．

　第2に，国土面積に比較して人口が小さく，市場は偏在している．カナダの国土面積は世界第2位の998.5万km^{2}と広大であるが[2]，国土の大部分が冷帯や寒冷帯に属し，居住地域が限られる．2008年1月1日のカナダの総人口は3,314万3,610人であった[3]．カナダは都市化された国で，2006年のカナダ国勢調査（センサス）によると33の大都市圏（Census Metropolitan Areas, CMAs）と111の都市圏（Census Agglomerations, CAs）が存在する．前回の2001年のセンサスと比較すると，CMAsが6ヶ所，CAsが7ヶ所増加し，総人口の81.1%が都市部に居住している[4]．2006年のセンサスによると，カナダには100万人以上の都市は6大都市圏で，最大の都市はトロント（人口511.3万人），以下モントリオール（363.5万人），ヴァンクーヴァー（211.6万人），オタワ＝ガティノー（113.0万人），カルガリー（107.9万人），エドモントン（103.4万人）であった[5]．

　　五入したものである．
2）　従来は国土面積は997.1万km^{2}と公表されていたが，2005年から現在の面積に変更された．（出典：United Nations, *Demographic Yearbook 2005*, Table 3, p. 59,（New York: United Nations, 2008））．
3）　Statistics Canada（カナダ統計局），*The Daily*, March 27, 2008.
4）　Statistics Canada, 2006 Census, "Census Metropolitan Area (CMA) and Census Agglomeration (CA): Detailed Definition"によると，CMAは人口が10万人以上で，そのうち5万人以上が都市の中心部（urban core）に住んでいること，CAは都市の中心部に1万人以上住んでいること，と定義されている．
5）　Statistics Canada, 2006 Census, "Census Trends for Census Metropolitan Areas and Census Agglomerations (Table)," Catalogue no. 92-596-XWE, Ottawa. また，2006年のセンサスではオタワ＝ガティノーとなったが，2001年以前のセンサスではオタワ＝ハルと記述されていた．なお，オタワ＝ガティノーCMAは，2つの州（オンタリオ州とケベック州）にまたがっている唯一のCMAである．

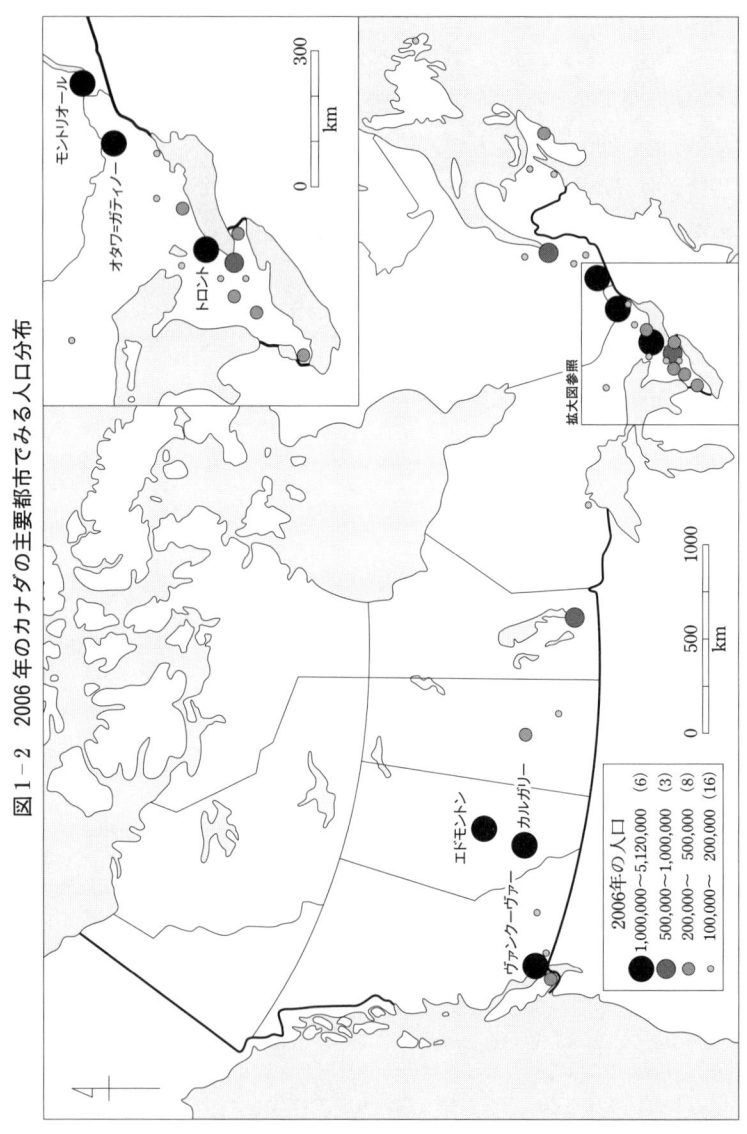

図1-2 2006年のカナダの主要都市でみる人口分布

出典) Statistics Canada, 2006 Census (2006年カナダ国勢調査).

しかもこれらの都市地域は，エドモントンやカルガリーを除くと，アメリカとの国境地帯に分布している．図1-2は2006年センサスに基づく大都市圏の分布を示したものである．特に，オンタリオ州からケベック州にまたがるウィンザーからケベック・シティにかけての回廊地帯（Windsor＝Quebec City corridor）や[6]，ブリティッシュ・コロンビア州のヴァンクーヴァーからヴィクトリア，アルバータ州のエドモントンやカルガリーに人口が密集している．これらの人口集中地域を除くと，人口は広大な国土に分散している．カナダの経済規模がアメリカの約10分の1と相対的に小さい上，市場が分散しているのも特徴の1つである．

第3に，カナダ経済の発展に寄与してきたのは，豊富で多様な天然資源の存在と，労働力としての移民の存在，ならびに外国資本の投入であった．カナダでは，石炭や原油などのエネルギー資源や鉱物資源が豊かである．2007年，カナダのウラン鉱とカリウム鉱が世界第1位，ニッケル鉱，コバルト鉱が世界第2位，チタニウム鉱，プラチナ鉱，アルミニウム鉱が世界第3位，亜鉛鉱，モリブデン鉱，塩が世界第5位の産出高となっている[7]．エネルギー資源の石炭も原油も，世界有数の産出量を誇っている．特に，オイルサンドが原油の埋蔵量に加えられた結果，2008年末のカナダの原油埋蔵量はサウジアラビア（世界の19.7％）に次ぐ規模（13.3％）となっている[8]．オイルサンドとは，粘りの強い瀝青（黒色で

---

6) Maurice Yeates, "The Industrial Heartland: Its Changing Role and Internal Structure," in *Heartland and Hinterland: A Regional Geography of Canada, 3rd ed.*, ed. by Larry McCann and Angus Gunn, (Scarborough, Ontario: Prentice Hall Canada, 1998a), pp. 109-145, and Maurice Yeates, *The North American City, 5th ed.*, (New York and Don Mills, Ontario: Longman, 1998b), P. 217.

7) Natural Resources Canada, *Canadian Mineral Yearbook 2008*, Statistical Report, Table 5: Canada's World Role as a Producer of Certain Important Minerals, 2007.

8) 矢野恒太記念会編，『世界国勢図会　2009/2010』，矢野恒太記念会，2009年，pp. 184および188-189（原典：『オイル・アンド・ガスジャーナル』(2008年12月22日号) による).

粘着性のある物質の総称）の他，粘土を含んだ鉱物や砂，水分などで構成される層で，重油の前段階であるビチューメンが抽出される[9]．

　カナダにはイヌイット（かつてのエスキモー）やファースト・ネイションズ（かつてのネイティヴ・インディアン）が既に居住していた．当初はフランスやイギリスなどの西ヨーロッパから，また20世紀初頭から第一次世界大戦までの間には，東および南ヨーロッパから，さらにアジアから「新移民」と呼ばれた移民が到来した．

　東および南ヨーロッパからの移民によって，マニトバからアルバータにかけて広がる大平原（プレーリー）の開拓が行なわれ，小麦が栽培された．一方，鉄道建設労働者としては中国人が雇用された[10]．その後も，世界中からの移民によって，労働力が供給された．今日でも，外国資本と移民の導入が図られ，投資を行ないカナダで事業を創出するビジネス移民の奨励を積極的に行なっている州が多い．

　第4に，カナダの経済構造をGDPと就業者数でみると，カナダ経済はサービス生産業が卓越し，また製造業も発達している．2007年のカナダの名目GDP（支出ベース）は1兆5,314億カナダドル[11]で，最近の対米ドルに対してのドル高やアメリカ経済の不況を反映して2007年の実質GDP成長率は2.7%[12]であった．表1-1は2002年連鎖ドル[13]で表示された1997年から2007年までの5年ごとの産業別実質GDPである．2007年にはサービス生産業が全GDPの69.1%を占め，財生産業[14]は30.9%で，第3次産業が卓越している．サービス生産業の中では，金

---

9) ジェトロ，『ジェトロ貿易投資白書　2004年版』，2004年，ジェトロ，p. 122.
10) 木村和男編，『カナダ史』，山川出版社，1999年，pp. 14-15.
11) 本書はカナダ経済を扱っているので，以下特に断わりがない限りカナダドルをドルと表記する．
12) Statistics Canada, *The Daily*, April 28, 2008.
13) 2002連鎖ドルはChained (2002) dollarsで，2002年のドルを基準としている．
14) 出典では，財生産業はgoods-producing industries，サービス生産業はservice-producing industriesと表記されている．従って，財生産業には第1次産業と第2次産業が含まれる．

融・保険・不動産・リース業[15]が19.6%を占め，卸売業（5.8%）と小売業（6.0%）を合わせた商業が11.8%，それに医療・社会福祉の6.3%が続く．財生産業の中では，製造業の占める割合が15.1%と大きい．

表1-2は1997年から2007年までの5年ごとの産業別就業者数を表わしている．2007年の全産業就業者数は1,686万6,400人で，サービス生産業に従事している就業者は全体の76.3%を占め，財生産業に従事している就業者は23.7%であった．その中では，商業（15.9%），製造業（12.1%），医療・社会福祉（10.9%）に従事している者の割合が高い．金融・保険・不動産・リース業のGDPに占める割合は19.6%と大きかったが，就業者数に占める割合は6.3%と比較的小さい．

第5に，カナダは貿易依存度が大きく，機械関連機器と鉱物性燃料が貿易の主要な品目である．2007年のカナダの輸出総額[16]は4,199億ドル，輸入総額は4,067億ドル[17]で，輸出総額および輸入総額は名目GDPのそれぞれ27.4%と26.6%に当たる．表1-3と表1-4はそれぞれ2000年から2007年にかけての品目別輸出額と輸入額を示している．輸出品目では，自動車およびその関連製品（以下，自動車関連製品と略記）は1970年代からカナダの輸出品目の筆頭を占めており，表1-3の通り2000年から2004年まで輸出総額の20%台であったが，2005年に最近の原油高を反映してその座を鉱物性燃料に明け渡した．2007年には鉱物性燃料が第1位で932億ドル（輸出総額の22.2%）を占め，自動車関連製品は671億ドル（同16.0%）と第2位になっている．自動車など

---

15) 表1-1では，「金融，保険，不動産，リース業」と表記されているが，本文中では同一部門の意味で各項目を「・」で繋いでいる．また，他の部門も同様である．
16) この輸出総額はカナダ統計局の輸出額（Domestic exports）を指し，再輸出額（Re-exports）を含んでいない．再輸出額とは，海外から輸入した財をそのまま，または最小限の加工を施して，カナダから輸出した場合の金額を表わしている．ちなみに，2007年の再輸出額を含む輸出総額は4,503億ドルであった．
17) Industry Canada（カナダ産業省），"Trade Data Online"（http://www.ic.gc.ca/sc_mrkti/tdst/tdo/tdo.php（2008年9月9日アクセス））．

表1-1 1997年から2007年までのカナダの産業別実質国内総生産

(単位:2002年連鎖百万ドル,%)

	1997		2002		2007	
財生産業	295,978	33.3	346,175	32.4	378,364	30.9
農林漁業	22,985	2.6	23,293	2.2	27,071	2.2
鉱業,石油,ガス	49,244	5.5	53,488	5.0	58,321	4.8
電気,ガス,水道業	29,045	3.3	28,883	2.7	31,170	2.5
建設業	45,421	5.1	57,775	5.4	76,889	6.3
製造業	151,330	17.0	182,736	17.1	184,732	15.1
サービス生産業	591,723	66.7	722,590	67.6	846,372	69.1
卸売業	42,823	4.8	55,226	5.2	71,335	5.8
小売業	44,499	5.0	58,483	5.5	72,915	6.0
運輸,倉庫業	43,048	4.8	50,066	4.7	56,376	4.6
情報,文化産業	26,403	3.0	38,229	3.6	44,202	3.6
金融,保険,不動産,リース業	168,523	19.0	202,959	19.0	240,053	19.6
専門的技術的サービス	33,859	3.8	48,481	4.5	57,300	4.7
管理,廃棄物処理業	17,582	2.0	24,853	2.3	31,655	2.6
教育	48,904	5.5	51,593	4.8	57,577	4.7
医療,社会福祉	61,114	6.9	68,142	6.4	76,748	6.3
芸術,娯楽,レクリエーション	8,669	1.0	10,398	1.0	11,713	1.0
宿泊,飲食業	21,668	2.4	25,408	2.4	27,681	2.3
その他のサービス業	21,262	2.4	27,230	2.5	30,907	2.5
政府関連	54,293	6.1	61,523	5.8	67,970	5.6
全産業	888,158	100.0	1,068,765	100.0	1,223,943	100.0

注) GDPの各項目ごとの合計と,財およびサービス生産業の小計ならびに全産業の合計とは,出典で一致していない.各項目のパーセンテージは全項目を合計したものに対する割合として算出している.
出典) Statistics Canada, *Gross Domestic Product by Industry*, Catalogue no. 15-001-X, Vol. 22, No. 4, 2008, p. 15 および CANSIM Table 379-0027 (2008年10月26日アクセス) から作成.なお,"CANSIM" とは Statistics Canada が公表している Canadian Socio-economic Information Management System の略である.

の輸送機器に引き続き,一般機械(同7.5%)や電気機器,木材や紙などの林産物が主な輸出品である.

　輸入品についてみると,表1-4が示すように2000年と2001年には一般機械が18%台で第1位の輸入品目であった.2002年から自動車関連製品が第1位となり,2007年には687億ドル(輸入総額の16.9%)で,一般機械は第2位の625億ドル(同15.4%)であった.さらに,第3位は電気機器の406億ドル(同10.0%)で,工業製品が主要な輸入品目となっている.また,鉱物性燃料も第4位の378億ドル(同9.3%)

第 1 章 現代カナダ経済の特徴――11

表1-2 1997年から2007年までのカナダの産業別就業者数

(単位：千人, %)

	1997		2002		2007	
財生産業	3,561.0	26.0	3,878.6	25.3	3,993.0	23.7
農業	417.0	3.0	325.4	2.1	337.2	2.0
林業, 漁業, 鉱業, 石油, ガス	296.7	2.2	270.3	1.8	339.3	2.0
電気, ガス, 水道業	115.3	0.8	131.9	0.9	138.0	0.8
建設業	721.0	5.3	865.2	5.7	1,133.5	6.7
製造業	2,010.9	14.7	2,285.9	14.9	2,044.9	12.1
サービス生産業	10,145.1	74.0	11,431.8	74.7	12,873.5	76.3
卸売業	451.1	3.3	548.1	3.6	626.6	3.7
小売業	1,655.0	12.1	1,861.2	12.2	2,055.8	12.2
運輸, 倉庫業	694.6	5.1	760.7	5.0	822.8	4.9
金融, 保険, 不動産, リース業	865.0	6.3	895.1	5.8	1,060.4	6.3
専門的技術的サービス	777.8	5.7	987.1	6.4	1,136.9	6.7
ビジネス, 建物, 他のサポートサービス	441.8	3.2	579.6	3.8	702.1	4.2
教育	916.6	6.7	1,007.4	6.6	1,183.2	7.0
医療, 社会福祉	1,388.4	10.1	1,617.3	10.6	1,846.1	10.9
情報, 文化, レクリエーション	603.5	4.4	715.1	4.7	782.0	4.6
宿泊, 飲食業	871.0	6.4	985.1	6.4	1,069.4	6.3
その他のサービス	683.0	5.0	686.2	4.5	723.5	4.3
政府関連	797.2	5.8	788.9	5.2	864.6	5.1
全産業	13,706.0	100.0	15,310.4	100.0	16,866.4	100.0

注) 表1-1と表1-2は出典が異なるため, 産業分類も異なっている.
出典) Statistics Canada, CANSIM Table 282-0008 (2008年7月13日アクセス) から作成.

を占めている．プラスチック，精密機器，医薬品も主な輸入品である．国際価格が上昇傾向にあった原油や鉱産物の輸出が，自動車関連製品の輸出額の減少を補っており，2007年の貿易収支[18]は132億ドルの黒字であった．

第6に，カナダの対米依存度が著しく大きい．カナダにとってアメリカは第1位の貿易相手国である．2007年カナダからアメリカへの輸出額

---

18) カナダ統計局の貿易収支は，再輸出額を含めた輸出総額と輸入総額の差として表わされ，2007年の貿易収支は436億ドルの黒字であった．

表 1-3　2000 年から 2007 年までのカナダの上位 10 品目別輸出額

(単位：億ドル，%)

輸出品目	2000		2001		2002		2003	
鉱物性燃料 (27)	544	14.1	574	15.3	492	13.5	607	17.1
自動車関連製品 (87)	853	22.1	805	21.5	839	23.0	758	21.4
一般機械 (84)	321	8.3	310	8.3	297	8.1	272	7.7
電気機器 (85)	285	7.4	196	5.2	167	4.6	146	4.1
木材製品 (44)	199	5.2	190	5.1	189	5.2	176	5.0
プラスチック (39)	109	2.8	115	3.1	119	3.3	118	3.3
紙 (48)	178	4.6	183	4.9	171	4.7	151	4.3
アルミニウム (76)	78	2.0	81	2.2	84	2.3	81	2.3
航空機 (88)	25	0.6	22	0.6	24	0.7	25	0.7
ニッケル (75)	95	2.5	128	3.4	112	3.1	106	3.0
その他 (上記以外)	1,170	30.3	1,148	30.6	1,159	31.7	1,103	31.1
輸出総額	3,857	100.0	3,752	100.0	3,653	100.0	3,543	100.0

輸出品目	2004		2005		2006		2007	
鉱物性燃料 (27)	685	17.8	875	21.4	871	21.2	932	22.2
自動車関連製品 (87)	790	20.5	771	18.9	722	17.5	671	16.0
一般機械 (84)	289	7.5	295	7.2	295	7.2	314	7.5
電気機器 (85)	159	4.1	169	4.1	165	4.0	152	3.6
木材製品 (44)	219	5.7	201	4.9	173	4.2	134	3.2
プラスチック (39)	129	3.3	140	3.4	142	3.5	132	3.1
紙 (48)	154	4.0	153	3.7	142	3.5	128	3.0
アルミニウム (76)	87	2.3	95	2.3	121	2.9	122	2.9
航空機 (88)	43	1.1	41	1.0	58	1.4	103	2.5
ニッケル (75)	90	2.3	93	2.3	94	2.3	100	2.4
その他 (上記以外)	1,210	31.4	1,252	30.6	1,331	32.4	1,411	33.6
輸出総額	3,855	100.0	4,085	100.0	4,114	100.0	4,199	100.0

注)　輸出額に再輸出額は含まれていない．カッコ内は，Harmonized Commodity Description and Coding System (以下，HS コードと略記) で，国際統一商品分類のコード番号を表わしている．
出典) Industry Canada, "Trade Data Online" (http://www.ic.gc.ca/sc_mrkti/tdst/tdo/tdo.php (2008 年 9 月 9 日アクセス))．

は 3,333 億ドルで，これは輸出総額の 79.4% を占めている．また，同年のアメリカからの輸入額は 2,205 億ドルでこれは輸入総額の 54.2% であった．第 4 章第 4 節[19]で後述するように，1994 年の北米自由貿易

---

19)　目次および見出しは 4.4 と表記されているが，本文で言及する場合は第 4 章第

表 1-4　2000 年から 2007 年までのカナダの上位 10 品目別輸入額

(単位:億ドル，%)

輸入品目	2000		2001		2002		2003	
自動車関連製品 (87)	619	17.3	592	17.3	681	19.5	649	19.3
一般機械 (84)	665	18.6	619	18.0	605	17.3	570	17.0
電気機器 (85)	496	13.9	403	11.7	366	10.5	335	10.0
鉱物性燃料 (27)	186	5.2	192	5.6	172	4.9	212	6.3
プラスチック (39)	116	3.2	117	3.4	126	3.6	122	3.6
精密機器 (90)	125	3.5	122	3.6	115	3.3	109	3.2
医薬品 (30)	51	1.4	61	1.8	71	2.0	80	2.4
鉄鋼製品 (73)	71	2.0	70	2.0	73	2.1	69	2.1
鉄鋼 (72)	60	1.7	45	1.3	54	1.5	49	1.5
家具 (94)	58	1.6	56	1.6	59	1.7	57	1.7
その他 (上記以外)	1,123	31.5	1,154	33.6	1,168	33.5	1,109	33.0
輸入総額	3,570	100.0	3,431	100.0	3,490	100.0	3,361	100.0

輸入品目	2004		2005		2006		2007	
自動車関連製品 (87)	646	18.2	658	17.3	678	17.1	687	16.9
一般機械 (84)	586	16.5	623	16.4	636	16.0	625	15.4
電気機器 (85)	366	10.3	375	9.8	390	9.8	406	10.0
鉱物性燃料 (27)	252	7.1	350	9.2	362	9.1	378	9.3
プラスチック (39)	127	3.6	137	3.6	139	3.5	135	3.3
精密機器 (90)	115	3.2	114	3.0	114	2.9	110	2.7
医薬品 (30)	86	2.4	90	2.4	102	2.6	106	2.6
鉄鋼製品 (73)	72	2.0	85	2.2	93	2.3	92	2.3
鉄鋼 (72)	77	2.2	85	2.2	89	2.2	82	2.0
家具 (94)	65	1.8	69	1.8	75	1.9	80	2.0
その他 (上記以外)	1,167	32.8	1,223	32.1	1,288	32.5	1,366	33.6
輸入総額	3,559	100.0	3,809	100.0	3,966	100.0	4,067	100.0

注)　カッコ内は HS コード．
出典)　Industry Canada, "Trade Data Online" (http://www.ic.gc.ca/sc_mrkti/tdst/tdo/tdo.php (2008 年 9 月 9 日アクセス))．

協定 (North American Free Trade Agreement, 以下 NAFTA と略記) 発効後，カナダとアメリカとの経済関係はより密接になり，アメリカへの輸出額は 2002 年には全輸出額の 86.8% を占め，また，アメリカからの

---

4 節と記述する．以下同様である．

表 1-5 2007 年末の諸外国の業種別対加直接投資残高

(単位：百万ドル，%)

業　種	全世界	アメリカの占める比率	アメリカ		イギリス		日本	
木材・紙	17,309	76.5	13,234	4.6	26	0.0	746	5.6
エネルギー・金属鉱業	151,776	45.5	69,070	23.9	23,613	43.1	942	7.0
機械・輸送機器	51,937	71.9	37,367	12.9	321	0.6	6,094	45.4
金融・保険業	103,228	55.0	56,792	19.7	11,709	21.4	2,431	18.1
サービス・小売業	51,483	67.5	34,763	12.0	3,332	6.1	697	5.2
その他	125,117	61.9	77,405	26.8	15,759	28.8	2,501	18.7
合　計	500,851	57.6	288,631	100.0	54,760	100.0	13,410	100.0

出典）　Statistics Canada, CANSIM Tables 376-0038 and 376-0053（2008 年 7 月 13 日アクセス）から作成．

輸入額は 1998 年には全輸入額の 68.2% を占めた．カナダは貿易依存度が大きい上に，対米貿易の割合が大きいため，アメリカ経済の動向に大きく影響される．

また，カナダへの海外直接投資[20]の最大の投資国もアメリカである．2007 年末のカナダの対内直接投資残高（ストック）は 5,009 億ドルであった．そのうちアメリカの直接投資残高は 2,886 億ドルで，これはカナダへの直接投資総残高の 57.6% を占めている．第 4 章第 3 節で後述するように，第二次世界大戦後アメリカからの直接投資額がカナダへの直接投資額全体の 80% 以上を占める時期も長く続き，カナダはアメリカの「分工場」とみなされることもあった．近年ではイギリス，フランス，オランダ，スイス，日本などによる直接投資が大幅に伸び，アメリカの直接投資額の相対的な比率は低下している．しかし，表 1-5 が示しているよ

---

[20] 海外直接投資とは海外の企業を支配・経営することを目的に行なう投資のことである．カナダ統計局の定義では，非居住者が，外国の株式会社の場合普通株の 10% 以上を所有または投票権を保有すること，あるいは株式会社でない場合でも同等の所有権や投票権を持つ場合は，海外直接投資として分類されている．直接投資による形態としては，関連会社（associates），子会社や支店が含まれる．(Statistics Canada, *Canada's International Investment Position: Second Quarter 2009*a, Catalogue no. 67-202-X, (Ottawa: 2009), p. 84).

うに，アメリカの直接投資額が占める比率は木材・紙では全世界からこの分野への投資額の 76.5%，自動車を中心とする機械・輸送機器では 71.9% と，業種によってはかなり高い比率を保っている．以上のように貿易の面でも，直接投資の面でも，カナダはアメリカに大きく依存している．

第 7 に，カナダ国内においては，州政府の権限が大きく，また経済的な地域間格差が大きい．カナダにおいて，連邦政府は外交・通商・軍事・郵便などカナダの一国全体に関わることに権限を持ち，一方各州政府はその州内における政治・経済・社会・文化面での権限を有し，分権化が明瞭である．このため，州によって各分野の政策も異なり，州の消費税，天然資源，医療保険，財産・公民権，教育，外資優遇措置などに各州の特色がみられる．

カナダは 10 の州（Provinces）と 3 つの準州（Territories）から構成されている．西から順に，日本から見て一番近い太平洋に面しているのがブリティッシュ・コロンビア州（BC 州）である．BC 州とロッキー山脈をはさんでアルバータ州があり，その東にサスカチュワン州とマニトバ州が存在する．この 3 州は平原州（プレーリー）と呼ばれる．BC 州と平原州を合わせた 4 州は西部カナダとも呼ばれる．その隣にオンタリオ州とケベック州があり，この 2 州は中央カナダと呼ばれる．

大西洋側には，ニュー・ブランズウィック州，プリンス・エドワード・アイランド州（PEI 州），ノヴァ・スコシア州，ニューファンドランド・アンド・ラブラドル州（以下，ニューファンドランド州と略記）[21]があり，前者の 3 州は沿海州（マリタイム）と呼ばれる．沿海州とニューファンドランド州を合わせた 4 州は大西洋カナダとも呼ばれる．歴史的には，カナダの成立はこの東部の大西洋カナダと中央カナダから出発し，西部に向けて開拓・統合が進んでいったことを申し添えたい．さらに，BC 州と

---

21) 2001 年に正式名称がニューファンドランド州からニューファンドランド・アンド・ラブラドル州へと変更された．

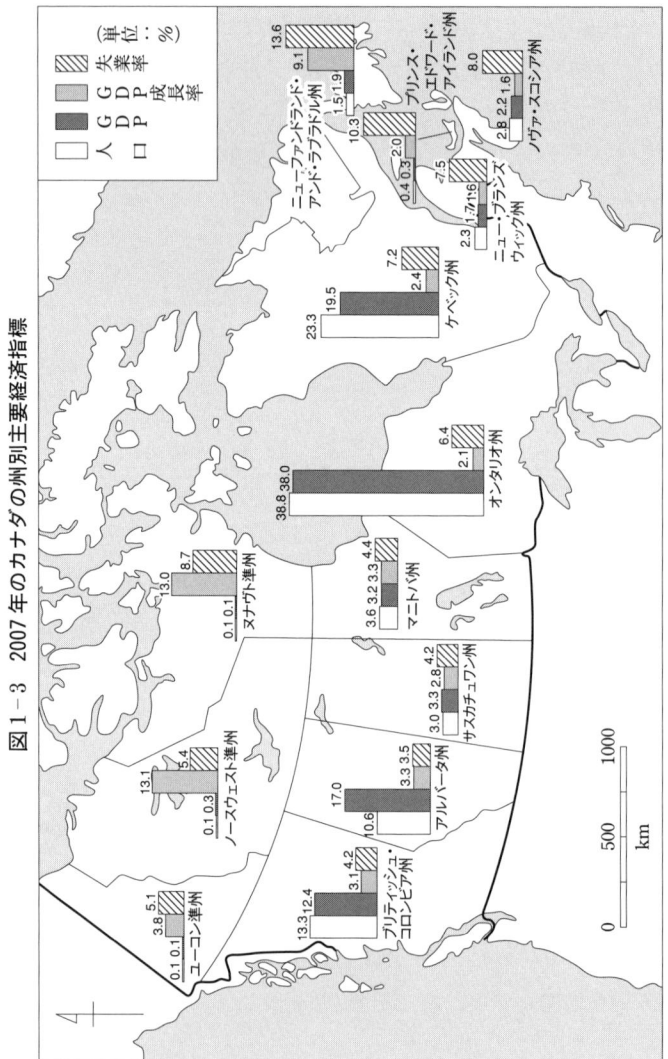

図1-3 2007年のカナダの州別主要経済指標

注) 人口は2008年1月1日時点のもの。カナダのGDPと各州ごとのGDPの集計時期が異なるため、各項目の合計値とカナダ全体の値とは一致していない。実質GDP(市場価格)は2002年の連鎖ドルを基にしている。
出典) 人口についてはStatistics Canada, The Daily, March 27, 2008. GDPおよび実質GDPの成長率についてはStatistics Canada, CANSIM Table 384-0002(2008年7月13日アクセス)から作成。失業率についてはStatistics Canada, CANSIM Table 282-0055(2008年7月13日アクセス)から作成。

平原州の北側に,西から順にユーコン準州,ノースウェスト準州,ヌナヴト準州[22]の3つの準州が位置している.

　図1-3は2008年のカナダの州別人口,2007年の名目GDP,実質GDPの年成長率,および失業率を示したものである.オンタリオ州とケベック州でカナダの人口の62.1%,GDPの57.5%を占めている.次にBC州とアルバータ州の2州で人口の23.9%,GDPの29.4%を占めている.サスカチュワンとマニトバの平原2州と,ニュー・ブランズウィック,ノヴァ・スコシア,PEI,ニューファンドランドの大西洋カナダを合わせた6州と3準州に,人口の14.0%とGDPの13.1%が散在している.カナダの経済活動はオンタリオとケベックの中央カナダ2州と太平洋岸のBC州とアルバータ州に集中している.

　実質GDPの年成長率に基づくと,2007年ではニューファンドランド,アルバータ,マニトバ,BC,サスカチュワン各州の成長率はカナダの成長率2.7%よりも高かった.さらに失業率でみると,アルバータ,BC,サスカチュワン,マニトバの4州での失業率はカナダの失業率6.0%よりも低かったが,ニューファンドランド,PEI,ノヴァ・スコシア,ニュー・ブランズウィック,ケベック,オンタリオの6州ではカナダ全体よりも高かった.GDPの規模,GDP成長率,失業率は州ごとに異なっており,経済的州間格差が大きい.この点は,州ごとの産業構造や貿易パターンを示す指標も含めて第II部で詳細に述べたい.

---

22) 1999年4月1日にヌナヴト準州がノースウェスト準州から分離創設された.

第2章　外国資本の導入による発展
―― カナダ連邦成立以後から小麦ブームまで

　1867年，イギリス領北アメリカのうち，オンタリオ，ケベック，ノヴァ・スコシア，ニュー・ブランズウィックの4州が，連邦を結成（コンフェデレーション）し，「カナダ自治領」が成立した．その後，1870年にマニトバ州，1871年にブリティッシュ・コロンビア州（BC州），1873年にはプリンス・エドワード・アイランド州（PEI州），1905年にサスカチュワン州とアルバータ州が連邦に加わり，最後に1949年にニューファンドランド州が連邦に加わって，現在のカナダが形成された．

　カナダ連邦成立から第一次世界大戦までの期間，カナダ経済は大きく2つの時期に区分される．1867年の連邦成立から1896年までの経済停滞期と，1896年から第一次世界大戦までの「小麦ブーム」による好景気の時期である．図2-1は1870年から1914年までのカナダの実質国民総生産（GNP）を示している[1]．1870年から1896年のカナダの実質GNPは年2.38％の成長を示したのに対し，1896年から1913年の間の成長率は年6.48％であった[2]．1873年から1896年までイギリスでは「大不況」（Great Depression）期にあたり，1873年の恐慌を契機に1896年まで長期にわたり経済が停滞していた．カナダ経済はイギリス経済に密接に結びついていたため，この時期のカナダ経済の停滞の一因はイギリスの「大不況」によるものであった．1896年から1914年まではカナダは

---

1) M. C. Urquhartによる1900年のドル価格を基準とした推定値である．
2) K. Norrie, D. Owram, and J. C. H. Emery, *A History of the Canadian Economy, 4th ed.*, (Toronto: Nelson, 2008), p. 186.

20——第Ⅰ部　カナダ経済の概観

図2-1　1870年から1914年までのカナダの実質国民総生産（1900年価格）

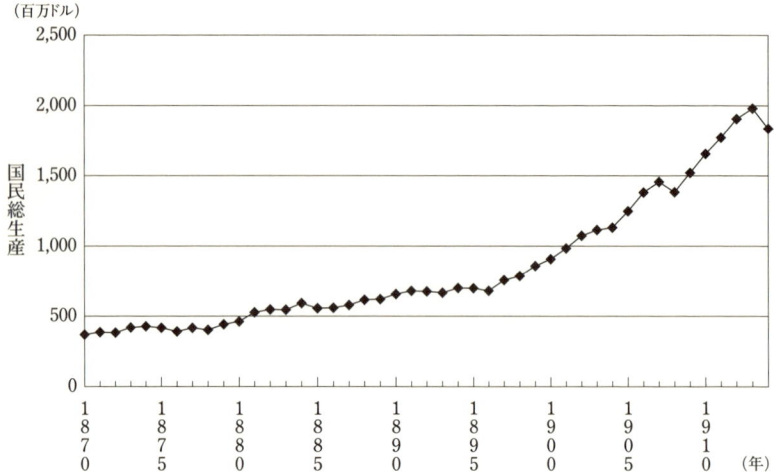

出典）M. C. Urquhart, "New Estimates of Gross National Product, Canada, 1870-1926: Some Implications for Canadian Development," in *Long-Term Factors in American Economic Growth*, ed. by Stanley L. Engerman and Robert E. Gallman, (Chicago: University of Chicago Press, 1986), Table 2.9, pp. 30-31.

小麦ブームで好景気を記録し，マニトバ州や，1905年に連邦に加入したサスカチュワンとアルバータ両州には多くの移民が入植し，ここで栽培された小麦はほとんどイギリス向けに輸出された．

　1870年，カナダの商品輸出額[3]は5,800万ドルで，そのうち50.0%がアメリカ向けで，イギリス向けは37.9%であった．同年の商品輸入額は8,400万ドルで，57.1%がイギリスからの輸入で，アメリカからは32.2%であった．1890年の輸出額は8,900万ドルへ増え，イギリスへの輸出が48.3%へと増加し，アメリカへの輸出は42.7%とやや減少した．同年の輸入額は1億1,200万ドルで，イギリスからの輸入が37.5%，アメリカからの輸入が46.4%であった[4]．1886年，1891年，1896年と5年ごとのデータでも，アメリカからの輸入額はイギリスから

---

[3] Exports of Domestic Produceを指し，再輸出額を含んでいない．
[4] O. J. Firestone, *Canada's Economic Development, 1867-1953*, (London: Bowes and Bowes, 1958), Tables 57 and 58, pp. 168-169.

表 2-1 1901 年から 1914 年までのカナダの輸出額および輸入額

(単位:百万ドル)

	輸出額			輸入額			貿易収支		
	総額	アメリカ	イギリス	総額	アメリカ	イギリス	総額	アメリカ	イギリス
1901	178	49	107	185	111	43	-7	-62	65
1902	202	52	128	204	117	54	-3	-65	74
1903	208	54	129	243	140	64	-36	-86	66
1904	181	55	104	245	149	58	-65	-94	45
1905	209	64	121	263	155	65	-54	-91	56
1906	242	80	135	312	188	78	-70	-108	57
1907	246	90	126	367	217	96	-121	-126	30
1908	257	80	141	283	166	71	-25	-86	70
1909	283	101	146	347	202	90	-64	-102	56
1910	290	108	141	435	262	108	-145	-154	33
1911	289	101	147	504	320	113	-214	-219	34
1912	353	129	177	637	410	133	-284	-281	43
1913	448	168	225	660	428	140	-212	-260	85
1914	413	169	184	482	309	99	-69	-139	85

注) 輸出総額に再輸出額を含んでいる．全ての数字は 10 万ドルの位で四捨五入してある．
出典) M. C. Urquhart and K. A. H. Buckley, eds., *Historical Statistics of Canada*, (Toronto: Macmillan of Canada, 1965), Series F348-356, p. 183.

の輸入額を上回るようになった[5]．

表 2-1 は 1901 年から 1914 年までのカナダの輸出総額[6]および輸入総額を示している．表 2-1 が明らかにしているように，1901 年，カナダからイギリスへの輸出額は総額の 60.1％，アメリカへの輸出額は総額の 27.5％ を占め，アメリカからの輸入額は総額の 60.0％，イギリスからの輸入額は総額の 23.2％ を占めていた．1914 年，イギリスへの輸出額は 44.6％，アメリカへの輸出額は 40.9％ とアメリカへの輸出が伸びた．同年の輸入に関しても，アメリカからの輸入額は 64.1％，イギリスからの輸入額は 20.5％ と，カナダの貿易は，ほとんどがイギリスとアメリカとの貿易で占められていた．また，この期間中，イギリスへの輸出

---

5) F. H. Leacy, ed., *Historical Statistics of Canada, 2nd ed.*, Catalogue no. 11-516-XIE, (Ottawa: Statistics Canada, 1983), Series G396-400.
6) 輸出総額には再輸出額を含んでいる．

額がアメリカへの輸出額を上回っていた．逆に，輸入額についてはアメリカからの輸入額がイギリスからの輸入額の2倍以上であった．結果として，イギリスとの貿易収支はカナダ側の黒字であったのに対し，アメリカとの貿易収支は継続して赤字であった．アメリカとの貿易収支の赤字がカナダの貿易収支の赤字をもたらす要因になっていた．

カナダ産業の外資支配の起源は，「ナショナル・ポリシー」(National Policy)にさかのぼる．連邦形成に伴ない，初代首相のマクドナルドは早くも1872年に保護関税政策を採用することを決めている．その背景には国家財政の非常な悪化があった．それは，1876年の経済不況の影響で，対イギリス，対アメリカ貿易が不振となり，さらに大陸横断鉄道の敷設を条件にBC州の連邦加入を取り付けたため，鉄道建設費が莫大な支出となったことが要因であった[7]．1878年にマクドナルドは「ナショナル・ポリシー」を導入し，関税の大幅な引き上げを行なった．徴収した関税は，1878年の輸入総額の14％から1880年には20％へと上昇した[8]．この政策は高率の保護関税によって国家財政の歳入増と国内の製造業の育成を図ろうとしたものであったが，結果的にはアメリカ企業の対加直接投資を増やす契機となった．

19世紀半ば以降のカナダ経済の発展は，大規模な海外からの資本流入と移民によって特徴付けられる．図2-2は1867年から1973年までのカナダへの海外直接・間接投資を示している．カナダ自治領が成立した1867年当時，推定総額2億ドルの対加投資がなされていた．このうち1億8,500万ドル（全体の92.5％）がイギリスからの間接投資で，残りの1,500万ドル（同7.5％）がアメリカからの直接投資であった．イギリスからの投資は，国債や鉄道公債などの間接投資（キャピタル・ゲインおよびインカム・ゲインが目的で，企業支配を伴なわない投資）が主流であった[9]．一方，アメリカからの投資は，企業経営が主たる目的の直接投資

---

7) 大原祐子，『カナダ史への道』，山川出版社，1996年，pp. 35-41．
8) ポムフレット，『カナダ経済史』，加勢田博他訳，昭和堂，1991年，p. 98．
9) D. G. Patersonによれば，1890年から1914年にかけてイギリスからカナダへ

第2章　外国資本の導入による発展——23

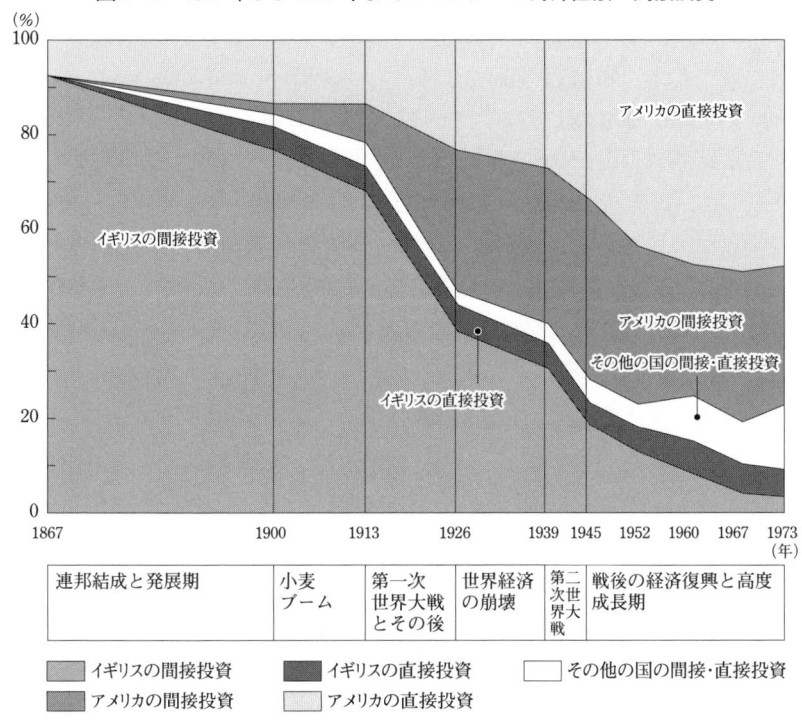

図2-2　1867年から1973年までのカナダへの海外直接・間接投資

注）Levittのグラフに加筆・修正．
出典）Kari Levitt, *Silent Surrender*,（Toronto: Macmillan of Canada, 1970), p. 65, および F. H. Leacy, ed., *Historical Statistics of Canada, 2nd ed.*,（Ottawa: Statistics Canada, 1983), Series G188-202.

であった．

　1900年にはカナダへの投資額は13億500万ドルになり，そのうちイギリスからの間接投資が10億ドル（76.6％），アメリカからの直接投資が1億7,500万ドル（13.4％）であった．1913年には投資額は38億5,000万ドルへ増加し，そのうち26億1,800万ドル（68.0％）がイギリスからの間接投資，5億2,000万ドル（13.5％）がアメリカからの直

　　数多くの直接投資がなされたが，大部分の企業は利益が上がらず撤退したことが実証されている．D. G. Paterson, *British Direct Investment in Canada, 1890-1914*,（Toronto: University of Toronto Press, 1976).

接投資，3億1,500万ドル（8.2％）がアメリカからの間接投資であった．イギリスからの間接投資額が相対的に減少しているのに対し，アメリカからの直接投資と間接投資が徐々に増えているのがうかがえる．

　この背景には次のような事情があった．すなわち，1896年から1913年にかけて，イギリスでは資本が余っており，低金利状態であった．それに反して，カナダでは鉄道建設のために巨額の金融資本を必要としており，高金利状態であった．その結果，イギリスの資本家はロンドンで発行された新規カナダ債を購入し，カナダの運河や鉄道建設のために投資を行なうことになった[10]．カナダでは，国内のインフラストラクチャーの整備，資源開発，製造業の発展のために必要な資本が国内資本では足らず，それを補う形で外資が導入されたのである．

　連邦成立期から第一次世界大戦までは，カナダの経済は海外からの資本投入と移民によって発展してきた．特に宗主国イギリスからの資本により，西部に向けての大陸横断鉄道が敷設され，主としてヨーロッパからの移民によってマニトバ州以西のサスカチュワン州やアルバータ州が開かれ，ここで栽培された小麦は主としてイギリスへ向けて輸出された．貿易面でも投資面でも，カナダ経済は大英帝国経済圏の中で発展してきたと特徴付けられる．しかし，1886年にアメリカからの輸入額がイギリスからの輸入額を上回り，1914年になるとアメリカへの輸出額がイギリスへの輸出額に近づくなど，アメリカとの経済的結び付きも進展してきた．

---

10)　前掲，ポムフレット，p. 117.

第3章　工業化の急速な進展
——第一次世界大戦から第二次世界大戦まで

　1914年から1945年までの第一次世界大戦から第二次世界大戦の期間，カナダ経済は大きく外的な影響を受けた．図3-1は1913年から1945年までのカナダの実質国民総生産（実質GNP）[1]を表わしている．この期間は3つの特徴的な時期に区分される．第1期は1913年から1921年までである．第1期においては，第一次世界大戦の特需のため，カナダ経済は一時的に成長した．実質GNPは1914年から増加し，1917年にはピークに達するが，その後1921年まで戦後の不況を経験する．第2期は1921年から1933年までである．1921年から1929年の大恐慌まで経済は大きく成長し，1929年の実質GNPは1921年の1.7倍となった．しかし，1929年の大恐慌を契機に，1933年まではカナダ経済も大不況となった．第3期は1933年から1945年までである．1933年から経済は回復し，1944年には実質GNPは第3期のピークを迎えた．

　第一次世界大戦によるイギリス経済の相対的地盤沈下は，カナダ経済を貿易面でも直接投資による分工場化によってもアメリカ経済圏へ一層近づけた．表3-1は1914年から1945年までのカナダの輸出額および輸入額を示している．貿易面では，1916年にカナダからイギリスへの輸出額は7億1,900万ドル（全体の65.7%）で，アメリカへの輸出額は2億5,200万ドル（23.0%）であった．同年，アメリカからカナダへの輸入額は5億9,500万ドル（全体の77.6%）で，イギリスからの輸入額は1

　1）M. C. Urquhartによる1981年のドル価格を基準とした推定値である．

26──第Ⅰ部　カナダ経済の概観

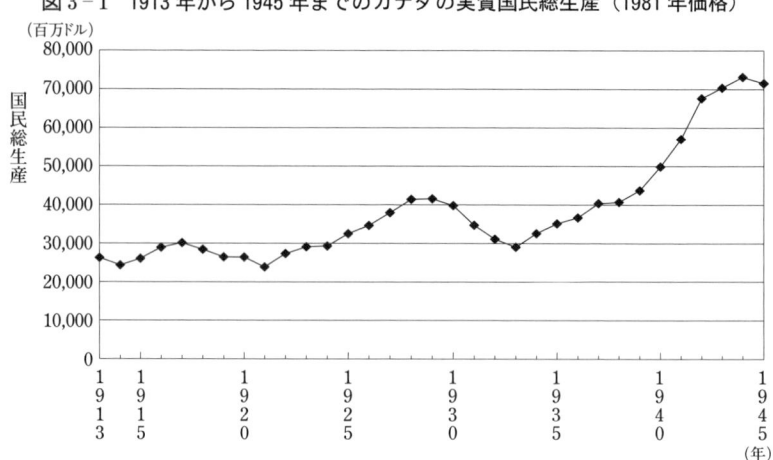

図3-1　1913年から1945年までのカナダの実質国民総生産（1981年価格）

(百万ドル)

国民総生産

注）1926年の名目GNPは5,345と5,146の2つの数値がTable2に掲載されている．これはUrquhartの推定値とカナダ統計局の値に差が存在するためである．

出典）M. C. Urquhart, "Canadian Economic Growth, 1870-1980," Institute for Economic Research, Queen's University, Discussion Paper No. 734 (Kingston, Ontario: Queen's University, 1988), Table 2, pp. 8-11.

億1,800万ドル（15.4%）であった[2]．1920年にカナダの対米輸出額が対英輸出額を初めて上回った．その後10年間は，両国の順位が入れ替わったものの，対米輸出が増える傾向は明らかであった[3]．

1929年にはカナダの輸出総額も輸入総額もそれぞれ11億7,800万ドル，12億9,900万ドルへと増加した．カナダからアメリカへの輸出額割合は43.7%へと増加した一方，イギリスへの輸出額割合は24.8%へと減少した．輸入に関しては，アメリカからの輸入額割合が全体の68.8%へと1916年に比較するとやや減少したが，イギリスからの輸入額割合は

---

2) 表3-1は輸出総額に再輸出額を含んでいる．しかし，1910年代から1920年代の輸出額および輸入額が毎年掲載されているため用いた．輸出総額に再輸出額を含まない統計としてはF. H. Leacy, ed., *Historical Statistics of Canada, 2nd ed.*, Statistics Canada, 1983, Series G389-400がある．しかし，後者の統計は1886年から1926年にかけてのデータが5年おきに掲載されているため，カナダの対米輸出額と対英輸出額が入れ替わった肝心の年が把握できない．

3) 前掲，Norrie, Owram, and Emery, p. 283.

第3章 工業化の急速な進展——27

表3-1 1914年から1945年までのカナダの輸出額および輸入額

(単位:百万ドル)

	輸出額			輸入額			貿易収支		
	総額	アメリカ	イギリス	総額	アメリカ	イギリス	総額	アメリカ	イギリス
1914	413	169	184	482	309	99	-69	-139	85
1915	630	181	361	451	317	74	179	-136	287
1916	1,094	252	719	767	595	118	327	-344	601
1917	1,578	405	892	1,006	827	77	572	-422	815
1918	1,234	441	587	910	741	73	324	-300	514
1919	1,290	488	539	941	740	88	349	-252	451
1920	1,298	581	343	1,337	921	231	-39	-340	112
1921	814	335	310	799	555	123	15	-220	187
1922	894	348	376	762	510	137	132	-162	239
1923	1,016	420	362	903	610	154	113	-190	207
1924	1,042	395	388	808	524	149	234	-130	240
1925	1,252	451	493	890	579	162	361	-128	331
1926	1,277	471	464	1,008	669	165	268	-197	299
1927	1,231	484	412	1,087	707	183	144	-223	229
1928	1,364	503	448	1,222	826	191	141	-323	257
1929	1,178	515	292	1,299	894	195	-121	-378	97
1930	883	390	237	1,008	654	163	-125	-264	74
1931	600	250	172	628	394	109	-29	-144	62
1932	498	165	179	453	264	94	45	-99	86
1933	535	173	211	401	217	98	134	-44	113
1934	656	224	271	513	294	113	143	-70	158
1935	738	273	304	550	312	117	188	-39	188
1936	951	345	396	635	369	123	315	-24	273
1937	1,012	372	403	809	491	147	203	-118	256
1938	849	279	341	677	425	119	171	-146	222
1939	936	390	324	751	497	114	185	-107	210
1940	1,193	452	512	1,082	744	161	111	-292	351
1941	1,640	610	661	1,449	1,004	219	192	-395	442
1942	2,385	897	748	1,644	1,305	161	741	-408	587
1943	3,001	1,167	1,037	1,735	1,424	135	1,266	-257	902
1944	3,483	1,335	1,238	1,759	1,447	111	1,724	-113	1,127
1945	3,267	1,227	971	1,556	1,202	122	1,712	25	850

注) 輸出総額は再輸出額を含んでいる.
1945年の輸入総額とイギリスからの輸入額は,カナダ所有の軍事機器の返還分を調整してある.
全ての数字は10万ドルの桁で四捨五入してある.なお,1926年と1939年のイギリスの貿易収支は出典に誤りがあるため,訂正した数値を表に掲載した.

出典) M. C. Urquhart and K. A. H. Buckley, eds., *Historical Statistics of Canada,* (Toronto: Macmillan of Canada, 1965), Series F348-356, p. 183.

15.0%とほぼ同じであった[4]．

　この時期の輸出品目を見ると，1910年の輸出上位5品目は，小麦（全体の16.8%），厚板・板（8.0%），チーズ（7.7%），小麦粉（5.1%），牛（3.3%）で，輸出額全体の40.9%を占めた．1930年の輸出上位5品目は，小麦（21.9%），新聞用紙（15.4%），小麦粉（5.0%），紙パルプ（4.5%），厚板・板（4.2%）で，輸出額全体の51.0%を占めた．他方，輸入額の上位5品目は，1910年には綿製品，石炭，羊毛製品，圧延機製品，砂糖で，輸入額全体の28.9%を占め，1930年には石炭，工業用機械（農業用機械を除く），圧延機製品，原油，電気器具で，全体の22.0%を占めた[5]．

　前掲の図2-2が示すように，1913年末，イギリスがカナダへの総投資額の73.2%を占めていたのに対し，アメリカのシェアは21.7%であった．第一次世界大戦後，イギリスが国債や鉄道公債を換金し始めたため，カナダの連邦・州政府ならびに企業はアメリカの資本に注目するようになった．

　1921年，イギリスの対加投資額は24億9,400万ドル（全体の51%）で，一方アメリカの対加投資額は22億6,000万ドル（同46%）であった．1922年，イギリスの対加投資額は24億6,400万ドル（全体の47%）に対し，アメリカの対加投資額は25億9,300万ドル（同50%）で，アメリカの対加投資額がイギリスの対加投資額を初めて上回った[6]．

　1926年には，イギリスからの間接投資額がカナダへの総投資額の38.3%，直接投資額が5.6%と両者を合わせて43.9%へと比率が低下したのに対し，アメリカからの直接投資額は23.4%，間接投資額は29.9%と両者を合わせて53.3%となった．1922年を節目とし，これ

---

　4) 同上．
　5) 前掲，Firestone, Table 55, p. 160．
　6) 前掲，F. H. Leacy, ed., *Historical Statistics of Canada, 2nd ed.*, Series G 188-202．なお，この出典では，1900年から1925年まで，間接投資額と直接投資額が分けられておらず，一括した投資金額が掲載されている．

以降アメリカの対加投資額が首位を占め，現在に至っている[7]．

第一次世界大戦前から生産を開始していたが，新聞用紙，自動車，鉱業，および公益事業（とりわけ水力発電）が新興産業として注目を集めた．そしてこれらの部門へはアメリカ資本が大きな影響力を持った．

パルプと紙は1925年までにカナダで最大の製造業に成長し，中でも新聞用紙の生産が中心であった．新聞用紙の生産は1913年から1929年の間に，30万トン以下から270万トンへと9倍になった[8]．1920年代を通して，約3億5,600万ドルの投資[9]がこの部門へなされ，第1次資源産業への投資額としては最大であった．新聞用紙の生産高の90％が輸出され，1929年カナダの新聞用紙は世界の総輸出額の65％を占めるに至った．カナダの新聞用紙の輸出先は主としてアメリカであった[10]．

自動車産業も第一次世界大戦前から存在していたが，その生産が急速に伸びたのは第一次世界大戦後である．1904年，デトロイトに本拠地を置くフォード社は，デトロイト川対岸のウィンザーにフォード・カナダ社を設立し，1913年までに大英帝国内で最大の自動車生産高を誇るようになった．1918年，ゼネラル・モーターズ（General Motors, GM）社は，オシャワのマクローリン社を買収し，GMカナダ社となった．1925年にはクライスラー・カナダ社が設立された．1927年にカナダのブルックス・オートモビル社が生産を中止した後は，カナダの自動車産業はアメリ

---

7) カナダへのアメリカの直接投資が両大戦間期に進んだ背景には，米加間における双方向の直接投資の急速な進展があった，という事実がある．もっとも，アメリカの対加直接投資は絶対額ではカナダの対米直接投資をはるかに上回っていた（飯澤英昭，「カナダのジレンマ：帝国協調路線から対米従属路線へ」，『南北アメリカの500年 第4巻 危機と改革』歴史学研究会編，青木書店，1993年，pp. 156-157，（原典：Herbert Marshall, Frank Southard, Jr., and Kenneth W. Taylor, *Canadian-American Industry: A Study in International Investment*, Toronto: McClelland and Stewart, 1976）．

8) Richard Pomfret, *The Economic Development of Canada, 2nd ed.*, (Scarborough, Ontario: Nelson Canada, 1993), p. 237.

9) 前掲，Norrie, Owram, and Emery, p. 285.

10) 前掲，Pomfret, p. 237.

カの傘下に下った[11]．これらの分工場は，アメリカの親会社の近くのウィンザーやトロント周辺に立地し，カナダの自動車産業の90％はオンタリオ州南部に集中した．

カナダは英連邦[12]の一員であるため，英帝国内特恵関税が適用された．アメリカの自動車企業はカナダの分工場で自動車を生産し，それをカナダから英連邦の国々に低い関税で輸出した．フォード・カナダ社は，オーストラリア，ニュージーランド，南アフリカ，インドや他の英連邦諸国へ自動車を独占的に販売する権利を有した[13]．カナダの自動車生産は，1920年の9万4,000台から1929年には26万3,000台へと増加し，そのうち10万2,000台が英連邦の国々へ輸出された[14]．

1900年から1930年にかけて鉱業ブームが訪れた．それ以前は金と石炭がカナダの主要な鉱産物であったが，特に1920年代には銅，ニッケル，

---

11) 前掲, Norrie, Owram, and Emery, pp. 291-292. なお，アメリカの自動車会社のカナダ進出に関する詳細は，本書第Ⅲ部第8章第2節を参照のこと．

12) 19世紀半ばから世紀末にかけての大英帝国（British Empire）は，イギリス本国によって支配された「公式帝国」と，本国の強力な影響力下に置かれた「非公式帝国」とから成る体制と捉えることができる．公式帝国は，カナダ，オーストラリア，ニュージーランド，南アフリカなどの白人自治領（Dominions），英領インドやアフリカ諸国の従属植民地，および自治領と従属植民地との中間的な存在であったアイルランドから構成されていた．また，非公式帝国には，中国，ラテンアメリカ諸国，オスマン帝国などが含まれていた（秋田茂，「総論 パクス・ブリタニカとイギリス帝国」『イギリス帝国と20世紀 第1巻 パクス・ブリタニカとイギリス帝国』秋田茂編, pp. 6-9, ミネルヴァ書房, 2004年）．

1931年のウェストミンスター憲章によって，イギリスと自治領が王冠の下で対等に結びつく英連邦体制（British Commonwealth of Nations, 単にCommonwealthと表記されることもある）が成立した（苑原俊明，「56 バルフォア報告（1926），ウェストミンスター条令（1931）」『資料が語るカナダ：1535-2007 新版』日本カナダ学会編, pp. 138-139, 有斐閣, 2008年）．英連邦は厳密には1931年後の正式名称となっているが，それ以前についても慣用的に英連邦と記述されることが多い．本書もそれに従った．なお，第二次世界大戦後は英領インドなど植民地の独立に伴ない，英連邦の性格も変わった．カナダは今日でも，英連邦の加盟国であり，イギリス女王が国家元首である．

13) 前掲, Norrie, Owram, and Emery, p. 291.

14) 前掲, Pomfret, p. 239.

鉛，銀，アスベスト，亜鉛といった非鉄金属への需要がアメリカで高まった．そして，この分野へのアメリカの投資が行なわれた．1900年にはカナダの鉱物生産高は6,440万ドルであったが，1929年には3億710万ドルへと増加した[15]．

1929年の大恐慌後，1930年にアメリカでは有名なスムート・ホーレイ関税法が導入され，アメリカへの輸入品に対して高関税が課せられた．この高関税はカナダの東部の沿海州から西部のアルバータ州，BC州まですべての州経済に影響を及ぼした．1920年から1921年にかけての関税の無い時期には，カナダからアメリカ市場には牛が2,100万ドル，小麦が1億200万ドル輸出された．しかし，高関税が導入された結果，1930年から31年にかけては，牛は76万4,000ドル，小麦は650万ドルの輸出[16]と著しい輸出の減少になった．

1931年にはイギリスは金本位制度を廃止した．1930年，ロンドンの英帝国議会で，カナダの保守党のリチャード・B・ベネット首相は，経済を再構築するための手段の一つとして，本当の英帝国内特恵関税制度を確立すべきであると提唱した．1932年に，英帝国経済会議がカナダの首都オタワで開催された[17]．会議の目的は，英帝国内の関税障壁を削減して域内貿易を活発化し，不況から脱出することを図ることにあった．ベネット首相は，スムート・ホーレイ法によってアメリカ市場に輸出できなくなったカナダ業者が，その代替として英帝国市場で販路を拡大できるようにすることを意図した．カナダはイギリス本国市場への輸出拡大をも図り，1932年にイギリスとの貿易協定を結んだ．

しかし，カナダにとって貿易面からも投資面からもアメリカはイギリスよりも重要性が増していた．1935年に対米関係を重視する自由党のマッケンジー・キングが政権に復活した．同年，米加互恵通商協定が締結され，

---

15) 前掲，Norrie, Owram, and Emery, pp. 286–287.
16) Michael Hart, *A Trading Nation: Canadian Trade Policy from Colonialism to Globalization*, (Vancouver: UBC Press, 2002), p. 106.
17) 同上，p. 108.

カナダは英連邦の一員でありつつ，投資活動を含めた対米協調路線を打ち出した．1938年にはさらに関税引き下げを盛り込んだ米加互恵通商協定が締結された．カナダと結ばれた互恵通商協定はフランクリン・ルーズヴェルト大統領の下で国務長官ハルの強力なイニシアティヴによって1934年に成立した互恵通商協定法の一環であり，アメリカは39ヶ国[18]と通商協定を締結した．この互恵通商協定法の成立は，従来，議会に付与されていた関税権限を，条件付きとは言え行政府に委譲した点で，アメリカ通商法上画期的な出来事であった[19]．

　第一次世界大戦後，イギリスの経済的地位は相対的に低下し，また，両大戦期間にカナダで工業化が急速に進展した．従来，イギリスへの農産物供給国としての役割を果たしてきたカナダは，アメリカからの直接投資による製造業の発達と共に，貿易面でもアメリカとの関係が一層重要なものになってきた．この点で，短い両大戦間期はカナダにとって極めて大切な転換期と特徴付けられる．

---

18) 秋元英一，『アメリカ経済の歴史：1492-1993』，東京大学出版会，1995年，p. 211．
19) 佐々木隆雄，『アメリカの通商政策』，岩波新書526，岩波書店，1997年，pp. 56-62．

第4章　高度成長から自由貿易へ
―― 第二次世界大戦後から現在まで

4.1　戦後カナダ経済の概要

　第二次世界大戦後から現在まで，カナダ経済は2つの時期に大別される．1945年から1973年の第1次石油危機までの前期は，カナダ経済が高度成長を遂げ，繁栄した時期と特徴付けられる．1973年以降の後期は第二次世界大戦後の国際的経済の枠組みも変容し，政府にとっては舵取りの難しい時期と特徴付けられる．1970年代には2度にわたる石油危機を経験し，1970年代，1980年代はインフレーションが進む中，失業率も上昇するスタグフレーションという新しい現象が見られた．後期は1979年の第2次石油危機を契機とした不況，および1990年の湾岸戦争後の景気後退によって，1982年および1991年に，実質GDPのマイナス成長率（図4-1）を記録している．また，情報通信技術（Information and Communications Technology，以下ICTと略記）産業[1]のバブルがはじけた2001年にも，景気が低迷した．さらに，2007年のアメリカでの低所得者向け高金利住宅ローン（サブプライム・ローン）問題に端を発した金融危機は，2008年には全世界の金融機関ならびに実体経済にまで影響を及ぼした．

　図4-1は1945年から2007年までのカナダとアメリカの実質GDPの成長率を示したものである．両国の実質GDP成長率は，若干の相違は

---

[1]　日本とアメリカでは情報技術（IT）産業と表記されているが，カナダではICT産業と総称されているため，本書ではカナダ式の記述に従う．

34──第Ⅰ部　カナダ経済の概観

図4-1　1945年から2007年までのカナダとアメリカの実質GDP成長率
(%)

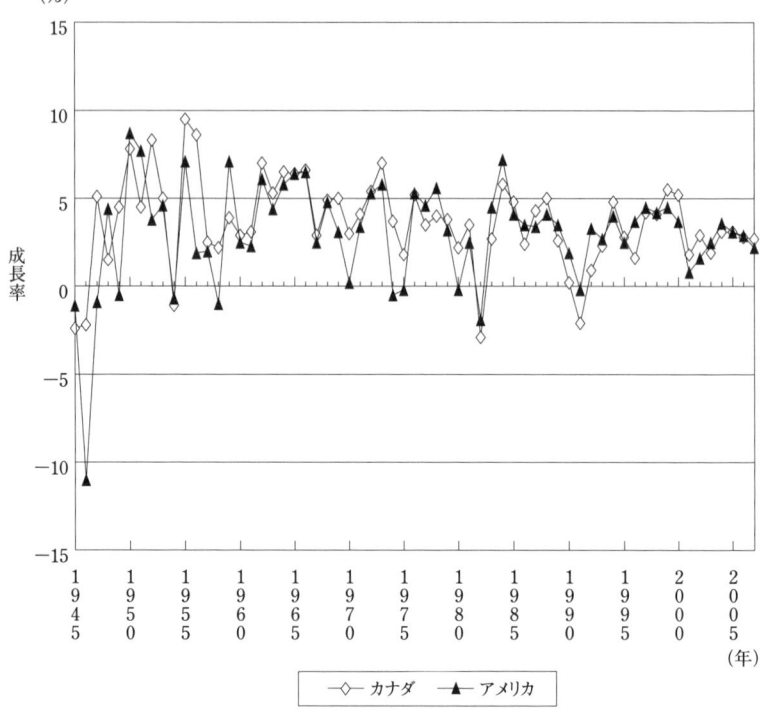

注）カナダの1945年から1961年までのデータと1962年から2007年までのデータには分類や集計方法に差異が存在する．

出典）カナダの1945年から1961年までのデータは，Department of Finance, Economic Reference Tables, August 1996, Table 4.1, p. 8 と Statistics Canada, CANSIM Table 380-0040（2008年7月30日アクセス）に基づく．1962年から2007年までのデータは，Statistics Canada, *Canadian Economic Observer*, Catalogue no. 11-210, 2006/2007, p. 7. と Statistics Canada, CANSIM Table 384-0002（2008年7月13日アクセス）に基づく．U. S. Department of Commerce, Bureau of Economic Analysis, AIPA Table 1.1.1（2008年7月21日アクセス）．

見られるものの，同じような軌跡をたどっている．チェンバーズの先駆的な研究に基づき，ヘイもカナダとアメリカの1873年から1961年の景気循環について分析した．さらに，ボノモとタナーも1919年から1967年の両国の景気循環を分析し，両国の景気循環にはタイミングにおいても持続期間においても密接な相互関係が存在し，カナダの平均的なラグは0.5ヶ月であることを報告している[2]．

第4章 高度成長から自由貿易へ——35

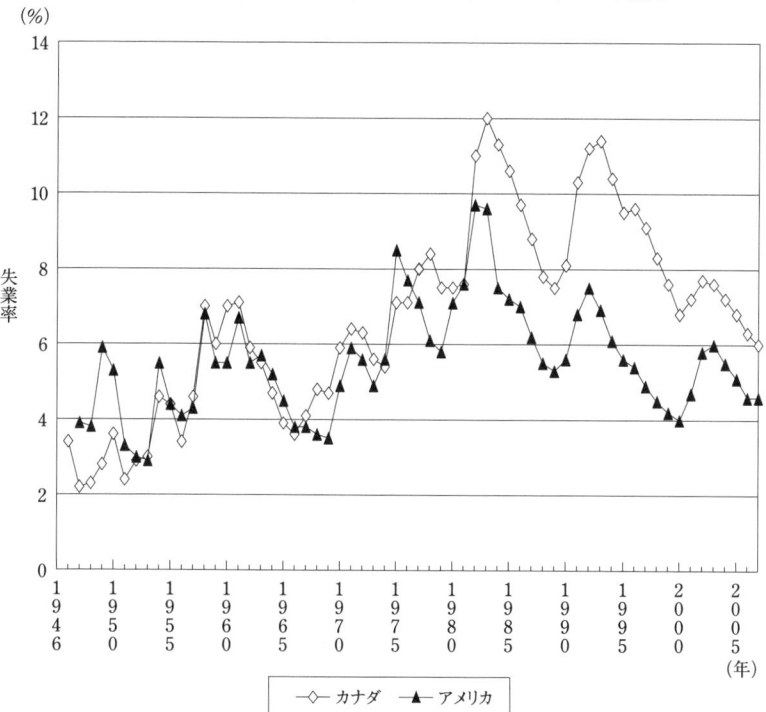

図4-2 1946年から2007年までのカナダとアメリカの失業率

注) カナダの失業率は15歳以上，アメリカの失業率は16歳以上の労働人口に対する割合である．1946年から1975年のカナダの失業率には，ユーコン，当時のノースウェスト準州，および居留地のインディアン（現在のファースト・ネイションズ）は含まれていない．また，1950年からカナダの失業率にニューファンドランド州が含まれている．

出典) F. H. Leacy, ed., *Historical Statistics of Canada*, Catalogue no. 11-516-XIE, (Ottawa: Statistics Canada, 1983), and Statistics Canada, CANSIM Table 282-0002（2008年7月13日アクセス）．U. S. Department of Labor, Bureau of Labor Statistics, http://www.data.bls.gov/cps/cpsaat1.pdf.

---

2) Edward J. Chambers, "Canadian Business Cycles Since 1919: A Progress Report," *The Canadian Journal of Economics and Political Science*, Vol. 24, No. 2, 1958, pp. 166-189, Keith A. J. Hay, "Early Twentieth Century Business Cycles in Canada," *The Canadian Journal of Economics and Political Science*, Vol. 32, No. 3, 1966, pp. 354-365, and Vittorio Bonomo and J. Ernest Tanner, "Canadian Sensitivity to Economic Cycles in the United States," *The Review of Economics and Statistics*, Vol. 54, No. 1, 1972, pp. 1-8.

また，図4-2は1946年以降のカナダとアメリカの失業率を示している．この図も相似形を示しているが，特に1982年以降25年以上にわたりカナダの失業率がアメリカの失業率よりかなり高くなっている[3]点が，カナダの失業率の特徴として挙げられる．統計上厳密に言うと，カナダでは15歳以上が労働人口に含まれるのに対しアメリカでは16歳以上と，両国の労働人口や失業率の取り方が異なっているため，カナダの失業率はアメリカの分類に従うと1％低くなることが，ソレンティーノによって指摘されている[4]．

　しかし，1982年以降の失業率を比較すると，カナダでは1982年から1985年までと1991年から1994年までは失業率が10％と高く，それ以降もアメリカより高い失業率で推移している．一方，アメリカでは1982年と1983年はそれぞれ9.7％，9.6％と失業率は高かったものの，1984年以降は7％台以下である．ちなみに，インフレ加速なしの失業率（NAIRU）はアメリカで7％と推定されていたが，この失業率の低下を反映して，約5％に引き下げるのが妥当と言われるようになった[5]．

　このように両国の実質GDP成長率と失業率の傾向が近似しているのは，第1章で指摘したように，カナダ経済がアメリカ経済に貿易面でも投資面でも大きく依存しているためである[6]．

---

3) Seccareccia, Mario, "Critical Macroeconomic Aspects of Deepening North American Economic Integration," in *Whose Canada?: Continental Integration, Fortress North America, and the Corporate Agenda*, ed. by Ricardo Grinspun and Yasmine Shamsie, (Montreal and Kingston: McGill-Queen's University Press, 2007), pp. 242-243.

4) 労働人口に含まれる年齢の問題だけでなく，新聞などの広告のみで就職活動している"passive jobseekers"をカナダでは失業者に分類するが，アメリカでは失業者の分類には入れない．Constance Sorrentino, "International Unemployment Rates: How Comparable Are They?," *Monthly Labor Review*, June 2000, pp. 3-20.

5) Tim O'Neill, "Macro Stability and Economic Growth: The Past 20 Years," in *Prospects for Canada: Progress and Challenges 20 Years after the Macdonald Commission*, ed. by David E. W. Laidler and William B. P. Robson, (Toronto: C. D. Howe Institute, 2005), pp. 31-33.

図4-1で表わされているように，1945年から1973年までは1954年の一時的景気後退を除くと，カナダは四半世紀に及び高い経済成長を示した．この背景には，アメリカの通商政策の転換と第二次世界大戦後の自由主義諸国の国際経済体制の確立があり，それが大きな影響を及ぼしていた．第二次世界大戦後，戦場となった西ヨーロッパ諸国では経済が疲弊していたかたわら，アメリカは経済面でも軍事面でも超大国となった．第一次世界大戦後の戦時借款の処理やドイツ賠償金問題などの教訓から，アメリカは第二次世界大戦中に武器貸与法によってヨーロッパの連合諸国に援助しており，戦後処理を容易にした．第二次世界大戦前のアメリカの通商政策は，高率の関税や公正貿易規定を維持しつつ，1923年の無条件最恵国原則の採用や1934年の行政主導による関税決定の制度化を取り入れたものの[7]，基本的には保護主義であった．

　第二次世界大戦後，アメリカは自由貿易主義を掲げ，文字通り自由主義諸国のための国際経済の枠組みを主導して構築した．新国際経済体制はブレトン・ウッズ体制とも呼ばれ，国際通貨基金（IMF），国際復興開発銀行（世界銀行）ならびに関税および貿易に関する一般協定（GATT）から成り立っている．IMF体制は，アメリカのドルを基軸通貨とし，ドルと金の互換性に基づく固定相場制を採用し，為替制限の自由化によって多角的な自由決済を目指すものであり，国際復興開発銀行は戦後復興のための融資をするために設立された．また，GATT体制は，輸入制限の撤廃や関税の相互引き下げによって，無差別な多角的自由貿易体制を目指すものであった．

　アメリカは国際経済秩序を形成したばかりでなく，自由主義諸国の経済を再建するために援助を行なった．西ヨーロッパ諸国にはマーシャル・プランの下で1947年から1950年の間に総額94億米ドル[8]の援助がなさ

6）　両国の景気循環の類似性に対する説明としては，マネタリスト学派はアメリカの貨幣供給の中心的役割を強調し，ケインズ学派は投資水準を決定する実業界の期待が決定要因であると主張している（前掲，Pomfret, p. 236）．
7）　前掲，佐々木隆雄，pp. 56-65．

れ，マーシャル・プランの受け皿としてヨーロッパ経済協力機構（OEEC）[9]が創設された．ヨーロッパ諸国は1948年からマーシャル・プランに基づくアメリカのクレジットとともに，カナダ独自の輸出クレジットを使い，カナダの輸出品を購入した[10]．

4.2 米加自動車製品協定の締結

1965年，カナダとアメリカの間で米加自動車製品協定（Canada-U. S. Automotive Products Agreement, 通称Auto Pact）が締結された．表4-1が示すように，1946年以降1969年までカナダとアメリカの間の貿易収支はカナダ側の赤字が継続していたが，これは自動車を含む最終製品の輸入額が大きいこと[11]に起因していた．このことは，1960年から2008年までのカナダのアメリカに対する自動車および自動車部品貿易を示した表4-2からも証明され，1969年まで自動車と同部品を合計した貿易収支はカナダ側の赤字であったことが読み取れる．

ブラーデン王立委員会の調査によると，カナダの自動車産業はアメリカのGM，フォード，クライスラーのビッグ・スリーによって支配され，1960年のカナダの自動車生産の98％はこの3社の子会社によって占められていた．親会社の方針に従いカナダ側でもアメリカ同様に多様な車種が生産され，しかもしばしばモデル・チェンジがなされた．こうした生産方法はカナダのような小規模市場では非効率的であることが指摘されている．しかも，高い関税に守られて多様な車種を生産するという方法は，規模の経済からは程遠いことも重ねて指摘されている．さらに，カナダでの新車の生産には多くの自動車部品がアメリカから輸入されていることが明

---

8) 前掲, Norrie, Owram, and Emery, p. 365.
9) OEECは現在の経済協力開発機構（OECD）の前身である．
10) 前掲, Norrie, Owram, and Emery, p. 371.
11) 前掲, F. H. Leacy, ed., *Historical Statistics of Canada, 2nd ed.*, Series G429-442.

表 4-1　1946 年から 1975 年までのカナダの輸出額および輸入額

(単位：百万ドル)

	輸出額				輸入額				貿易収支	アメリカとの貿易収支
	総額	アメリカ	イギリス	日本	総額	アメリカ	イギリス	日本		
1946	2,272	884	594	1	1,841	1,387	137	—	431	-503
1947	2,753	1,030	747	—	2,543	1,952	184	—	210	-922
1948	3,052	1,499	683	8	2,618	1,799	294	3	434	-300
1949	2,975	1,505	702	6	2,714	1,915	302	6	261	-410
1950	3,104	2,021	468	20	3,125	2,090	401	12	-21	-69
1951	3,897	2,296	630	73	4,005	2,752	415	13	-108	-456
1952	4,282	2,303	744	102	3,916	2,888	352	13	366	-585
1953	4,097	2,413	663	118	4,248	3,115	445	13	-151	-702
1954	3,860	2,309	651	96	3,967	2,871	382	19	-107	-562
1955	4,258	2,548	768	91	4,568	3,331	393	37	-310	-783
1956	4,760	2,803	811	128	5,547	4,031	476	61	-787	-1,228
1957	4,789	2,847	721	139	5,473	3,887	507	61	-684	-1,040
1958	4,791	2,808	772	105	5,050	3,460	519	70	-259	-652
1959	5,022	3,083	786	140	5,509	3,709	589	103	-487	-626
1960	5,256	2,932	915	179	5,483	3,687	589	110	-227	-755
1961	5,755	3,107	909	232	5,769	3,864	618	117	-14	-757
1962	6,179	3,608	909	215	6,258	4,300	563	125	-79	-692
1963	6,799	3,766	1,007	296	6,558	4,445	527	130	241	-679
1964	8,094	4,271	1,200	330	7,488	5,164	574	174	606	-893
1965	8,525	4,840	1,174	316	8,633	6,045	619	230	-108	-1,205
1966	10,089	6,046	1,123	394	10,072	7,204	672	270	17	-1,158
1967	11,121	7,088	1,169	572	10,873	7,952	649	294	248	-864
1968	13,325	8,997	1,210	607	12,360	9,051	696	360	965	-54
1969	14,443	10,211	1,096	625	14,130	10,243	791	496	313	-32
1970	16,401	10,563	1,481	810	13,952	9,917	738	582	2,449	646
1971	17,397	11,683	1,380	829	15,618	10,951	837	803	1,779	732
1972	19,671	13,585	1,370	961	18,669	12,878	949	1,071	1,002	707
1973	24,838	16,671	1,588	1,807	23,325	16,502	1,005	1,011	1,513	169
1974	31,676	20,762	1,912	2,227	31,722	21,387	1,126	1,430	-46	-625
1975	32,549	21,074	1,795	2,130	34,715	23,641	1,222	1,205	-2,166	-2,567

注）　ここでの輸出額はカナダ統計局の Domestic exports を指し，再輸出額 (Re-exports) は含まれていない．再輸出額とは，海外から輸入した財をそのまま，または最小限の加工を施して，カナダから輸出した場合の金額を表わしている．カナダ統計局の貿易収支は，再輸出額を含む輸出総額（Total exports＝Domestic exports + Re-exports）と輸入総額の差として表示されている．本表の貿易収支は，再輸出額を含まない輸出額 (Domestic exports) と輸入総額の差として表わされている．

出典）　F. H. Leacy, ed., *Historical Statistics of Canada, 2nd ed.*, Catalogue no. 11-516-XIE, (Ottawa: Satatistics Canada, 1983), G381-385, G401-407, G408-414, から作成．

表 4-2　1960 年から 2008 年までのカナダの対アメリカ自動車および自動車部品貿易

(単位：百万ドル)

	輸出額 自動車	輸出額 自動車部品	輸出額 合計	輸入額 自動車	輸入額 自動車部品	輸入額 合計	貿易収支 自動車	貿易収支 自動車部品	貿易収支 合計
1960	0	4	4	90	317	407	-90	-313	-403
1961	0	9	9	71	327	398	-71	-318	-389
1962	3	13	16	78	441	519	-75	-428	-504
1963	4	36	40	49	555	604	-46	-518	-564
1964	26	79	105	67	655	723	-41	-576	-617
1965	90	147	237	170	852	1,022	-80	-705	-785
1966	493	361	854	409	1,103	1,511	84	-741	-657
1967	1,105	494	1,600	807	1,310	2,117	298	-816	-518
1968	1,686	758	2,444	1,093	1,818	2,910	593	-1,060	-466
1969	2,367	950	3,317	1,154	2,344	3,498	1,213	-1,394	-181
1970	2,127	1,142	3,269	934	2,131	3,065	1,193	-989	204
1971	2,536	1,504	4,040	1,321	2,521	3,842	1,215	-1,017	198
1972	2,752	1,801	4,553	1,551	2,957	4,508	1,201	-1,156	45
1973	3,060	2,240	5,300	2,082	3,620	5,702	978	-1,380	-402
1974	3,408	2,027	5,435	2,517	4,110	6,627	891	-2,083	-1,192
1975	3,790	2,113	5,903	3,125	4,599	7,724	665	-2,486	-1,821
1976	4,774	3,105	7,879	3,287	5,588	8,875	1,487	-2,483	-996
1977	5,996	3,865	9,861	3,952	7,001	10,953	2,044	-3,136	-1,092
1978	7,048	4,945	11,993	4,360	8,222	12,582	2,688	-3,277	-589
1979	6,709	4,723	11,432	5,699	8,821	14,520	1,010	-4,098	-3,088
1980	6,670	3,636	10,306	4,605	7,746	12,351	2,065	-4,110	-2,045
1981	8,287	4,437	12,724	5,066	9,395	14,461	3,221	-4,958	-1,737
1982	11,116	5,308	16,424	3,748	9,823	13,571	7,368	-4,515	2,853
1983	13,410	7,475	20,885	6,015	11,584	17,599	7,395	-4,109	3,286
1984	18,965	10,885	29,850	8,124	15,791	23,915	10,841	-4,906	5,935
1985	21,699	12,104	33,803	10,552	17,752	28,304	11,147	-5,648	5,499
1986	22,232	12,252	34,484	11,452	17,862	29,314	10,780	-5,610	5,170
1987	20,343	12,240	32,583	11,973	16,707	28,680	8,370	-4,467	3,903
1988	23,689	12,272	35,961	11,681	20,307	31,988	12,008	-8,035	3,973
1989	23,515	12,051	35,566	10,856	17,840	28,696	12,659	-5,789	6,870
1990	24,153	10,697	34,850	9,621	16,694	26,315	14,532	-5,997	8,535
1991	24,025	9,340	33,365	9,909	15,702	25,611	14,116	-6,362	7,754
1992	27,750	9,548	37,298	10,192	15,977	26,168	17,558	-6,429	11,129
1993	35,193	11,411	46,604	12,060	20,437	32,497	23,133	-9,026	14,107
1994	42,422	13,251	55,673	15,865	25,310	41,175	26,577	-12,059	14,498
1995	45,381	13,180	58,560	15,805	26,890	42,695	29,576	-13,711	15,865
1996	45,084	14,721	59,805	16,189	27,586	43,774	28,895	-12,864	16,031
1997	49,200	16,098	65,298	20,243	31,799	52,042	28,958	-15,701	13,256
1998	54,665	18,596	73,262	21,049	36,122	57,171	33,617	-17,526	16,091

(表4-2)

	輸出額			輸入額			貿易収支		
	自動車	自動車部品	合計	自動車	自動車部品	合計	自動車	自動車部品	合計
1999	68,907	21,516	90,423	22,693	41,352	64,045	46,214	−19,836	26,378
2000	67,834	22,102	89,936	22,917	41,047	63,963	44,917	−18,945	25,972
2001	63,845	20,782	84,626	21,246	38,021	59,267	42,599	−17,240	25,360
2002	64,997	22,999	87,996	25,546	40,293	65,839	39,450	−17,294	22,157
2003	57,470	22,177	79,648	25,433	35,596	61,029	32,037	−13,418	18,619
2004	61,037	22,344	83,381	25,221	35,259	60,479	35,817	−12,915	22,901
2005	59,266	21,851	81,117	26,649	32,765	59,414	32,617	−10,914	21,703
2006	55,878	19,651	75,528	28,002	30,529	58,531	27,876	−10,878	16,998
2007	51,337	19,082	70,420	28,318	30,143	58,461	23,019	−11,060	11,959
2008	39,581	15,184	54,764	24,605	25,470	50,074	14,976	−10,286	4,690
2008年前年比	−22.9%	−20.4%	−22.2%	−13.1%	−15.5%	−14.3%			

注) 1992年以降の輸出額に再輸出額は含まれない．また，1992年以降の数字は，10万ドルの位で四捨五入をしている．

出典) 1960年から1991年のデータは，DesRosiers Automotive Consultants Inc., *DesRosiers Automotive Yearbook, 2000 Edition*, 2000, p. 190, 1992年から1997年のデータは，DesRosiers Automotive Consultants Inc., *DesRosiers Automotive Yearbook, 2005 Edition*, 2005, p. 198, 1998年から2008年のデータは，DesRosiers Automotive Consultants Inc., *DesRosiers Automotive Yearbook, 2009 Edition*, 2009, p. 170.

(原典) DesRosiers Automotive Consultants Inc., Statitstics Canada, and Industry Canada.

らかであった[12]．王立委員会は，少数の車種に特化し，より効率的に自動車を生産し，それを輸出することで貿易の拡大を図ることを提唱した．

　カナダの自動車産業は，米加自動車製品協定以前は，関税とカナダ部品調達率によって保護されていた．具体的には，カナダでの自動車生産者（主としてビッグ・スリー）が，自動車の生産コストの60%以上のカナダ現地調達率を達成すれば，残り40%以内の生産コストに相当する部品の輸入については関税が免除された．

　米加自動車製品協定は，両国間における自動車および自動車部品の貿易について，一定の条件で関税を免除し，自動車貿易を一層拡大しようとするものであった．アメリカ側については，50%の北米（アメリカとカナ

---

12) Royal Commission on the Automotive Industry (V. W. Bladen Commission), *Report*, (Ottawa: Queen's Printer, 1961), pp. 21–31.

ダ) 現地調達率を達成すれば，カナダからの製品輸入は免税となる．この現地調達率の規定は，自動車が第三国からカナダを経由してアメリカに免税となって輸入されることを防ぐことを目的としていた．

一方，カナダ側では，アメリカからの自動車および自動車部品について，(1) カナダ市場で販売された自動車の純販売額 (net sales value) に対するカナダ国内で製造された自動車の純販売額の比率を，基準年 (1963年8月1日から1964年7月31日の1年) 以上，または最低でも75%以上に維持することと，(2) カナダの自動車生産において，カナダでの付加価値を基準年の付加価値と同等，またはそれ以上に維持することが免税の条件となった．さらに，カナダ自動車生産者はカナダ政府に「覚え書」を送り，カナダ市場での自動車の純販売額の60%の増加と商業乗物の純販売額の50%の増加によって，1968年までにカナダでの付加価値を総額で2億6,000万ドルまでに増やすことを約束した[13]．

米加自動車製品協定の効果も現われて，表4-2が示すようにカナダからの自動車輸出額が増大し，自動車に関しては1966年以降カナダ側の貿易収支は黒字となった．しかし，アメリカからの自動車部品輸入額が大きいため，部品に関する貿易収支は1960年から2008年まで一貫して赤字である．自動車および同部品の両者を合わせた貿易収支は，1960年から1969年までと，1973年から1981年まではカナダ側の赤字であったが，1970年からの3年間と1982年から2008年にかけては黒字を示している．黒字幅も1999年の263億7,800万ドルまではほぼ増加の一途をたどったが，その後2008年の46億9,000万ドルまで減少した．

4.3 国際経済体制の変容と経済的ナショナリズムの台頭

1970年代は第二次世界大戦後の国際経済の枠組みが大きく変容した時

---

13) Carl E. Beigie, *The Canada-U.S. Automotive Agreement: An Evaluation*, (Washington D. C., and Montreal: Canadian-American Committee, 1970), pp. 45-48, and 139-143.

期であった．ブレトン・ウッズ体制を主導・維持してきた覇権国アメリカが国際収支の悪化に悩む一方，アメリカの援助で経済復興を遂げた西ヨーロッパ諸国や日本がアメリカの通商面でライバルとなった．1971年，ニクソン大統領は新経済政策を発表し，ドルと金の兌換停止ならびに10％の輸入課徴金を課した．ドルと金の兌換に裏打ちされた固定為替相場制度は，金融面でのブレトン・ウッズ体制の根幹をなすものであったが，その前提が崩れ，主要国は変動為替相場制度へ移行した．また，10％の輸入課徴金はカナダにも適用され，第二次世界大戦後続いたアメリカとカナダの特別な関係に終止符が打たれた．

1945年からこの時期まで，カナダの経済政策は基本的には大陸主義であった．しかし，1970年代にはカナダで経済的ナショナリズムが台頭した．1968年に発足した自由党のピエール・トルドー政権[14]の下で，1972年，対米関係について「第3の選択」が採用された．これは，対米関係を現状のまま維持する「第1の選択」とも，対米一体化を指向する「第2の選択」とも異なり，対外貿易相手国の多様化とカナダ国内経済の自足化を柱とする政策である．具体的には，アメリカへのカウンター・バランスとして西ヨーロッパ諸国や日本との経済関係を強化しようとするものであり，カナダ国内では外国投資審査庁（Foreign Investment Review Agency, FIRA）や国有石油会社ペトロ・カナダが創設された．

表4-1が示しているように，1968年，カナダからアメリカへの輸出額は89億9,700万ドル（全体の67.5％）で，イギリスへは12億1,000万ドル（9.1％）であった．また，同年アメリカからカナダへの輸入額は90億5,100万ドル（全体の73.2％）で，イギリスからは6億9,600万ドル（5.6％）であった．輸出輸入双方に関し，アメリカに大きく依存している一方，イギリスとの貿易は相対的に減少する傾向が見られる．この表4-1でもう1点着目すべきことは，日本も第二次世界大戦後

---

[14] トルドー首相は1968年から1984年の間，政権の座にあったが，1979年6月から1980年3月までの9ヶ月間は進歩保守党のジョー・クラーク首相に政権を譲った．

44 —— 第Ⅰ部　カナダ経済の概観

表 4-3　1945 年から 2007 年までの諸外国の対加直接投資残高

(単位：百万ドル，％)

	合計	アメリカ合衆国		イギリス		フランス		オランダ		スイス		日本	
1945	2,831	2,422	85.6	348	12.3								
1946	2,960	2,562	86.6	335	11.3								
1947	3,126	2,688	86.0	372	11.9								
1948	3,399	2,936	86.4	400	11.8								
1949	3,710	3,219	86.8	428	11.5								
1950	4,098	3,549	86.6	468	11.4								
1951	4,642	4,014	86.5	497	10.7								
1952	5,358	4,661	87.0	553	10.3								
1953	6,177	5,368	86.9	622	10.1								
1954	6,960	5,969	85.8	772	11.1								
1955	8,010	6,778	84.6	905	11.3								
1956	9,314	7,798	83.7	1,068	11.5								
1957	10,538	8,844	83.9	1,184	11.2								
1958	11,371	9,504	83.6	1,321	11.6								
1959	12,464	10,432	83.7	1,411	11.3								
1960	13,583	11,210	82.5	1,550	11.4								
1961	14,391	11,892	82.6	1,627	11.3								1	0.0
1962	15,380	12,661	82.3	1,723	11.2							1	0.0
1963	16,276	13,514	83.0	1,788	11.0							7	0.0
1964	16,473	13,308	80.8	2,007	12.2							8	0.0
1965	17,864	14,408	80.7	2,107	11.8							10	0.1
1966	19,550	15,942	81.5	2,125	10.9							17	0.1
1967	21,287	17,395	81.7	2,236	10.5							34	0.2
1968	23,234	18,975	81.7	2,409	10.4							62	0.3
1969	25,241	20,493	81.2	2,540	10.1							70	0.3
1970	27,374	22,054	80.6	2,641	9.6							103	0.4
1971	28,989	23,117	79.7	2,858	9.9							187	0.6
1972	30,563	24,304	79.5	2,960	9.7							194	0.6
1973	33,977	26,919	79.2	3,310	9.7							250	0.7
1974	37,557	29,870	79.5	3,681	9.8							258	0.7
1975	38,728	30,506	78.8	3,830	9.9							257	0.7
1976	41,623	32,726	78.6	4,165	10.0							293	0.7
1977	45,132	35,595	78.9	4,348	9.6							336	0.7
1978	50,089	39,352	78.6	4,770	9.5							402	0.8
1979	56,785	44,006	77.5	5,543	9.8							485	0.9
1980	64,708	50,368	77.8	5,773	8.9							605	0.9
1981	70,327	53,777	76.5	6,635	9.4							1,000	1.4
1982	72,814	54,457	74.8	7,149	9.8							1,341	1.8
1983	79,669	59,706	74.9	7,949	10.0							1,772	2.2
1984	85,984	64,762	75.3	8,358	9.7							2,074	2.4
1985	90,358	67,874	75.1	8,643	9.6							2,250	2.5
1986	96,054	69,241	72.1	11,317	11.8							2,679	2.8
1987	105,937	74,022	69.9	12,401	11.7	1,860	1.8	2,756	2.6	1,817	1.7	3,045	2.9
1988	114,175	76,049	66.6	15,696	13.7	2,213	1.9	3,103	2.7	2,215	1.9	3,568	3.1
1989	122,664	80,427	65.6	15,556	12.7	3,521	2.9	3,988	3.3	2,562	2.1	4,769	3.9

(表4-3)

	合計	アメリカ合衆国		イギリス		フランス		オランダ		スイス		日本	
1990	130,932	84,089	64.2	17,185	13.1	3,836	2.9	4,276	3.3	2,812	2.1	5,222	4.0
1991	135,234	86,396	63.9	16,224	12.0	4,167	3.1	4,043	3.0	3,034	2.2	5,596	4.1
1992	137,918	88,161	63.9	16,799	12.2	4,151	3.0	4,505	3.3	2,854	2.1	5,962	4.3
1993	141,493	90,600	64.0	15,872	11.2	4,365	3.1	4,816	3.4	2,953	2.1	6,249	4.4
1994	154,594	102,629	66.4	14,693	9.5	5,326	3.4	5,384	3.5	3,476	2.2	6,587	4.3
1995	168,167	112,948	67.2	14,097	8.4	5,710	3.4	6,276	3.7	3,411	2.0	6,987	4.2
1996	182,126	121,943	67.0	14,292	7.8	5,861	3.2	7,479	4.1	4,113	2.3	7,873	4.3
1997	194,277	128,978	66.4	15,748	8.1	6,087	3.1	7,883	4.1	4,849	2.5	7,990	4.1
1998	219,389	146,893	67.0	17,042	7.8	6,411	2.9	11,521	5.3	5,096	2.3	8,393	3.8
1999	252,563	176,045	69.7	15,279	6.0	6,624	2.6	13,468	5.3	5,523	2.2	8,270	3.3
2000	319,116	193,651	60.7	23,955	7.5	36,997	11.6	15,335	4.8	5,846	1.8	8,041	2.5
2001	340,429	219,927	64.6	26,913	7.9	31,477	9.2	13,820	4.1	6,357	1.9	7,864	2.3
2002	356,819	231,566	64.9	27,552	7.7	31,631	8.9	14,654	4.1	6,959	2.0	9,305	2.6
2003	373,685	238,057	63.7	26,002	7.0	36,200	9.7	17,693	4.7	7,079	1.9	9,892	2.6
2004	379,450	243,328	64.1	25,318	6.7	33,419	8.8	19,968	5.3	7,843	2.1	9,939	2.6
2005	395,238	248,475	62.9	29,480	7.5	28,292	7.2	21,177	5.4	12,235	3.1	10,495	2.7
2006	437,801	267,237	61.0	39,828	9.1	16,933	3.9	24,734	5.6	13,857	3.2	12,944	3.0
2007	500,851	288,631	57.6	54,760	10.9	17,444	3.5	31,548	6.3	13,809	2.8	13,410	2.7

注) 1986年以前のフランス，オランダとスイスの数字はOECD諸国として合算され，個別には開示されていない．

出典) Statistics Canada, CANSIM Tables 376-0037 and 376-0051（2008年7月13日アクセス）から作成．

1973年まで高度経済成長を続け，1970年代に入り世界で重要な貿易国として台頭してきたことである．「第3の選択」政策とともに，イギリスが1973年にヨーロッパ経済共同体（EEC）へ加盟したこともあり，1972年には輸入額において，1973年には輸出額において，日本はカナダにとってアメリカに次ぐ第2位の貿易相手国となり，1975年の輸入額を除いてこの地位は約30年間維持された．

表4-3は1945年から2007年までの諸外国の対加直接投資残高を表わしたものである．1945年から1970年までのアメリカの直接投資残高は全体の80％以上を占め，アメリカ資本に著しく依存していることが明らかである．この間，イギリスからの直接投資残高はほぼ11％で推移している．こうした状況を踏まえ，トルドー政権以前にも外国の，特にアメリカの対加直接投資に関する懸念が表明されていた．

1957年，財務大臣ウォルター・ゴードンの下で調査がなされ[15]，カナ

ダ産業が外国投資によって受ける利益を認めつつ，外国人の支配によって起こり得る懸念も表明されている．ゴードン委員会が推奨したことには，カナダの外国人支配による子会社の株式の一部をカナダ人所有にすることや，カナダ人を重役に登用することなどが含まれていた．また，この委員会が推奨しその後実行された重要な提言は，銀行や信託・保険会社などの金融機関をカナダ人の所有に帰すことであった．

1968年にはM. H. ワトキンスを委員長とするカナダ産業の構造に関する特別委員会が『外国人所有とカナダ産業の構造』（ワトキンス・レポート）を発表した[16]．ワトキンス・レポートは，カナダにおける多国籍企業の行動を調査する政府機関の創設を勧告すると共に，カナダ産業の合理化の促進，カナダにおける研究開発や管理者教育への補助金の拠出，カナダ開発公社（Canada Development Corporations）の設立などを提言し，また，カナダにおける外国の法律の適用を禁止することを求めた．

1970年には，I. ワーンを委員長とする下院常任委員会による『第11回外交および防衛に関する常任委員会報告書』が提出された[17]．この報告書ではカナダとアメリカとの関係を特にアメリカの直接投資に焦点を当てて調査した．ワーン委員会の提言には，ある程度の期間をおいて，カナダの全ての外資系企業の議決権付株式の51％以上をカナダ人の所有にすること，ならびに議決権付株式所有に見合うように半数以上のカナダ人を役員に登用することが盛り込まれた．

1972年に財務大臣ハーブ・グレーの下で，『カナダにおける海外直接投資』に関する報告書（グレー・レポート）がまとめられた[18]．この中

---

15) Royal Commission on Canada's Economic Prospects, *Final Report*, (Ottawa: Queen's Printer, 1958).

16) Task Force on the Structure of Canadian Industry, *Foreign Ownership and the Structure of Canadian Industry*, (Ottawa: Queen's Printer, 1968).

17) Canada, Parliament, House of Commons, Standing Committee on External Affairs and National Defence, *Eleventh Report of the Canada House of Commons Standing Committee on External Affairs and National Defence Respecting Canada-U. S. Relations*, (Ottawa: Queen's Printer for Canada, 1970).

では，特に技術と研究開発に焦点が当てられ，海外の親企業で大部分の研究開発がなされて，子会社は研究開発から「断ち切られている」状態だと指摘された．実際，カナダの特許の90％は外資系企業や外国人によって所有されていた．ちなみに，1967年時点で，鉄道および公共事業（電気，ガス，水道，都市交通，通信事業など）についてはカナダ人がそれぞれ81％ずつを所有し，また鉄道の98％と公共事業の95％を支配していたのに対し，製造業，石油・天然ガス事業，鉱業はアメリカ人がそれぞれ44％，51％，51％を所有していた．さらに，製造業の中では，石油・石炭製品（99.5％），ゴム工業（93.1％），輸送機器（86.6％）部門の外国人所有の比率が高かった[19]．報告書では，カナダが海外直接投資から得られる利益を最大化するために海外直接投資を審査する機関の設立を勧告している．

また，海外直接投資の弊害を指摘し，審査機関設立を理論的に支持したのは先のワトキンス（1968）の他，ラクサー，ロートシュティンなど後にナショナリスト学派[20]と呼ばれる政治経済学者たちであった．反対に，サファリアンやC. D. ハウ研究所の経済学者たちは，どの国が海外直接投資を行なうかは問題ではなく，海外直接投資による成果が重要なのであると主張した．

こうした一連の勧告を受けて，トルドー政権下で1974年外国投資審査庁が設立された．審査庁は，一定規模以上の対加投資（資産25万ドル以上，または売り上げ300万ドル以上の既存企業の買収）については，それらがカナダにとって「顕著な利益」をもたらすかどうかを基準に審査し，

---

18) Government of Canada, *Foreign Direct Investment in Canada*, (Ottawa: Information Canada, 1972).

19) 同上, pp. 20–21.

20) Bruce Muirhead, *Dancing Around the Elephant: Creating a Prosperous Canada in an Era of American Dominance, 1957–1973*, (Toronto: University of Toronto Press, 2007), p. 7 and p. 249. またHartはWalter Gordon, Peter Newman, Abraham Rotsteinをカナダの経済的ナショナリズム学派の3大リーダーと2002年の著書の中で述べている．

その可否を決定した．

その上，トルドー政権下では次のような政策が実施された．1971年にカナダの既存企業の買収に参加し，外国人所有の企業の株式を買い戻すためにカナダ開発公社が設立された．1975年には国有企業ペトロ・カナダが設立された．さらに，エネルギー産業のカナダ化，エネルギーの自給体制の確立，エネルギー収益の資源州から連邦政府への再配分を目的に，1980年には国家エネルギー政策（National Energy Program）が導入された．この背景としては，1947年アルバータ州で原油が発見されて以来，アルバータ州では大量の原油と天然ガスを産出し，1970年代の2回にわたる石油危機で石油の値段が高騰を続け，アルバータなど原油・天然ガスを産出する州と外資系多国籍石油企業が莫大な利益を上げていたことが挙げられる．連邦政府は，原油・天然ガス産業における外資比率を低下させると共に，原油・天然ガスの税収をカナダ企業に再配分して，1990年までに同産業におけるカナダ資本比率を50％以上に引き上げることを目指していた．

第2次石油危機を契機として，カナダとアメリカは1981年から1982年にかけて厳しい不況に見舞われ，1982年には前年比でカナダのGDP成長率が−2.9％を記録した．石油価格が再度上昇し，インフレーションに見舞われ，アメリカの深刻な景気後退によりカナダからの輸出は減少した．カナダが大きく依存しているアメリカは，1980年代に入り保護貿易主義の傾向を強めていった[21]．アメリカからの経済的自立を目指していたトルドー政権も，1982年に元大蔵大臣のドナルド・マクドナルドを委員長とする「カナダの経済同盟と発展の将来性に関する王立委員会」[22]を設立し，アメリカと分野別の自由貿易交渉を開始した．

---

21) 前掲，佐々木隆雄，第3章．
22) 委員会は通称マクドナルド報告書を1985年に発表した．Royal Commission on the Economic Union and Development Prospects for Canada, *Report*, (Ottawa: Minister of Supply and Services, 1985).

4.4 経済的大陸主義へ──2つの自由貿易協定の締結

　1984年に自由党から進歩保守党へと政権の交代がみられ，ブライアン・マルルーニーが首相になった．1980年代はアメリカのレーガン大統領，イギリスのサッチャー首相に代表される新保守主義的経済政策が潮流になった時代でもある．マルルーニー政権は経済的にはアメリカとの関係を強化する大陸主義を採り，先の自由党政権の経済的ナショナリズムから再び大きく転換した．1985年FIRAを廃止し，新たにカナダ投資法を施行し，カナダ投資庁（Investment Canada）を設立した．投資手続きの簡素化を図るのと同時に，外国資本歓迎政策を打ち出した．アルバータ州とアメリカを中心とする外資系石油会社に不評であった国家エネルギー政策も廃止された．

　自由貿易に関しては，マルルーニーは首相就任前には反対していたが，政権発足後の1989年には，米加自由貿易協定（Canada-U. S. Free Trade Agreement, FTA）を結ぶことになった．協定は包括的な内容で，1989年から10年間に米加間の関税を撤廃すること，輸入制限措置の改善，サービス貿易や農業に関する規定，投資自由化条件の拡大，2国間の紛争処理手続き規定などを含むものであった[23]．

　FTAはヨーロッパ連合（European Union, EU）のような関税同盟ではないため，第三国に対しては各々の国が定めた関税が適用される[24]．このため，どの貿易品目が北米産として協定の適用を受けるか，についての原産地規定が定められた．規定によれば，製品については製造コストの50％以上が北米で調達されたものを北米産として免税対象とすることになった．

　23）佐々木潤，『一体化する北米経済：NAFTA時代の到来』，日本貿易振興会，1994年．
　24）本段落を含む次の2段落は，栗原武美子，「日本からカナダ・オンタリオ州の自動車産業への直接投資に関する実証研究」，『東洋経済論集』，第33巻第2号，2008年，pp. 181-182からの引用である．

FTA の下でも先の自動車製品協定（Auto Pact）が存続し，その結果，完成車や部品を無関税で輸入できるオートパクト協定加盟企業（ビッグ・スリー，GM とスズキの合弁会社 CAMI Automotive Inc. (CAMI)，ボルボ社）と，最恵国輸入関税が賦課される日本や韓国の自動車メーカー（本田技研工業株式会社（ホンダ），トヨタ自動車株式会社（トヨタ），現代自動車株式会社（現代））の 2 つの異なったグループがカナダ国内に存在した[25]．しかも，自動車貿易は FTA の原産地規定が適用されるので，関税が免除されるためには，北米産 50% 以上の現地調達規定を満たさなければならなかった．

FTA に対しては，カナダ国内では賛否両論の激しい論争が起こった．賛成派の主張は，アメリカ市場への安定的なアクセスの確保に加え，関税の撤廃や貿易規制の改善を通じた物価水準の低下，国際的分業の進展により規模の経済が生じることによるメリット，競争の促進による生産性の向上が期待される，といった伝統的な比較生産費論に基づいていた．一方，反対派は，国際的な分業と特化の進展に伴なう経済的な調整コストを懸念し，特にアメリカ子会社の分工場の撤退とそれに伴なう失業増加，小規模なカナダ企業の倒産・再編，カナダ経済のさらなる対米従属の深化を危惧した．

1990 年にアメリカとメキシコの間で自由貿易交渉を開始する同意がなされ，カナダも参加することを表明した．米加間では既に前記の FTA が締結されていたため，カナダは防衛的な立場から北米自由貿易協定（NAFTA）へ参加した[26]．その理由は，米加間，米墨間でそれぞれ自由貿易協定が締結され，加墨間で協定が締結されない場合には，「ハブ・アンド・スポークス」というアメリカを中軸国とし加墨がアメリカのみとつ

---

25) Pradeep Kumar and John Holmes, "The Impact of NAFTA on the Auto Industry in Canada," in *The North American Auto Industry Under NAFTA*, ed. by S. Weintraub and C. Sands, (Washington, D. C.: Center for Strategic and International Studies Press, 1998), pp. 138-139.

26) 佐々木潤，「88 北米自由貿易協定（NAFTA）(1994 年)」，『資料が語るカナダ：1535-1995』，日本カナダ学会編，1997 年，pp. 220-221.

ながる関係が樹立され，加墨両国はお互いに有利な貿易協定から排除されることを危惧したからであった[27]．アメリカ，カナダ，メキシコの3国間で調印されたNAFTAは1994年1月に発効した．

NAFTAに関しても，カナダではFTAの場合と同様に賛否両論が生じた[28]．NAFTA支持者は，カナダ製造業者連合，カナダ商工会議所，カナダ経済審議会，主としてカナダの大企業やアメリカ系多国籍企業や有力シンクタンクであるC. D. ハウ研究所の経済学者などである．一方，NAFTA批判者は新民主党（New Democratic Party, NDP）を中心とする野党，カナダ労働者協議会，環境保護団体，産業政策によって自立的な国民経済の形成を目指す政治経済学者などである．

賛成派の主たる論点と反対派の論点は，FTAの場合とほぼ同様なものであった．賛成派は，FTAよりもメキシコを加えたさらに大きな北米単一市場の創出によって，規模の経済が追求でき，また，中期的には，企業再編によって生じうる失業も，新たな雇用創出によって埋め合わせることが可能である[29]，と主張した．他方，反対派は，メキシコの低賃金に対

---

27) Ronald J. Wonnacott, "U. S. Hub-and-Spoke Bilaterals and the Multilateral Trading System," *C. D. Howe Institute Commentary 23* (Toronto: C. D. Howe Institute, 1990), and Roderick Hill and Ronald J. Wonnacott, "Free Trade with Mexico: What Form Should It Take?," *C. D. Howe Institute Commentary 28* (Toronto: C. D. Howe Institute, 1991), pp. 1-3, and Leonard Waverman, "The NAFTA Agreement: A Canadian Perspective," in *Assessing NAFTA: A Trinational Analysis*, ed. by Steven Globerman and Michael Walker, (Vancouver: Fraser Institute, 1993), p. 33.

28) Tamiko Kurihara, "The Free Trade Agreements and *Sogo Shosha* in Canada," *Toyo Economic Studies*, No. 20, 1995, pp. 317-319，および栗原武美子，「米州自由貿易圏構想と日本の対加直接投資」，『東洋大学経済論集』，第25巻第1号，1999年，p. 10.

29) Thomas d'Aquino, "Economics of NAFTA: A Canadian Business Perspective," in *Beyond NAFTA: An Economic, Political and Sociological Perspective*, ed. by A. R. Riggs and Tom Velk, (Vancouver: Fraser Institute, 1993), pp. 113-123, and Steven Globerman and Michael Walker, "Overview," in *Assessing NAFTA: A Trinational Analysis*, ed. by Steven Globerman and Michael Walker, (Vancouver: Fraser Institute, 1993), p. xiii.

してFTAの時よりもさらに深い懸念を表明した．関税障壁の撤廃によってNAFTA内で自由に輸出できることになれば，アメリカ系多国籍企業は，カナダの分工場を閉鎖し，より賃金の安いアメリカ南部やメキシコに生産設備を移転する可能性が高く，カナダの競争力は賃金面でメキシコに劣るからである．実際，1980年代初頭の不況時における失業が一般的に一時的だったのと異なり，FTA以降の失業のうち65％は，工場の永久的閉鎖によるものであった[30]．

NAFTAの内容は，FTAの内容よりも一層包括的なものである．関税については，例外品目を除くと15年間で撤廃することになっている．関税上の優遇措置を認める条件として，NAFTAでは詳細なルールが設けられており，繊維・衣料と自動車については特別な規定が適用される．繊維・衣料について，完成品が北米産と認められるためには原糸または繊維の段階から域内産でなければならない．自動車については，現地調達率が当初は50％，2002年1月からは62.5％以上を達成したものが北米産と認定され，関税が免除される．投資の自由化と外資系企業の内国民待遇，知的所有権の規定，サービス貿易の自由化規定，貿易紛争処理メカニズムについても明示された．

NAFTA発効後も，自動車製品協定は存続し，カナダでの年間生産額の割合や付加価値の産出などの条件を満たす協定加盟企業は，NAFTA域外で生産された自動車（完成車や部品）の輸入について課税されない優遇措置を受けていた．これに対し，日本とEUが世界貿易機関（WTO）に提訴し，1999年12月紛争処理パネルは特定自動車メーカーに対する優遇措置がWTO協定違反であることを認めた．2000年3月カナダ側がWTO上級委員会に上訴したが，5月にカナダ側の措置が違反であるとの決定が下され，10月にカナダ政府はWTO最終裁定に合意した．この結

---

30) Bruce Campbell, "A Canadian Labor Perspective on a North American Free Trade Agreement," in *The North American Free Trade Agreement*, ed. by Mario F. Bognanno and Kathryn J. Ready, (Westport, Conn.: Praeger, 1993), pp. 64–65.

果，2001年2月に米加自動車製品協定は失効した[31]．これによって，すべての自動車メーカーは一律に完成車輸入に対して6.1%の関税が賦課されることになった．

　NAFTAは米州自由貿易圏の創出に向けての第一歩とみなされている．NAFTA発効後，カナダ経済はアメリカ経済へ一層統合されつつある．この結果，アメリカ企業がカナダ分工場から撤退したり，外国企業が投資先としてカナダよりアメリカを選好することもある．NAFTA発効後，カナダドルの対米ドルレートは低下したが，2003年からはカナダドル高基調に転じ，2007年には31年ぶりにパリティ（米ドル＝カナダドル）を割り込んだ．2006年のアメリカの景気は，原油価格の高騰やサブプライム・ローンから派生する問題などによって減速傾向が見られた．そしてこの原油価格の高騰は，スポーツ用多目的車（Sports Utility Vehicles, SUV）からハイブリッドなど燃費の良い小型車へと消費者の需要を変化させ[32]，自動車販売に大きな影響をもたらしている．

　ここで，FTAならびにNAFTA以降のカナダの貿易ならびに直接投資の動向を見てみよう．表4-4および表4-5は1976年から2007年までのカナダの輸出額ならびに輸入額を示している．FTA発効年の1989年，カナダの輸出総額は1,348億4,300万ドルで，そのうちアメリカへは輸出総額の73.2%，日本へは6.5%，イギリスへは2.6%が向けられた．同年，輸入総額は1,351億9,100万ドルで，総額の65.2%がアメリカから，7.1%が日本から，3.4%がイギリスからの輸入であった．

　輸出額についてみると，NAFTA発効後さらにアメリカへの輸出の比重が増し，2002年には全体の86.8%がアメリカへの輸出であった．その後，アメリカへの輸出の比率はやや低下し，2007年には全体の79.4%となった．1993年以降，1995年と2007年を除いて，アメリカへの輸出が8割以上であることは，アメリカとの結び付きが強化されたと解釈

---

31) 栗原武美子，「最近の日本の対加直接投資の特徴」，『カナダ研究年報』，第21号，2001年a, pp. 12-13.
32) ジェトロ，『ジェトロ貿易投資白書　2007年版』，ジェトロ，2007年，p. 102.

表 4-4　1976 年から 2007 年までのカナダの輸出額
（商品貿易，通関ベース）

（単位：百万ドル，％）

	総額	アメリカ		イギリス	日本	中国	メキシコ
1976	37,651	25,237	67.0	1,876	2,395		
1977	43,685	30,404	69.6	1,929	2,513		
1978	52,259	36,651	70.1	1,985	3,053		
1979	64,317	43,521	67.7	2,589	4,083		
1980	74,445	46,941	63.1	3,192	4,357		
1981	81,337	53,900	66.3	3,306	4,498		
1982	81,825	55,847	68.3	2,670	4,568		
1983	88,155	64,206	72.8	2,445	4,722		
1984	109,437	82,668	75.5	2,439	5,641		
1985	116,145	90,418	77.8	2,409	5,707		
1986	116,733	90,319	77.4	2,566	5,942		
1987	121,462	91,756	75.5	2,850	7,036		
1988	134,853	98,060	72.7	3,511	8,773		
1989	134,843	98,704	73.2	3,455	8,797		
1990	141,721	105,453	74.4	3,408	8,186	1,651	643
1991	138,519	103,541	74.7	2,931	7,119	1,879	564
1992	154,531	118,665	76.8	3,041	7,455	2,144	801
1993	177,622	142,510	80.2	2,843	8,430	1,524	799
1994	212,493	172,182	81.0	3,181	9,648	2,128	1,055
1995	246,390	194,350	78.9	3,755	11,906	3,294	1,124
1996	259,295	208,806	80.5	3,838	11,072	2,871	1,218
1997	280,034	228,078	81.4	3,641	11,044	2,355	1,219
1998	297,509	251,097	84.4	4,156	8,538	2,477	1,402
1999	331,748	286,561	86.4	4,516	8,470	2,522	1,507
2000	385,678	334,146	86.6	5,413	9,171	3,294	1,931
2001	375,230	325,360	86.7	4,754	8,271	3,978	2,647
2002	365,294	317,013	86.8	4,210	8,258	3,639	2,295
2003	354,303	303,563	85.7	5,773	8,032	3,999	2,145
2004	385,526	326,026	84.6	7,247	8,411	6,157	2,973
2005	408,458	343,354	84.1	7,630	8,967	6,647	3,216
2006	411,390	336,707	81.8	9,219	9,221	7,183	4,021
2007	419,949	333,305	79.4	11,387	8,940	8,796	4,302

注）　輸出額は再輸出額を含まない．
出典）　1976 年から 1989 年のデータは，Statistics Canada, CANSIM Table 227-0001（2008 年 9 月 20 日アクセス），および 1990 年以降のデータは，Inudstry Canada, "Trade Data Online" (http://www.ic.gc.ca/sc_mrkti/tdst/tdo/tdo.php (2008 年 9 月 10 日アクセス)) による．

表4-5 1976年から2007年までのカナダの輸入額
（商品貿易，通関ベース）

（単位：百万ドル，%）

	総額	アメリカ		中国	メキシコ	日本	ドイツ	イギリス
1976	37,494	25,801	68.8			1,524		1,150
1977	42,363	29,841	70.4			1,795		1,278
1978	50,108	35,433	70.7			2,276		1,609
1979	62,871	45,571	72.5			2,159		1,928
1980	69,274	47,446	68.5			2,904		1,969
1981	79,482	53,580	67.4			4,188		2,363
1982	67,856	46,907	69.1			3,711		1,884
1983	75,520	52,859	70.0			4,689		1,797
1984	95,460	66,467	69.6			6,172		2,475
1985	104,355	72,020	69.0			6,731		2,998
1986	112,511	75,228	66.9			8,367		3,573
1987	116,239	76,716	66.0			8,351		4,277
1988	131,172	86,021	65.6			9,268		4,630
1989	135,191	88,104	65.2			9,563		4,565
1990	136,245	87,875	64.5	1,394	1,749	9,525	3,835	4,898
1991	135,461	86,416	63.8	1,853	2,580	10,262	3,741	4,158
1992	148,018	96,470	65.2	2,453	2,774	10,762	3,532	4,095
1993	169,953	113,846	67.0	3,098	3,710	10,718	3,522	4,473
1994	202,736	137,345	67.7	3,856	4,525	11,367	4,384	5,033
1995	225,553	150,682	66.8	4,639	5,353	12,094	4,799	5,476
1996	232,566	156,953	67.5	4,931	6,035	10,439	4,824	5,908
1997	272,946	184,414	67.6	6,341	7,022	12,551	5,401	6,499
1998	298,386	203,578	68.2	7,651	7,682	14,015	6,081	6,314
1999	320,409	215,575	67.3	8,951	9,536	15,039	6,949	8,107
2000	356,992	229,660	64.3	11,294	12,060	16,612	7,774	13,027
2001	343,111	218,290	63.6	12,724	12,123	14,641	8,000	11,718
2002	348,957	218,497	62.6	16,004	12,744	15,428	8,294	9,738
2003	336,141	203,822	60.6	18,583	12,910	13,820	8,645	9,225
2004	355,886	208,987	58.7	24,104	13,435	13,514	9,425	9,658
2005	380,859	215,196	56.5	29,515	14,595	14,800	10,272	10,417
2006	396,645	217,642	54.9	34,491	16,009	15,326	11,126	10,864
2007	406,737	220,479	54.2	38,291	17,169	15,457	11,533	11,458

出典）1976年から1979年のデータは，Statistics Canada, CANSIM Table 226-0008（2008年9月20日アクセス），1980年から1989年のデータは，Statistics Canada, CANSIM Table 227-0002（2008年9月20日アクセス），および 1990年以降のデータは，Inudstry Canada, "Trade Data Online"（http://www.ic.gc.ca/sc_mrkti/tdst/tdo/tdo.php（2008年9月10日アクセス））による．

できよう．また，1973年以降日本への輸出額は2006年までアメリカに次いで第2位の地位であったが，2007年にはイギリスが日本を抜き第2位に復活した．その結果，2007年から日本はカナダにとって輸出第3位の貿易相手国となった．

輸入額についてみると，1998年にはアメリカからの輸入額の比率も68.2％へと上昇した．その後，アメリカからの輸入額の比率は徐々に低下し，2007年には54.2％に至った．日本からの輸入額は1972年に10億7,100万ドルに達し，輸入額について日本はアメリカに次いで第2位となった．しかし，2002年に中国に抜かれ，また2006年にはメキシコに抜かれ第4位となった．さらに，輸入額に関し日本に次いで第3位であったイギリスも，中国，メキシコ，ドイツに追い越され，2007年には第6位となった．メキシコからの輸入額の増加は顕著であり，NAFTAの効果が出ていると言えよう．また，中国との貿易は輸出額および輸入額双方とも増加が著しく，第1章第1節で指摘したようにそのGDPの大きさと共に国際貿易における中国の果たす役割は大きくなっている．

直接投資については，表4-3で示したように，1945年から1970年まではアメリカの対加直接投資総残高に占める割合は8割を超えていた．1985年，カナダ投資庁が導入され積極的な投資誘致政策が行なわれた結果，アメリカの投資金額は一貫して増加したにもかかわらず，その比率は年々減少し2007年には全体の6割弱にまで低下した．イギリスは第二次世界大戦後，アメリカに次ぐ第2位の投資国であり，近年では大型の企業合併・買収（M＆A）による直接投資額の増大も見られたが，もはや第一次世界大戦前のような大英帝国時代の投資国としての勢いはない．

日本は対加直接投資国としては新参者である．1981年には日本の投資残高が初めて10億ドルを記録した．投資金額としては些少であったが，日本は1997年までは第3位の投資国であった．その後，イギリスの他に，オランダ，フランス，スイスが大型のM＆Aによる多額の直接投資を行なったため，日本の直接投資残高は2007年には第6位へと後退し，総残高の2.7％を占めるに過ぎない．しかし，表1-5（第1章）に示されて

いるように，2007年末の日本の対加直接投資残高の45.4%は機械・輸送機器分野である．つまり，投資金額は少ないが，カナダの基幹産業である自動車部門へ直接投資がなされた結果，日本の投資はカナダ経済で重要な役割を果たすようになった．この点については，第III部で詳述したい．

さて，第I部ではカナダ一国を単位として，その経済活動の発展をその時々の経済政策とからめながら，貿易と直接投資を指標として検討してきた．しかし，カナダは10州と3準州からなり，それぞれの州経済は規模も基盤も異なっている．このため，近年のFTAやNAFTAの影響も州によって異なっている．そこで，第5章で2008年以降の経済不況について述べた後，第II部では各州に焦点を当て，それぞれの経済の特徴を把握したい．

第5章　世界金融危機の影響
——2008年の経済不況

5.1　実質国内総生産と雇用からみた景気後退

　アメリカの低所得者向けのサブプライム・ローンの問題を契機に，世界的な金融危機が発生した．そして，それが実体経済にも影響を及ぼし，今や世界的な経済不況にまで拡大している．この章では，2007年以降のアメリカとカナダの経済の動向について，実質GDP，失業率，貿易，その他の主な指標を通して，現状分析を試みたい．

　アメリカでは信用力の低い個人向けに高金利型の住宅融資（サブプライム・ローン）が貸し出され，2007年からローン返済の延滞が増加し，サブプライム・ローン専門会社の破産申請が続き，問題が表面化した．サブプライム・ローンは，最初は優遇された低金利に据え置かれているが，2,3年するとこれが高金利に移行する．信用力の低い個人にこのローンが貸し出された背景には，2002年以降のアメリカにおける中古住宅価格の上昇があった．この時期は住宅価格の上昇に基づいた信用力の増大で，プライム・ローンに切り替えることも可能であった．

　しかし，2006年6月に中古住宅価格の上昇率がゼロとなり，「住宅バブルは崩壊し」[1]，中古住宅価格は急速に下落した．図5-1は2000年1月を基準の100とした時の，2009年4月までのアメリカ主要10都市のケース・シラー住宅価格指数を示している．2006年6月に最高水準の

---

1) リチャード・クー,「リチャード・クーのKoo理Koo論」第9回「サブプライム問題はどのようにして起こったか（2008/08/21）」http://bizplus.nikkei.co.jp/colm/koo.cfm?i=20080814d8000d8（2008年10月14日アクセス）．

60 ── 第Ⅰ部　カナダ経済の概観

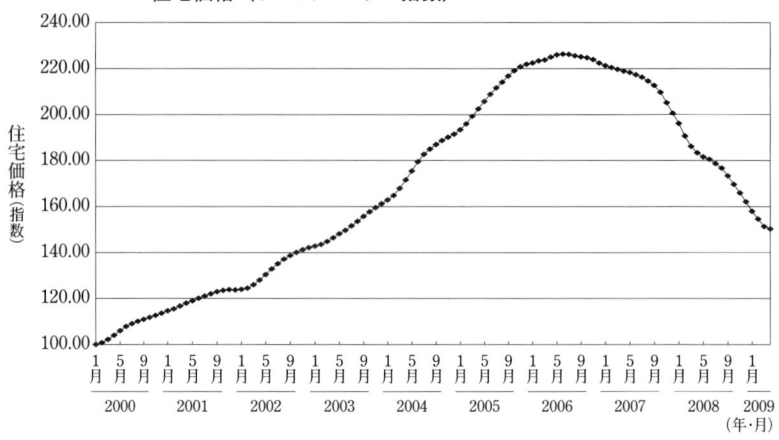

図 5-1　2000 年 1 月から 2009 年 4 月までのアメリカの主要 10 都市の住宅価格（ケース・シラー指数）

注）アメリカ主要 10 都市には，ボストン，シカゴ，デンヴァー，ラスヴェガス，ロサンゼルス，マイアミ，ニューヨーク，サンディエゴ，サンフランシスコ，ワシントン D. C. が含まれる．
出典）http://www2.standardandpoors.com/portal/site/sp/en/us/page.article/2, 3,4, 0,1145923002722.html（2009 年 7 月 15 日アクセス）．

226.29 を記録した後，2008 年 9 月には 173.35 まで下落しており，その後も住宅価格は下落を続けて，2009 年 4 月には 150.34 にまでなっている[2]．資産価値の低下と高金利の支払いによって，住宅ローンの返済が延滞し，住宅の差し押さえ物件が一挙に増大した．

このサブプライム・ローンの 8 割は連邦住宅抵当公社（Federal National Mortgage Association, FNMA）と連邦住宅金融抵当金庫（Federal Home Loan Mortgage Corporation, FHLMC）の 2 社が証券化を行なった[3]．両社は政府支援機関（Government-Sponsored Enterprises, GSEs）であり[4]，両社が証券に保証を付けることによって，高利回りで

---

2) アメリカ主要 10 都市には，ボストン，シカゴ，デンヴァー，ラスヴェガス，ロサンゼルス，マイアミ，ニューヨーク，サンディエゴ，サンフランシスコ，ワシントン D. C. が含まれる（出典：Standard & Poor's /Case-Shiller Home Price Indices（2009 年 7 月 15 日アクセス））．
3) 日本貿易振興機構（ジェトロ），『調査レポート：米国発金融危機の経済・ビジネスへの影響』，2008 年，p. 1．

第 5 章　世界金融危機の影響——61

あるにもかかわらず高格付けの金融商品として世界中に販売された．また，両社は事業拡大のため，多額の無担保の金融債を発行し，これらの GSEs 債は海外の中央銀行でも保有された[5]．2008 年 7 月，これら両社の経営危機が表面化し，7 月 30 日に「2008 年住宅・経済回復法」(Housing and Economic Recovery Act of 2008) が成立した．9 月 7 日にアメリカ政府は両社を連邦住宅金融局 (Federal Housing Finance Agency) の管理下に置くと発表した．また，財務省は各社 1,000 億米ドルのシニア優先株[6]の取得枠を設定した．

サブプライム・ローンが組み込まれた金融商品が世界中の金融機関に販売され，保有されたために，その損失はアメリカの金融機関だけに止まらず，世界中の金融機関を巻き込んだ．その結果，世界的な金融危機が生じ，信用収縮が起こった．2008 年 9 月 15 日アメリカ第 4 位の大手証券リーマン・ブラザーズが連邦破産法を申請した．翌 9 月 16 日，アメリカ保険最大手のアメリカン・インターナショナル・グループ (AIG, Inc.) に対して，アメリカ政府と連邦準備制度理事会 (Federal Reserve Board, FRB，北米では the Fed と略記) は最大 850 億米ドルのつなぎ融資を実施することを決め，AIG はアメリカ政府の管理下で再建することになった[7]．10 月 3 日には緊急経済安定化法案（金融安定化法案）が成立し，

---

4) 連邦住宅抵当公社 (FNMA) は Fannie Mae（ファニー・メイ），連邦住宅金融抵当金庫 (FHLMC) は Freddie Mac（フレディ・マック）として知られている．ファニー・メイは 1938 年に連邦政府機関として設立され，1970 年に民営化された．一方，フレディ・マックは 1970 年に連邦議会によって設立された民間会社である (http://www.fanniemae.com/kb/index?page=home&c=aboutus, http://www.freddiemac.com/corporate/company_profile/faqs/（2010 年 6 月 19 日アクセス))．
5) 前掲，日本貿易振興機構（ジェトロ），『調査レポート：米国発金融危機の経済・ビジネスへの影響』，2008 年，p. 1．
6) 優先株よりもさらに優先的に配当される株式．
7) 2008 年 9 月に連日放送された CNN テレビ解説によると，AIG はアメリカ最大の保険会社であるばかりでなく，その顧客が個人に止まらず，銀行などの金融機関，航空会社や映画産業など幅広いビジネスを含む保険会社である．そのため，AIG が破産すると，経済全体が麻痺する恐れがあり，アメリカ政府は AIG を救済せざ

アメリカ政府は最大7,000億米ドルの公的資金で金融機関から不良資産を買い取ることになった．アメリカ発の金融危機は瞬く間に世界中に影響を及ぼし，ヨーロッパの大手ならびに中堅の金融機関も多大な損失を計上した．アイスランドでは3大銀行が政府の管理下に置かれ，国際通貨基金が2年間で21億米ドルの緊急融資[8]による救済をすることになった．

ただし，カナダでは住宅ローンの審査が厳しいため，住宅ローン全体に占めるサブプライム・ローンの割合がアメリカの場合は約20％であったのに対し，カナダの場合は5％未満と低く，大問題となっていない[9]．また，ワールド・エコノミック・フォーラムの世界競争力調査によると，カナダの金融システムは世界一健全であると評価された．銀行の財務状態を数値で表わし健全なバランスシートを持つ銀行を7，債務超過で政府の財政援助が必要な銀行を1とすると，カナダの銀行は6.8と世界1位で，それにスウェーデン（6.7），ルクセンブルグ（6.7），オーストリア（6.7），デンマーク（6.7）が続いた[10]．カナダの銀行が健全さを保っているのは，サブプライム・ローン問題による被害が少なかったことと，カナダの連邦政府がカナダの銀行と特にアメリカの大銀行との合併を阻止してきたことの結果である[11]．

金融危機が経済の減速につながるとの見方が株式市場を席巻し，アメリカでもカナダでも株価が暴落した．特に，アメリカではリーマン・ブラザーズの経営破綻によって，2008年9月15日にニューヨーク株式市場のダウ・ジョーンズ工業平均（Dow Jones Industrial Average, DJIA）[12]が

るを得なかった．
8) 国際通貨基金，"IMF Executive Board Approves US$2.1 Billion Stand-By Arrangement for Iceland"（http://www.imf.org/external/np/sec/pr/2008/pr08296.htm（2009年3月6日アクセス））．
9) ジェトロ，「景気後退について見方分かれる：底固いが，米経済への依存強い（カナダ）」，『通商弘報』，2008年10月22日．
10) World Economic Forum, *The Global Competitiveness Report 2008-2009*, 2.3 Data Tables, 8.07 Soundness of banks.
11) http://www.cbc.ca/money/story/2009/03/03/f-canada-banks.html（2009年3月20日アクセス）．

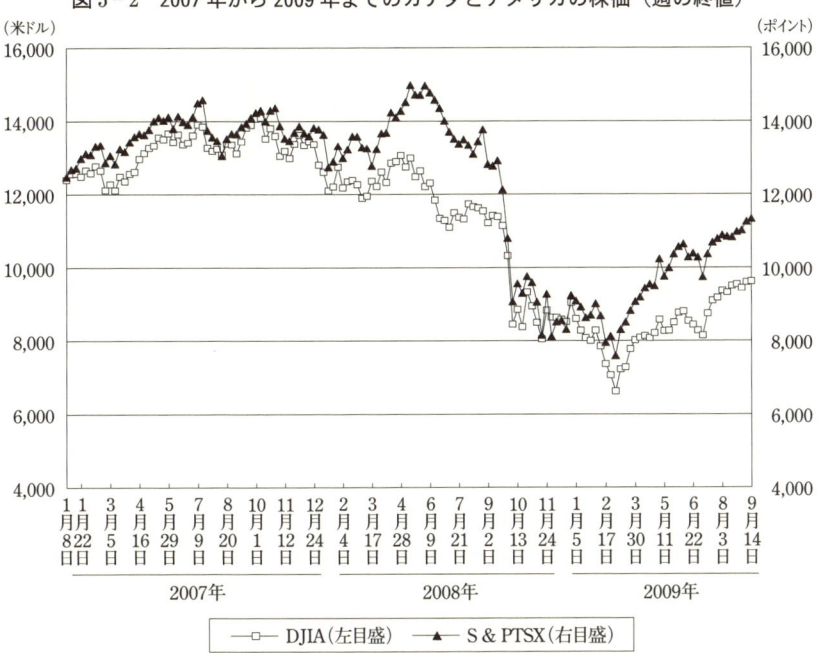

図5-2 2007年から2009年までのカナダとアメリカの株価（週の終値）

出典）http://finance/yahoo.com/q?s=^DJI（2009年9月15日アクセス）．
　　　http://finance/yahoo.com/q?s=^GSPTSE（2009年9月15日アクセス）．

10,917.51米ドルと前日の終値からマイナス504.48米ドルの暴落を記録し[13]，北米の新聞では1929年のウォール・ストリート（Wall Street）株価の大暴落の再来かと書き立てていた．図5-2はDJIAの週終値の株価とトロント株式市場（Toronto Stock Exchange）のトロント総合指数

12）ダウ・ジョーンズ工業株30種平均（ダウ平均）はアメリカの代表的な銘柄から構成されている．しかし，2008年にはアメリカ政府によって救済されたAmerican International Group (AIG) がダウ平均から落ち，2009年にはGMとCitigroupも構成銘柄から外れた．GMはCisco Systems, Inc. に，CitigroupはTravelers Companies, Inc. にそれぞれ入れ替えられた ("Dow gets shake-up as GM, Citi kicked out of average," http://news.yahoo.com/s/nm/20090602/bs_nm/us_gm_dow/print（2009年6月2日アクセス））．

13）http://finance.yahoo.com/q?s=^DJI（2009年9月15日アクセス）．

(S&P/TSX Composite Index)[14]の週終値を示したものである．カナダもアメリカも共に株価は2009年3月まで下落した[15]．カナダもアメリカと同様に，個人資産が預貯金で保有されるばかりでなく，かなりの比重で株式や年金基金準備などへ投資されている[16]．そのため，株価の下落は北米では特に個人資産の下落に直結している．

住宅価格および株価の下落とそれに伴なう資産価値の目減りにより，アメリカの個人消費は低下した．と同時に，銀行の貸し渋りによって企業は資金繰りが困難となって，経営に行き詰まるものも出てきた．企業は再建計画の一環として一時解雇（レイオフ）や工場閉鎖を断行し，アメリカの失業率は増加している．失業により個人消費は一層低下し，企業の経済活動もより縮小し，企業収益も落ち込んでいる．失業と企業収益の低下は新たな債務不履行を生み出し，銀行の自社株価の下落や市場での資金調達が困難になる中で，銀行はますます貸し渋りとなる．全米経済研究所（NBER）は2008年12月に，アメリカ経済は2007年12月に景気後退（リセッション）入りしたと認定した[17]．アメリカを最大の市場とするカナダ，日本，中国からの輸出も減少し，これらの国々の経済もGDP成長率の鈍化，ないしはマイナス成長に陥っている．こうして，金融危機は世界の実体経済に悪影響を及ぼし，各国政府は景気対策に追われることになった．

---

14) トロント証券取引所に上場する主要銘柄によって構成されている時価総額加重平均指数のこと．
15) 同上，およびhttp://finance.yahoo.com/q?s=^GSPTSE（2009年9月15日アクセス）．
16) 春田素夫・鈴木直次，『アメリカの経済 第2版』，岩波書店，2005年，p. 83.
17) National Bureau of Economic Research, Inc. (NBER), "Determination of the December 2007 Peak in Economic Activity, Version of December 11, 2008" (http://www.nber.org/cycles/dec2008.pdf), p. 1. なお，NBERの定義によると，「景気後退」とは実質GDP成長率が2四半期以上継続してマイナスになった状態を指すのではなく，実質GDP，所得，雇用，工業生産，卸・小売にわたる経済全体において数ヶ月以上継続して経済活動が著しく低下した状態を指す（http://www.nber.org/cycles.html（2009年3月6日アクセス））．

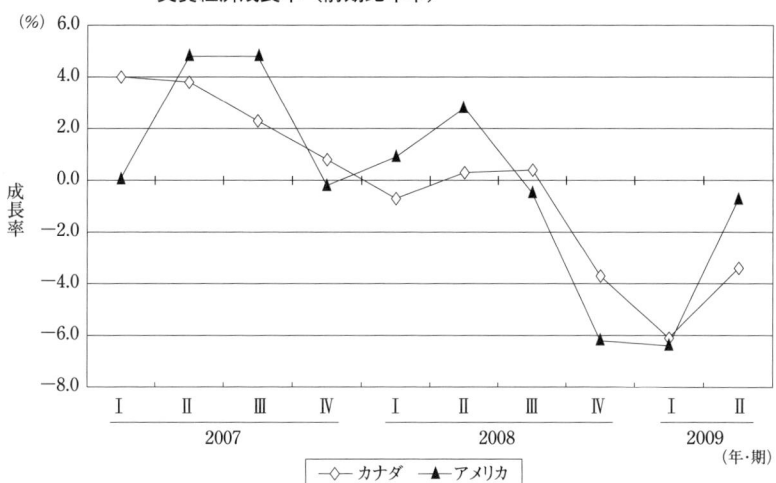

図5-3 2007年から2009年までの四半期ごとのカナダとアメリカの実質経済成長率（前期比年率）

注）この図のアメリカの実質経済成長率は，2007年と2008年は2000年連鎖米ドルに基づいているが，2009年は2005年連鎖米ドルに基づいている．
出典）カナダの2007年の値については，Statistics Canada, CANSIM Table 380-0002（2009年2月21日アクセス）より算出．2008年と2009年の値は，Statistics Canada, *The Daily*, August 31, 2009, p. 3. アメリカの2007年から2008年の値については，U. S. Department of Commerce, Bureau of Economic Analysis (BEA), Gross Domestic Product Percent change from preceding period (http://www.bea.gov/national/xls/gdpchg.xls（2009年1月30日アクセス))．2009年の値については同BEAのNational Income and Product Accounts Table 1.1.1 Percent Change From Preceding Period in Real Gross Domestic Product (http://www.bea.gov/national/pdf/dpga.pdf（2009年11月2日アクセス))．

図5-3は2007年から2009年にかけてのアメリカとカナダの実質GDPの四半期ごとの前期比年成長率を示している．2007年第4四半期にアメリカの実質GDPの前期比年成長率は−0.2％を示した．2008年の第1四半期と第2四半期はそれぞれ0.9％と2.8％とプラスに転じたが，第3四半期と第4四半期は−0.5％と−6.2％であった[18]．この−6.2％は1982年の景気後退以来の急速な落ち込みである[19]．民間の

---

18) U. S. Department of Commerce, Bureau of Economic Analysis, News Release, "Gross Domestic Product: Fourth Quarter 2008 (Preliminary)," February 27, 2009, p. 5. 同経済分析局は，1月に2008年第4四半期の前期比年成長率は−3.8％と予測していた（同，p. 1)．

予測[20]では，2009年の第1四半期は−2.4％，第2四半期は−0.4％で，第3四半期からはプラスになる見込みである．しかし，2009年2月24日，バーナンキ・アメリカ連邦準備制度理事会議長は，上院で金融政策報告をした中で，政府，議会とFRBが適切な政策で金融市場の安定回復に成功すれば，私見として，景気後退は2009年で収束し，2010年からは景気回復に向かうと述べた[21]．

一方，カナダの方は2008年の第1四半期に−0.6％を記録したものの，第2・第3四半期にはプラスに転じた．この背景としては，世界的な市況商品価格，特に原油価格の上昇が2008年夏まで続き，これが企業の収益を伸ばし，可処分所得も増加し個人消費が増えたことが挙げられる．しかし，アメリカ経済の景気後退に伴ない，2007年の第3四半期以降カナダからの輸出，特に自動車の輸出が減少している．2008年第4四半期の実質GDP成長率は−3.4％[22]で，カナダはアメリカより10ヶ月遅れの2008年10月に景気後退入りしたとみられている[23]．2009年度の経済予測では，カナダ中央銀行は2.0％と，カナダの5大銀行の平均値では1.3％と，それぞれ実質経済成長率は2009年の第3四半期からプラス成長に転じると予測している[24]．

その後，2009年のアメリカの第1四半期と第2四半期はそれぞれ−6.4％と−0.7％となった[25]．一方，カナダの2009年の第1四半期

---

19) "Economy in Worst Fall Since '82," *The Wall Street Journal*, February 28-March 1, 2009 (Weekend edition), A1 and A2.
20) Blue Chip Economic Indicatorsによる．
21) "Fed Chairman Says Recession Will Extend Through the Year," *The New York Times*, February 25, 2009, B1.
22) カナダ中央銀行は2008年第4四半期の実質GDPの前期比年成長率を−2.3％と予測していたが，実際はさらに落ち込んでいた．Statistics Canada, *The Daily*, March 2, 2009, pp. 3-8.
23) ジェトロ，「外的要因厳しくマイナス成長へ：2009年の経済見通し（カナダ）」，『通商弘報』，2009年1月6日．
24) "Monetary Policy Report: Update, January 2009" (http://www.bankofcanada.ca), ならびにTD Bank Financial Group, Royal Bank of Canada, CIBC, Scotia BankおよびBank of Montrealのウェブサイトを参照．

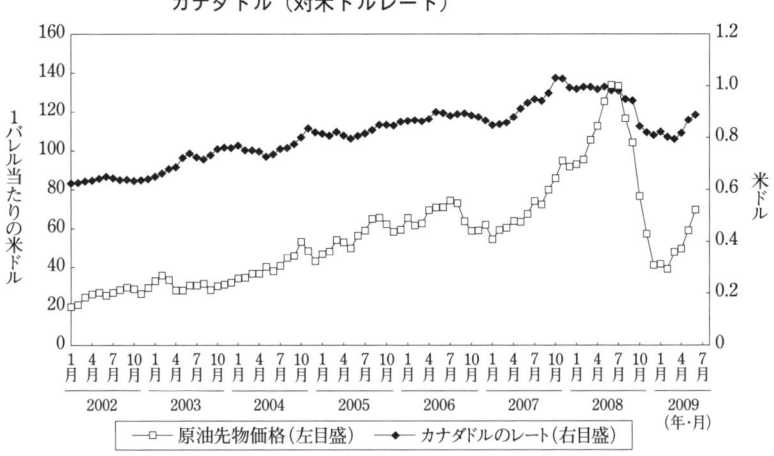

図5-4 2002年1月から2009年6月までのWTI原油先物価格とカナダドル（対米ドルレート）

出典）U. S. Energy Information Administration (http://tonto.eia.doe.gov/dnav/pet/hist/rclc1m.htm (2009年9月21日アクセス))．Bank of Canada (http://www.bankofcanada.ca/cgi-bin/famecgi_fdps (2009年7月20日アクセス))．

と第2四半期は－6.1％と－3.4％となった．

　カナダ経済が2008年10月に景気後退に陥った理由として，3つの外的要因が指摘されている．すなわち市況商品価格の急激な下落，アメリカ経済の悪化，ならびに金融不安の長期化である[26]．世界的な市況商品価格の高騰，特に原油価格の高騰が2008年の夏まで続き，図5-4が示すように，ウェスト・テキサス・インターミディエート（WTI）原油先物価格は2008年の6月には1バレル当たり134.02米ドルになった．その後，原油価格は急速に下落し，2009年2月には1バレル39.26米ド

---

25) 2009年7月31日に，アメリカ商務省経済分析局が実質GDP成長率に総合的な修正を施したため，先に挙げた値とは連続していない点に注意されたい．修正前は，2000年連鎖米ドルを用いて計算されていたが，修正後は2005年連鎖米ドルを用いて計算している．なお，修正後の値では，アメリカは2007年の第4四半期は2.1％，2008年第1四半期が－0.7％となっている．
26) 前掲，ジェトロ，「外的要因厳しくマイナス成長へ：2009年の経済見通し（カナダ）」，『通商弘報』，2009年1月6日．

ルにまで値下がりした[27]．WTI 原油はアメリカのテキサス州沿岸部の油田で産出される原油の総称で，正式名を軽質低硫黄原油（Light Sweet Crude Oil）と言い，1983 年からニューヨーク商業取引所（New York Mercantile Exchange, NYMEX）で取引されている．WTI 原油の先物価格は，世界 3 大石油市場の中でも世界の現物価格と先渡し価格を決定する価格指標となっている[28]．カナダ中央銀行の商品価格インデックス（1982 年－1990 年＝100 米ドル）も，エネルギー製品は 2008 年 6 月の 510.57 から同 12 月には 198.95 へと，工業用原料は 2008 年 5 月の 197.31 から同 12 月の 146.33 へと，食料品は 2008 年 2 月の 212.78 から同 12 月の 121.07 へと全てにわたって下落している[29]．

アメリカ経済が景気後退の局面を迎え，アメリカでの個人消費が落ち込み，これがアメリカとカナダ両国の自動車産業の不振となって端的に現われている．第Ⅲ部で後述するように，北米における自動車の生産および販売はアメリカ市場とカナダ市場を統合した下で行なわれていると言っても過言ではない．先の第 1 章で指摘したように，カナダは貿易依存度が高く，しかも 2007 年には輸出の約 8 割がアメリカ向けである．オンタリオ州の自動車生産台数は，2004 年から 2009 年にかけてアメリカのミシガ

---

27) U. S. Energy Information Administration の出典による．当局のデータによれば，日ごとの最高値では 2008 年 7 月 14 日の 1 バレル当たり 145.8 米ドル，週ごとでは 2008 年 7 月 4 日の週の 142.46 米ドル，月ごとでは 2008 年の 6 月となっている（http://tonto.eia.doe.gov/ で，日，週，月ごとのデータが入手可能．2009 年 9 月 21 日アクセス）．なお，2008 年 7 月 11 日のニューヨーク商業取引所（NYMEX）で，WTI の先物相場は，8 月物が一時 1 バレル当たり 145.98 米ドルまで上昇した（日経ネット，http://www.nikkei.co.jp/sp1/nt61/20080711AS2M1102D11072008.html（2008 年 10 月 17 日アクセス））．

28) 世界の 3 大石油市場とは，北米市場（WTI 原油），欧州市場（ブレント原油），アジア市場（中東原油）を指す．河村幹夫監修，甘利重治，山岡博士，『石油価格はどう決まるか：石油市場の全て』，時事通信出版局，2007 年，pp. 15-16, 22-27．

29) カナダ中央銀行，コモディティ・プライス・インデックス，http://www.bankofcanada.ca/enrates/commod.html?style1=print（2009 年 1 月 25 日アクセス）．

ン州を追い越し，北米全州の中で最多を誇るようになった[30]が，皮肉なことに，カナダからの輸出，特に自動車関連品の輸出が減少するのに伴って，オンタリオ州の経済は大きな打撃を被ることになった．

また，自動車産業の中でも，特にデトロイト・スリー[31]の経営が不振である．GM 社とクライスラー社はアメリカとカナダの両連邦政府ならびにカナダのオンタリオ州政府にローンを申し込み，両社は 2009 年 2 月 17 日にアメリカ政府に，また 2 月 20 日にカナダ両政府に経営の再建計画を提出した．両国政府による巨額のつなぎ融資にもかかわらず両社とも独自の再建ができず，クライスラー社は 2009 年 4 月 30 日に，また GM 社は 2009 年 6 月 1 日にアメリカ連邦破産法 11 条に基づく会社更生手続きの適用を申請した．

金融不安については，カナダ中央銀行の資金流動供給策を受けて，短期金融市場が落ち着きを取り戻している．2009 年 1 月 20 日にカナダ中央銀行は，政策金利である翌日物金利と公定歩合をそれぞれ 0.5% 引き下げ，1.0% と 1.25% となった．1.0% の金利水準は，1958 年の 1.12% を下回るカナダ史上最低の水準である[32]．

次に，2007 年から 2009 年にかけてのアメリカとカナダの前月比の雇用者数増減に注意してみると，2007 年において，アメリカは非農業部門の雇用者数（nonfarm payroll employment）[33]は増加していたが，2008

---

30) オンタリオ州政府の資料による（原典：Ward's AutoInfoBank）．
31) 従来，フォード，GM，クライスラーの 3 社は「ビッグ・スリー」の名称で代表されてきたが，今日のアメリカとカナダでは「デトロイト・スリー」の名称で呼ばれている．本書でも北米の呼称に従い，日系自動車メーカーが現地生産を開始する以前は「ビッグ・スリー」を用い，現地生産を開始した 1980 年代以降は「デトロイト・スリー」と記述している．
32) ジェトロ，「中銀，政策金利を 1.0% に下げる：史上最低の水準に（カナダ）」，『通商弘報』，2009 年 1 月 22 日．
33) アメリカの雇用統計には，主なものとして家計を調査する Household Survey Data と企業を調査する Establishment Survey Data とがある．前者の家計調査に基づくデータの方が，後者の企業調査に基づくデータより包括的であり就業人口も多いが，前者は 2009 年 1 月から最新の人口推計方法を用いているため，2008 年 12 月以前のものと人口推定値が不連続である（U. S. Bureau of Labor Statistics,

年1月から2009年2月にかけて毎月雇用者数の減少がみられ，特に11月には59万7,000人の雇用が失われた．その後も，12月に57万7,000人，2009年1月には59万8,000人，2月には65万1,000人の雇用が喪失した．2007年12月の景気後退から2009年1月までに360万人の非農業部門の雇用が失われ[34]，2008年11月と12月，2009年1月と2月の4ヶ月間に260万人の非農業部門の雇用が喪失した[35]．2009年1月の非農業部門の雇用者数の減少は，1974年12月の60万2,000人の雇用者数減少以来の大幅なものである[36]．

一方，カナダの場合は，2007年4月に雇用者数の減少がみられたが，雇用者数の増加は2008年の3月まで続いた．2008年の4月から6月までは雇用者数の変化はほとんどなかったが，7月に5万5,000人の雇用者数の減少があった．10月には10万7,000人の雇用者数の増加があったが，そのうち9万7,000人がパートタイムの雇用の増加であった．カナダでは2008年11月から本格的に雇用者数の減少が始まった．11月には7万1,000人，12月には3万4,000人，2009年1月には12万9,000人の雇用が失われた．特に，この3ヶ月の雇用の減少は主としてフルタイムの雇用の喪失である[37]．2009年2月にはフルタイムの雇用が

"News, The Employment Situation, January 2009," February 6, 2009, p. 9).そのため，ここではEstablishment Survey Dataの非農業部門の雇用者数を提示してある．また，後者のデータの方が企業の解雇による失業数が明示される．

34) U. S. Bureau of Labor Statistics, "News, The Employment Situation, January 2009," February 6, 2009, p. 1.

35) U. S. Bureau of Labor Statistics, "News, The Employment Situation: February 2009," March 6, 2009, p. 1. なお，企業調査に基づくデータは，最初に公表されるのは暫定値で，その後追加情報を基に2回修正される（同じ出典, p. 6)．このため，2008年11月から2009年2月までの4ヶ月分の雇用喪失を合計すると242万人となり，260万人と一致していない．

36) U. S. Bureau of Labor Statistics, http://data.bls.gov/PDQ/servlet/SurveyOutputServletによる（2010年12月28日最終アクセス）．最終アクセスの時点で，非農業部門の雇用者数の減少は，2008年11月に72万8,000人，同12月に67万3,000人，2009年1月に77万9,000人，同2月に72万6,000人へと修正されている．

11万1,000人失われたが，パートタイムの雇用が2万8,000人増加したため，雇用喪失は全体として8万3,000人であった[38]．

2009年2月の雇用喪失のペースは今やアメリカと同等で，通常はこのような傾向は景気循環（economic cycle）の後の方で見られるものである[39]が，今回は早期にこの傾向が現われている．さらに，2009年1月のカナダの雇用数減少の12万9,000人はアメリカの59万8,000人と比較すると絶対数としては少ないが，カナダの労働力人口（就業者＋失業者）1,829万2,000人に対しての減少比率としては，アメリカの労働力人口1億5,371万6,000人に対しての減少比率よりも大きい点が注目に値する．

図5-5は2007年1月から2009年6月までのアメリカとカナダの月ごとの失業率を示している．アメリカの失業率は2007年の前半は4.4%から4.6%で推移し，後半は4.7%から5.0%で推移した．2008年1月からの雇用者数の減少により，失業率は徐々に増加し，2009年1月には7.6%，2月には8.1%[40]にも達した．また，その後も失業率は増加し，6月には9.5%になった．それに対して，カナダの方は，2007年前半の失業率は6.0%から6.2%であったが，後半は5.8%から6.0%と1980年代以降最も低い失業率を示していた．しかし，景気後退による失業者の増加で失業率は徐々に増え，2009年1月には7.2%，2月には7.7%[41]へと上昇し，さらに6月には8.6%に達した．カナダとアメリカの失業率の取り方が若干異なるため図の中の数字は直接比較できないが，第4章で前述したように，カナダの失業率は1982年以降アメリカの失業率を大きく上回ってきた．しかし，今回の景気後退でアメリカの失業率が

---

37) Statistics Canada, *The Daily*, February 6, 2009, p. 2.
38) Statistics Canada, *The Daily*, March 13, 2009, p. 2.
39) "Employers hit the 'panic button'," *The Globe and Mail*, March 14, 2009, B1 and B2.
40) U. S. Bureau of Labor Statistics, "News, The Employment Situation: February 2009," March 6, 2009.
41) Statistics Canada, *The Daily*, March 13, 2009, p. 2.

図 5-5　2007 年 1 月から 2009 年 6 月までの月ごとのカナダとアメリカの失業率

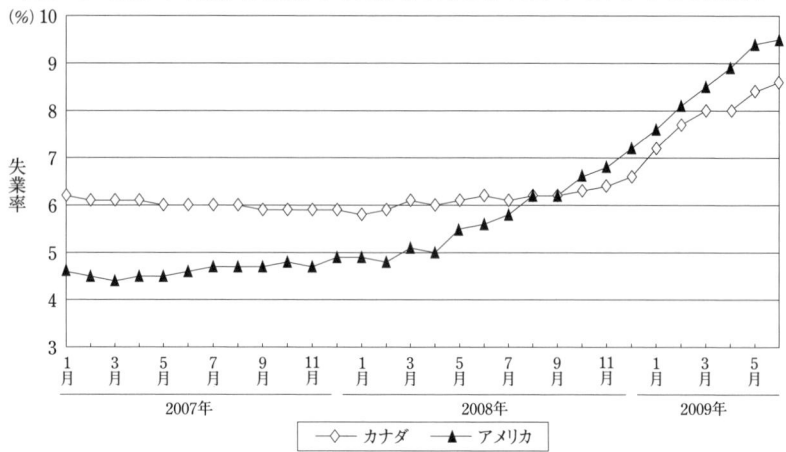

出典）Statistics Canada, CANSIM Table 282-0087（2009 年 7 月 21 日アクセス）．2009 年 6 月のデータは，Statisitics Canada, *The Daily*, July 10, 2009 による．U. S. Department of Labor, Bureau of Labor Statistics, http://data.bls.gov/PDQ/servlet/SurveyOutputServlet?data_tool=latest_numbers&series_id =LNS14000000（2009 年 7 月 20 日アクセス）．

カナダの失業率を上回るようになった[42]ことも新しい展開である．

5.2　貿易と自動車産業への影響

　世界的な景気後退は世界貿易にもマイナスの影響をもたらしている．特に，カナダのように GDP に対する貿易の比率が大きく，しかも隣国アメリカ向け輸出額が輸出総額の約 8 割を占めている国の場合，隣国の経済状況が敏感に反映される．表 5-1 は 2008 年のカナダの上位 10 貿易相手国を示している[43]．輸出総額は 4,554 億 2,700 万ドル，輸入総額は

---

[42]　2008 年 5 月のカナダの失業率は 6.1％ であるが，これをアメリカの失業率と比較可能な数値に換算すると 5.5％ となり，2008 年 5 月に両国の失業率は同一となっている（Statistics Canada, CANSIM Table 282-0085（2009 年 2 月 8 日アクセス））．

[43]　出典は Industry Canada, "Trade Data Online" で，表 4-4 と表 4-5 と同じである．しかし，データを Industry Canada へ提供しているカナダ統計局（Statis-

第5章　世界金融危機の影響——73

表5-1　2008年のカナダの上位10貿易相手国（商品貿易，通関ベース）

(単位：百万ドル，％)

輸出相手国	輸出額	％	輸入相手国	輸入額	％
アメリカ	353,293	77.6	アメリカ	227,149	52.4
イギリス	12,430	2.7	中国	42,620	9.8
日本	10,889	2.4	メキシコ	17,910	4.1
中国	10,082	2.2	日本	15,288	3.5
メキシコ	5,151	1.1	ドイツ	12,711	2.9
ドイツ	4,091	0.9	イギリス	12,598	2.9
韓国	3,739	0.8	アルジェリア	7,699	1.8
オランダ	3,459	0.8	ノルウェー	6,220	1.4
ベルギー	3,323	0.7	韓国	6,008	1.4
フランス	2,990	0.7	フランス	5,938	1.4
輸出総額	455,427	100.0	輸入総額	433,519	100.0

注）　輸出額に再輸出額は含まれていない．
出典）　Inudstry Canada, "Trade Data Online"（http://www.ic.gc.ca/sc_mrkti/tdst/tdo/tdo.php（2009年8月18日アクセス））．

4,335億1,900万ドルであった．輸出に関しては，アメリカが第1位の相手国で3,532億9,300万ドル（全体の77.6％）を示している．第2位以下はイギリス（2.7％），日本（2.4％），中国（2.2％），メキシコ（1.1％）と順位は2007年と同様である．また，輸入に関しては，アメリカが2,271億4,900万ドル（全体の52.4％）で，第2位以下は中国（9.8％），メキシコ（4.1％），日本（3.5％），ドイツ（2.9％）と2007年と同じ順位を示している．アメリカはカナダにとって第1位の貿易相手国であり，輸出においても輸入においても金額的には2007年より若干の増加をみたが，その比率は共に前年度より2％弱低下している．

表5-2は2008年のカナダの上位10品目別輸出入額を示したもので

tics Canada）およびアメリカ商務省国勢調査局（U. S. Department of Commerce, Census Bureau）が適宜直近の2年から3年前に遡ってデータを修正しているため，アクセス日によって数字が若干異なる．例えば，2009年にアクセスした2007年のアメリカへのカナダからの輸出額は333,257（百万ドル），アメリカからカナダへの輸入額は222,512（百万ドル）となっており，表4-4と表4-5の値（2008年にアクセス）と若干の違いを見せている．このため，2008年の表は単独で掲載している．

表 5-2　2008 年のカナダの上位 10 品目別輸出入額（商品貿易，通関ベース）

(単位：百万ドル, %)

輸出品目	輸出額	%	輸入品目	輸入額	%
鉱物性燃料 (27)	132,554	29.1	一般機械 (84)	63,545	14.7
自動車関連製品 (87)	52,645	11.6	自動車関連製品 (87)	63,254	14.6
一般機械 (84)	31,909	7.0	鉱物性燃料 (27)	53,759	12.4
電気機器 (85)	14,834	3.3	電気機器 (85)	42,424	9.8
真珠・貴金属・宝石 (71)	13,690	3.0	プラスティック (39)	14,072	3.2
紙 (48)	13,098	2.9	精密機器 (90)	11,633	2.7
プラスチック (39)	13,079	2.9	医薬品 (30)	10,878	2.5
アルミニウム (76)	11,616	2.6	鉄鋼製品 (73)	10,812	2.5
木材製品 (44)	9,758	2.1	鉄鋼 (72)	9,338	2.2
航空機 (88)	9,634	2.1	真珠・貴金属・宝石 (71)	9,105	2.1
その他（上記以外）	152,610	33.5	その他（上記以外）	144,699	33.4
輸出総額	455,427	100.0	輸入総額	433,519	100.0

注）　カッコ内は HS コード．輸出額に再輸出額は含まれていない．
出典）　Inudstry Canada, "Trade Data Online" (http://www.ic.gc.ca/sc_mrkti/tdst/tdo/tdo.php (2009 年 8 月 18 日アクセス)).

ある[44]．輸出額第 1 位は鉱物性燃料の 1,325 億 5,400 万ドル（輸出総額の 29.1％）で，2007 年に比較して金額も比率も増加している．その一因としては，2008 年の原油価格の高騰が挙げられる．第 2 位は自動車関連製品で，526 億 4,500 万ドル（11.6％）であったが，前年に比べると金額も比率も低下している．また，2007 年には木材製品は第 5 位であったが，2008 年には第 9 位へと後退している．アメリカの経済不況により，新車ならびに新築住宅への需要が共に減少したため，カナダからアメリカへの自動車ならびに木材製品の輸出が減少したことを如実に反映している．

　輸入品に関しても，従来第 1 位であった自動車関連製品が僅少の差で一般機械に第 1 位を譲り第 2 位へ後退した．第 III 部で展開されるが，カナダはアメリカから自動車部品を輸入し完成品の自動車を輸出している．

---

44) 表 5-2 についても，表 5-1 と同じ問題点を抱えているため，表 1-3 および表 1-4 とは別に掲載している．

アメリカにおける新車販売の低迷によって，自動車部品の輸入も減少したと言える．さらに，原油価格の高騰により，鉱物性燃料が輸入品目の第3位（12.4%）に上昇したことも特徴的である．

2008年のカナダの貿易についてより詳細に，12月まで月ごとに商品貿易の輸出総額と輸入総額を比較してみると，2008年7月の輸出総額（444億ドル）と輸入総額（394億ドル）が共にピークで，それ以降輸出入総額共に減少している．輸出総額に関しては，輸入総額以上に落ち込み，その結果，11月には貿易収支が12億ドルの黒字だったが，12月には4億5,800万ドルの赤字を記録した．これは月間の貿易赤字としては1976年3月以来の出来事である[45]．

前述のように，原油価格は2008年7月をピークに急速に下落した．また，原油を始めとする市況商品価格が高騰したことで，図5-4が示しているように2003年から米ドルに対してカナダドルはドル高基調に転じ[46]，2007年10月には31年ぶりにパリティ（1米ドル＝1カナダドル）に達した．しかし，市況商品価格の下落と共にカナダドルはドル高からドル安に転じ，2009年1月には1カナダドル＝0.80米ドルを割るまでになっている．カナダのドル高の時はカナダからの輸出品の競争力が低下していたが，その後ドル安に転じて価格面での競争力は高まった．しかし，アメリカの景気後退で財そのものに対する需要が減少しているため，カナダからの輸出は減少している．

この結果，2008年12月にはカナダからエネルギー製品（原油），工業用原材料（自動車用のアルミニウム合金），自動車製品などの輸出が減少し，輸出総額は353億ドルであった．一方，カナダの輸入総額も358億ドルへと減少した．これは機械製品，自動車，工業用原料の輸入の減少に

---

45) Statistics Canada, *Canadian International Merchandise Trade, December 2008*, Catalogue no. 65-001-X, Vol. 62, No. 12, February 2009b, p. 5.
46) 第1章の注11で述べたように，本書でのドルはカナダドルを指している．従って「ドル高」は「カナダドル高」を，「ドル安」は「カナダドル安」を意味している．

よるもので，自動車の減産によって自動車部品や化学品，プラスチックの輸入も減っている[47]．カナダの最大の貿易相手国アメリカへの輸出額は 2008 年 11 月の 288 億ドルから 10.0% 減少し，12 月に 259 億ドルとなった．アメリカからの輸入額も 2008 年 11 月の 242 億ドルから 12 月には 221 億ドルへ減少した．特に，原油の輸出額の減少が大きく影響し，アメリカとの貿易収支は 11 月の 46 億ドルの黒字から，12 月には 38 億ドルの黒字へと黒字幅が減少した．この黒字幅は 1998 年 12 月以来の低い値である[48]．

さて，ここで視点を変えて米加間の貿易[49]をアメリカ側から見てみよう．2008 年のアメリカのカナダへの輸出総額は 2,614 億米ドルで，これは全世界への輸出総額の 20.1% を占める．また，アメリカのカナダからの輸入総額は 3,356 億米ドルで，これは全世界からの輸入総額の 16.0% を占める．カナダはアメリカにとっても輸出額と輸入額において第 1 位で，最大の貿易相手国である[50]．2008 年のカナダとの貿易額は輸出額と輸入額共に 2007 年と比較すると若干増加している．しかし，2008 年 12 月の統計を見ると，アメリカとカナダの景気後退を反映して，アメリカからカナダへの輸出額は前月より 23 億米ドル減少し 169 億米ドルであった．また，アメリカのカナダからの輸入額も同じく 29 億米ドル

---

47) 前掲, Statistics Canada, *Canadian International Merchandise Trade, December 2008*, p. 7.
48) 同上, p. 5.
49) カナダとアメリカ間の貿易については，両政府間で 1987 年の覚え書 (a 1987 Memorandum of Understanding) が調印され，1990 年 1 月から両国間の貿易は双方の税関による輸入統計に基づいている．具体的には，アメリカのカナダへの輸出額はカナダの輸入額で代用し，カナダからアメリカへの輸出額はアメリカの輸入額で代用し，両国間では輸出申告はもはや必要とされていない (U. S. Department of Commerce, Census Bureau, "U. S.-Canada Data Exchange," and Industry Canada, "Explanatory Notes: Canada–U. S. Data Interchange," http://www.ic.gc.ca/eic/site/tdo-dcd.nsf/eng/h_00055.html (2009 年 8 月 25 日アクセス))．
50) U. S. Department of Commerce, Census Bureau, U. S. International Trade Statistics より．

減少し 197 億米ドルであった[51].

 アメリカは自国内で原油を生産しているが，消費量が生産量を上回るために各国から原油を輸入している．アメリカ商務省の統計によると，2008 年アメリカは全世界から 3,890 億米ドルの原油と天然ガスを輸入したが，カナダからは 924 億米ドルの輸入額で，これは第 2 位のサウジアラビアの 533 億米ドルをはるかに凌ぐものである．同年，アメリカはベネズエラ（440 億米ドル），メキシコ（374 億米ドル），ナイジェリア（363 億米ドル）やイラク（217 億米ドル）からも原油や天然ガスを輸入している．カナダのアルバータ州の原油がシカゴまでのパイプラインを通じてアメリカに供給され，しかもカナダがアメリカへの第 1 位のエネルギー供給国であることは意外に知られていない．原油価格の急速な下落とアメリカの景気後退により，カナダからアメリカへの原油の輸出も 2008 年では 7 月の 77 億 4,300 万ドルをピークとして，12 月の 39 億 200 万ドルまで毎月減少している[52]．

 ここでカナダとアメリカの原油について補足しておきたい．カナダはアルバータ州を筆頭に 7 つの州で原油を産出しており，1995 年からカナダの原油の輸出の 99% がアメリカ向けである．図 5-6 と図 5-7 が示すように，アルバータ州から中西部ではシカゴまで，またロッキー山脈地域ではコロラド州を通りユタ州ソルトレイク・シティまでパイプラインで結ばれている．両国を結ぶパイプライン網は 16,000 km にも達している[53]．原油価格の高騰により，アルバータ州のオイルサンドから原油が抽出されるようになったが，コスト高になる上に環境にも負荷がかかる．一方，ニ

---

51) U. S. Department of Commerce, Bureau of Economic Analysis, "U. S. International Trade in Goods and Services," February 11, 2009.
52) データはジェトロ・トロントセンターより入手し，原典はカナダ統計局による．
53) Statistics Canada, Canada Year Book Overview 2008, Energy (http://www41.statcan.gc.ca/2008/1741/ceb1741_000-eng.htm（2009 年 9 月 17 日アクセス）)，Natural Resources Canada, Energy Sector, Energy Sources, Canadian Oil Market, Review of 2006 and Outlook to 2020 (http://www.nrcan.gc.ca/eneene/sources/crubru/outpage-eng.php（2009 年 8 月 28 日アクセス）)．

図 5−6 現在および計画中の原油パイプライン

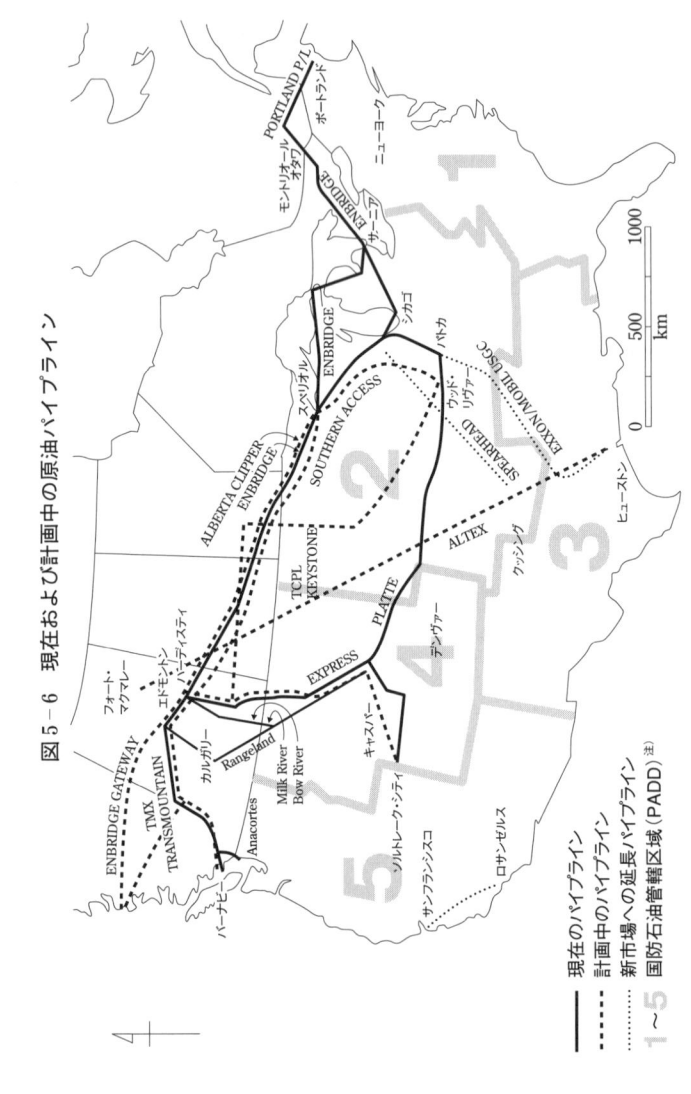

―― 現在のパイプライン
----- 計画中のパイプライン
……… 新市場への延長パイプライン
1〜5 国防石油管轄区域（PADD）注

注) Petroleum Administration for Defense Districts (PADDs, 国防石油管轄区域) は第二次世界大戦中に石油の割当を目的として全米を地理的に5区分したもので、現在でもエネルギー情報局 (U. S. Energy Information Administration) は PADDs を基準に統計データを集計している。(EIA, Energy Glossary および PADD Map, http://www.eia.doe.gov/glossary/index.cfm?id=P 他 (2010年8月4日アクセス)).
出典）Natural Resource Canada, Energy Sources, Canadian Oil Market Review of 2006 and Outlook to 2020, http://www.nrcan.gc.ca/eneene/sources/crubru/images/outape12-lrgr-eng.png (2009年8月28日アクセス).
(原典) Government of Alberta, Alberta Energy and Utilities Board (EUB).

図5-7 トランスカナダ社のキーストーン・パイプライン

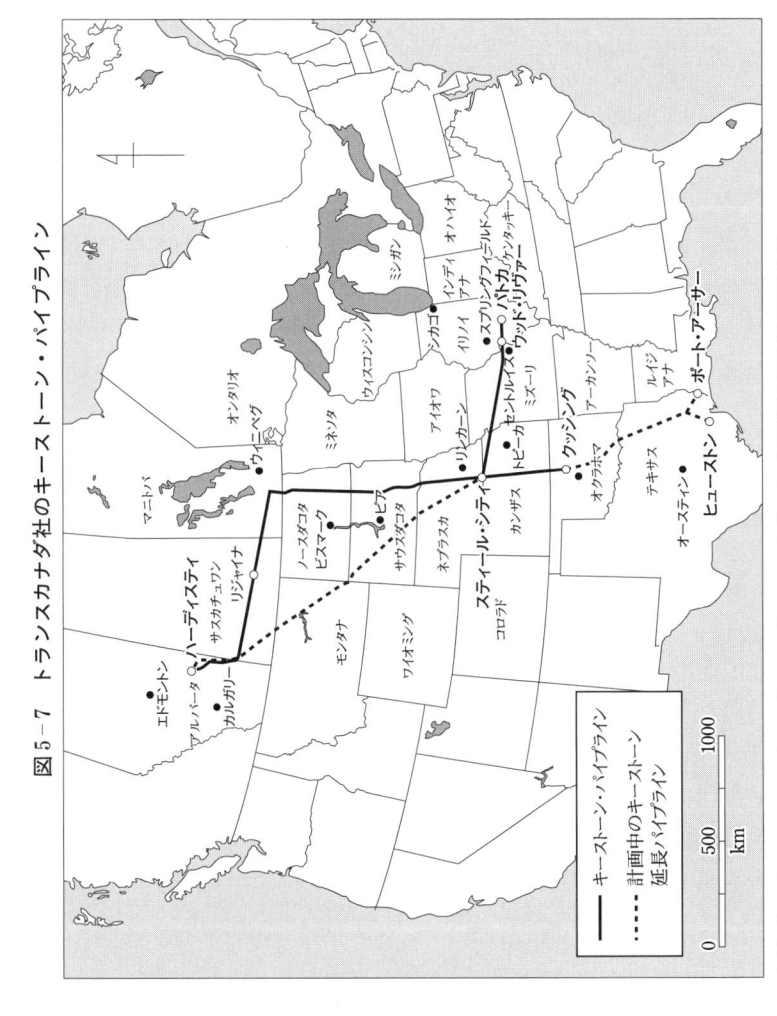

出典) http://www.transcanada.com/keystone/keystone_pipeline.html (2009年8月28日アクセス).

ューファンドランド州沖合から採掘される原油は低硫黄分で高品質である．

現在，キーストーン・パイプライン・システムの構築が進められており，第1段階ではエドモントンの南東のハーディスティ（Hardisty）からイリノイ州のウッド・リヴァーまでの3,456 kmのパイプライン，第2段階ではそれをオクラホマ州のクッシングまで延長する計画である．カナダとアメリカの両政府の認可が下りれば，さらに，テキサス州のポート・アーサーにまでパイプラインを延ばす予定である[54]．また，2009年8月20日にはアメリカ国務省が33億ドル[55]のアルバータ・クリッパー・パイプライン計画を認可した．政治的な緊張状態により石油輸出国機構（OPEC）諸国からの原油供給が望めない時に，カナダから1日当たり45万バレルの原油が安定的に確保できることはアメリカの利益にかなうという見解である．これに対し，環境問題を懸念するグループは反対の意見を表明している[56]．

エネルギーの次に重要な貿易品目の自動車であるが，これも両国の消費需要が落ち込み，両国の自動車貿易も減少している．特に，第Ⅲ部で後述するように，カナダは市場に対して自動車生産台数が多く，アメリカへ向けて輸出することを目的に日系の自動車メーカーはカナダへ進出している．このため，アメリカにおける自動車の販売の落ち込みはカナダで自動車を生産するメーカーへ大きな打撃を与え，各社は経営不振に陥って生産調整を余儀なくされている．

図5-8と図5-9はそれぞれ，アメリカとカナダにおける2007年1月から2009年8月にかけての月ごとの新車（乗用車と小型トラックを含む軽量自動車）の販売台数を表わしている．この期間において，アメリカでの新車の販売は2007年5月の155万8,717台がピークで，2008年

---

[54] TransCanada, TransCanada to Become Sole Owner of the Keystone Pipeline System, http://www.transcanada.com/news/2009_news/20090616a.html.
[55] カナダドルである．
[56] "U. S. Approves Alberta Clipper Pipeline Project," *The Globe and Mail*, Report on Business, August 20, 2009.

第 5 章 世界金融危機の影響 ── 81

図 5-8 2007 年 1 月から 2009 年 8 月までの月ごとのアメリカの新車販売台数

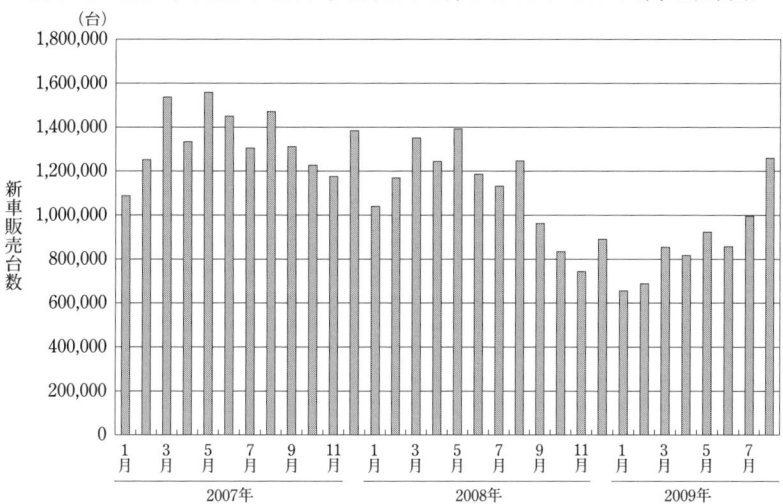

注）ここでの新車は乗用車と小型トラックを含む軽自動車を指す．
出典）Ward's Automotive Group．

図 5-9 2007 年 1 月から 2009 年 8 月までの月ごとのカナダの新車販売台数

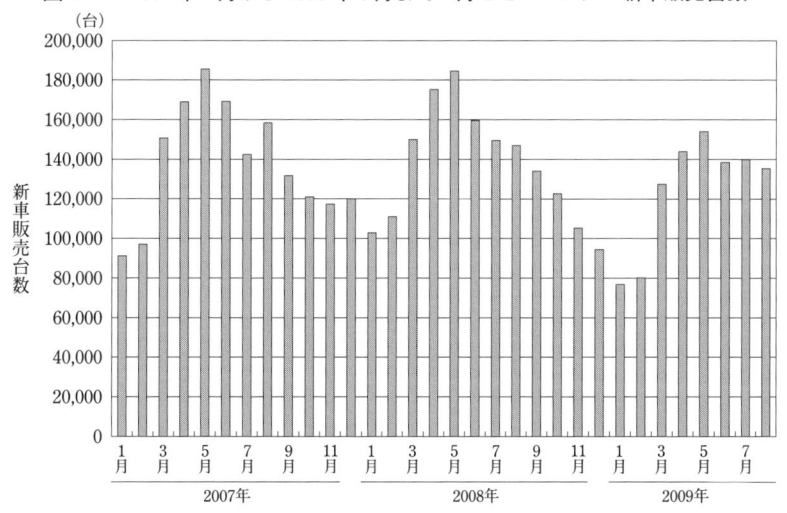

注）ここでの新車は乗用車と小型トラックを含む軽自動車を指す．
出典）DesRosiers Automotive Consultants Inc.

5月には139万2,577台であった．しかし，例年，新車販売台数が落ち込む1月においても，2007年は108万7,368台，2008年は103万9,798台であったが，2008年9月からは100万台を割り，2009年1月は65万5,226台[57]と前年の新車販売台数の約6割程度に大きく落ち込んでいる．

カナダにおける新車販売台数もアメリカと同様な傾向を示している．2007年5月のピークの販売台数は18万5,471台で，2008年5月は18万4,467台であった．毎年新車販売台数が少ない1・2月の傾向も同様で，2007年はそれぞれ9万1,180台，9万7,032台，2008年はそれぞれ10万2,831台，11万951台であったが，2008年の12月から10万台を割って，2009年1・2月はそれぞれ7万6,850台，8万230台[58]と減少した．しかし，カナダの新車販売台数の減少はアメリカほど落ち込んではいない．この点については，第Ⅲ部でさらに付け加えて記述したい．

5.3 連邦政府の景気刺激策

2006年1月にカナダの政権は自由党から保守党に代わった．保守党は少数与党であったため，スティーブン・ハーパー首相は野党との合意による厳しい政権運営を迫られてきた．このため2008年10月14日にこれまでの実績を基に総選挙に踏み切ったものの，議席を19伸ばしただけで，過半数獲得には至らなかった．ハーパー首相は2008年11月27日に発表した経済財政報告でも景気刺激策を盛り込まず，当初は次年度（2009年4月から2010年3月）の予算についても均衡予算を目指していた．しかし，急速な景気後退に遭遇し，2009年1月27日に発表した2009年度の連邦予算案では景気刺激策を取り入れ，2009年度には337億ドルの財政赤字になる見込みである．

---

57) Ward's Automotive Group のデータによる．
58) DesRosiers Automotive Consultants Inc. のデータによる．

カナダの連邦政府は1997年以来均衡予算を達成し，財政黒字が続いた．しかし，今回の景気後退に対処するために財政支出を拡大した結果，2007年度の96億ドルの財政黒字を最後とし，2008年度からは財政赤字となり，2008年度は－11億ドル，2009年度は－337億ドル，2010年度は－298億ドルとなる見通しである．政府によると2013年度にようやく7億ドルの財政黒字となる見込みである[59]．

2009年度の予算案には，臨時融資フレームワークを通じて最大2,000億ドルをクレジット市場に供給し資金流動性を図ることと，227億ドルの景気刺激策として経済行動計画（Economic Action Plan）[60]が盛り込まれている．資金流動性供給策としては，金融機関から保証付住宅ローンを追加して500億ドル買い取り，先の750億ドルの買い取りと合わせて1,250億ドルのプログラムとし，長期融資の安定化を図る．また，カナダ住宅公社など3つの金融公社に対して追加の500億ドルを融資し，公社間ならびに公社と民間の金融機関との間の融資力を増大させる．中小企業[61]へのローンや車を購入する消費者や企業に対する融資も用意されている．さらに金融システムの強化策として，政府権限の拡大も明示されている[62]．

景気刺激策の227億ドルはGDPの1.5％に当たる．さらに連邦政府の財政支出と期待される州政府の財政支出を合わせると約293億ドルの規模となり，これはGDPの1.9％に当たる．2010年度も連邦政府と期待される州政府の財政支出の合計は223億ドルになり，これはGDPの1.4％に当たる．2009年度と2010年度の2年間における景気刺激策の

---

59) Department of Finance Canada, Tabled in the House of Commons by the Honourable James M. Flaherty, P. C., M. P., Minister of Finance, *Canada's Economic Action Plan: Budget 2009*, (Ottawa: Public Works and Government Services Canada, 2009), p. 218.

60) カナダもアメリカと同様に，http://www.actionplan.gc.ca というサイトを立ち上げ，情報を公開している．なお，アメリカに関しては注74を参照のこと．

61) カナダでは，中小企業は small business と一括されている．

62) 前掲，*Canada's Economic Action Plan: Budget 2009*, pp. 15-17.

規模はGDPの3.2%となる見通しである[63]．

景気刺激策として経済行動計画は4つの分野に財政支出を計画している．2009年度には，個人に対する所得サポートと税額控除に対する予算として約59億ドル，住宅建設の促進に対しては約54億ドル，緊急のインフラストラクチャー建設費として約62億ドル，ビジネスやコミュニティー（地域）のサポート費として約53億ドルが計上されている[64]．

第1の個人に対する所得サポートと税額控除には，基礎控除額の引き上げ，課税標準額の引き上げによる低中所得者に対する個人所得税の減税[65]，被雇用者の雇用保険負担率1.73%への据え置き[66]，雇用保険の適用期間の5週間の延長等が含まれる．

第2の住宅建設の促進については，個人の住宅の改築費用に対して最大1,350ドルの税額控除や新規住宅購入者に対して750ドルの控除がある．またエコ・エネルギー・改修プログラム（ecoENERGY Retrofit program）に基づいて，エネルギー効率を良くするための改修を施した住宅所有者には最大限5,000ドルの助成金が与えられる．既存のプログラムに基づき，今後2年間で追加20万戸の住宅改修に対する3億ドル支援が含まれる[67]．さらに，住宅建設業界に対しては，税額控除，補助金，融資プログラムを通して今後2年間で78億ドルの資金援助を行なう．

第3の緊急インフラストラクチャー建設費としては，4分野にわたるインフラストラクチャー投資が挙げられている．(1)州・準州・地方自治体のインフラストラクチャー投資として，2年間で40億ドルのインフラストラクチャー促進基金を設立し，インフラストラクチャーの整備を進める．また，5年間で10億ドルのグリーン・インフラストラクチャー基金によって，持続可能なエネルギーに関するプロジェクトを支援する．(2)

---

63) 同上，p. 241.
64) 同上．
65) 同上，p. 109.
66) 同上，p. 106.
67) 同上，pp. 130–131.

先住民（First Nations）のコミュニティーの学校，水道，コミュニティー・サービスに対して2年間で5億1,500万ドルの投資をする．(3) 知的インフラストラクチャー投資には，高等教育機関での設備の修理や拡張のための投資20億ドル，最先端の研究インフラストラクチャーのための投資7億5,000万ドル，ブロードバンドの拡大のための投資2億2,500万ドル（3年間）などが含まれる[68]．(4) 連邦のインフラストラクチャー・プロジェクトへの投資としては，VIAレール[69]他の鉄道への投資，高速道路への投資，カナダとアメリカとの間に1,450万ドルで2つの橋を架設する等がある．

第4のビジネスやコミュニティーへの投資には，ビジネス投資に対する税金控除，林業，農業，自動車など競争力の劣っている分野への投資，クリーン・エネルギーなどを活用したより持続可能な環境の創出，中小企業へのサポートが含まれる．また，すべての地域が繁栄するように，地域に対する投資がある．具体的には，オンタリオ州南部への5年間にわたる10億ドルの投資，2年間にわたる10億ドルのコミュニティー調整基金による不況の影響を受けた地域への支援，5年間にわたる北部（準州）への経済開発援助，マッケンジー・ガス計画に関する環境アセスメントなどへの投資である[70]．

その後，2009年6月に2009年の予算案の第2報告書が公表された．これによると，当初の予算案よりも2009～2010年度の財政赤字は大きくなり，502億ドルになる見通しである．税収入減，多額の失業保険の支払いおよび自動車部門への追加融資などが赤字増大の要因である[71]．

---

68) 同上，pp. 138-139.
69) VIA Rail Canadaは，1977年にトルドー政権下で設立された公社（a Crown Corporation）で，旅客鉄道のことである（http://www.viarail.ca/en/print/65, http://www.viarail.ca/en/print/69, http://www.viarail.ca/en/print/176, (2010年5月29日アクセス))．
70) 前掲，*Canada's Economic Action Plan: Budget 2009*, pp. 162-165.
71) Department of Finance Canada, *Canada's Economic Action Plan: A Second Report to Canadians, June 2009*, (Ottawa: Public Works and Government

さらに，2009年9月10日には，フレアティ財務大臣は同年度の財政赤字がさらに50億ドル増え，502億ドルから559億ドルになる見通しであることを公言した．また，連邦政府の財政黒字になる年度は予想より2年遅れ，2014〜2015年度でも赤字が52億ドルとなり，その翌年度に黒字になる見通しである[72]と，最初の予算案を修正した．

アメリカでも2009年1月に就任したバラク・オバマ大統領の下で，金融市場の安定化策や景気刺激策が次々と採られている．同年2月10日にガイトナー財務長官が包括的な金融安定化策（Financial Stability Plan）[73]を発表した．主な内容としては次の4点が挙げられる．(1) 金融安定化信託を通じて，資産規模が1,000億米ドル以上の大手銀行には包括的な負荷テスト（資産査定）が義務付けられる．これらの銀行はバランスシートの透明性を高め，また開示にも取り組むことが要求される．負荷テストを経た銀行には必要があれば資本注入を行なうが，資本注入の総額は明示されていない．(2) 官民投資基金を創設し，当初は最大で5,000億米ドル，最終的には1兆米ドルまで拡大し，不良資産の買い取りを図る．(3) 消費者・企業への貸し出しイニシアティヴにより，消費者ローンや中小企業へのローンの流動性供給枠を，これまでの2,000億米ドルから最大で1兆米ドルに拡大する．(4) 包括的な住宅市場支援と差し押さえ防止計画を今後すみやかに発表する．

2月17日には「2009年アメリカ再生および再投資法案（American Recovery and Reinvestment Act of 2009）」[74]が成立し，減税と7つの

Services Canada, 2009), p. 8.

72) Steven Chase and Justine Hunter, "Flaherty sees deeper deficit," *The Globe and Mail*, September 11, 2009, Dirk Meissner, "Ottawa will run deficits until 2015, two years longer than thought: Flaherty," The Canadian Press, September 10, 2009.

73) 金融安定化策については，http://www.financialstability.gov/docs/fact-sheet.pdfを参照のこと．

74) 説明責任と透明性を重視するオバマ政権は，景気対策の実施状況や今後の予定について http://www.recovery.gov というサイトを立ち上げて情報を公開している．なお，407ページから成るこの法律は，http://frwebgate.access.gpo.gov/

重点分野への投資合わせて7,872億米ドルの景気対策が採られることになった[75]．この法律により，財政赤字がそれぞれ2009年会計年度[76]は1,850億米ドル，2010年度は3,990億米ドル，2011年度は1,340億米ドル増え，2009年度から2019年度にかけての財政赤字は7,870億米ドル増加する見通しとなった[77]．この結果，財政収支の見通しと景気対策による財政負担を合計すると，2009年度の財政赤字は1兆4,040億米ドル[78]となり，GDP比で9.8%と第二次世界大戦後最大の規模に達する見込みである[79]．

この法律は300万人から400万人の雇用の創出と維持を狙い，経済の活性化と21世紀に向けた変革を目指している．減税については，2009年に97%の家計は減税の恩恵に浴し，特に最下位20%の家計が最も恩恵を受ける．労働者1人当たり最大で400米ドル（夫婦で800米ドル）の所得税の税額控除を受け，オバマ政権は減税額が消費に回ることを期待している．

7つの重点分野とは，(1) 外国の石油への依存を減らし，再生可能なエネルギー生産を2倍にし，クリーンで効率的なエネルギー使用を目指すこと，(2) 科学や技術への投資および農村部におけるブロードバンド・インターネットの普及，(3) 道路，橋，水路等インフラストラクチャーへの投資，(4) 21世紀に向けた教育への投資，(5) 医療費コストの低下，

---

cgi-bin/getdoc.cgi?dbname=111_cong_bills&docid=f:h1enr.pdfで読み出すことができる．

75) Committee on Appropriations, Dave Obey (D-WI), Chairman, "Summary: American Recovery and Reinvestment, Conference Agreement," February 13, 2009.
76) アメリカの会計年度は10月1日から翌年の9月30日までを指す．
77) Congressional Budget Office, February 13, 2009, http://www.cbo.gov/ftpdocs/99xx/doc9989/hr1conference.pdfによる．
78) Congressional Budget Office, February 23, 2009, http://www.cbo.gov/ftpdocs/100xx/doc10003/02-23-ThreePolicyScenarios.pdfによる．
79) 2009年度以前のアメリカ連邦政府の財政赤字はGDP比で1983年度の6.0%が最大であった．

(6) 経済的弱者への保護，(7) 州・地方政府への財政支援による教師，消防士，警察官の雇用確保と住民サービスの維持，である[80]．

　以上のように，カナダとアメリカでは減税と共に景気刺激策が採られている．2009年3月のG20の蔵相会議でも，アメリカは世界的不況から脱却するためには各国が景気刺激策を採用すべきだと主張した．他方，フランスやドイツなどのヨーロッパ諸国は金融システムの規制を先ず図るべきだとし，見解は一致していない．

---

80) Committee on Appropriations, Dave Obey (D-WI), Chairman, "Summary: American Recovery and Reinvestment, Conference Agreement," February 13, 2009.

第 II 部

各州における経済的特質

第6章　州別の国内総生産と雇用

6.1 財生産業とサービス生産業の貢献
――1997年から2007年までの特徴

　第Ⅰ部ではカナダ経済の特徴をアメリカと対比しながらカナダ一国としてみてきた．第Ⅱ部では，カナダを構成している10州と3準州のうち，10州に焦点を当てて州レベルで経済的特徴を明らかにしたい．州を単位とするのは，準州は連邦政府の管轄地である一方，州は連邦政府から自立して自治権を行使できる行政単位であること，および10州で人口の99.7%，国内総生産（GDP）で99.5%（図1-3を参照）とカナダの経済活動をほぼ網羅できることによる．

　既に第Ⅰ部で概観したが，ここで州別の人口と名目GDPの分布をより詳しく見てみたい．図1-3が表わしているように，2008年1月1日現在のカナダの全人口は3,314万人であった．オンタリオ州の人口が最大で，1,286万人（38.8%）であった．次にケベック州の人口が773万人（23.3%）で，両州で全体の62.1%を構成する．3番目に人口が大きい州がBC州で441万人（13.3%），次いでアルバータ州の350万人（10.6%）である．中央カナダ2州と太平洋岸のBC州と隣のアルバータ州の4州で，カナダの全人口の実に86.0%を占めている．

　平原州のマニトバ州の人口が119万人（3.6%）で，隣のサスカチュワン州の人口は101万人（3.0%）である．大西洋カナダではノヴァ・スコシア州の人口が94万人（2.8%）で大きく，次いでニュー・ブランズウィック州の75万人（2.3%），ニューファンドランド州が51万人（1.5%）である．PEI州の人口は14万人（0.4%）と，10州の中では一

番人口規模が小さい.

　次に，州別の名目GDPをみると，人口分布と同様なパターンが見てとれる．2007年のオンタリオ州の名目GDPは5,820億ドルで，カナダ全体の名目GDPの38.0%を占めた．第2位のケベック州の名目GDPは2,982億ドル（19.5%）で，両州の名目GDP合計は57.5%に達し，中央カナダがカナダ経済の中心地域であることを示している．第3位のアルバータ州の名目GDPは2,599億ドル（17.0%）である．2003年まではBC州の名目GDPが第3位であったが，アルバータ州に抜かれ第4位となった．2007年のBC州の名目GDPは1,902億ドル（12.4%）で，アルバータとBCの2州の合計は29.4%と，約3割を占めている．これら4州でカナダ全体の名目GDPの86.9%を占めている．

　第5位と第6位は平原州のサスカチュワン州とマニトバ州で，それぞれの名目GDPは512億ドル（3.3%）と486億ドル（3.2%）である．大西洋カナダではノヴァ・スコシア州の名目GDPが333億ドル（2.2%）で大きく，その次がニューファンドランド州の290億ドル（1.9%），ニュー・ブランズウィック州の264億ドル（1.7%）が続く．PEI州は名目GDPでも一番小さく，46億ドル（0.3%）である．

　カナダにおいては，人口も経済活動も中央カナダのオンタリオ州とケベック州，太平洋岸のBC州とその隣のアルバータ州の4州に集中している．広大な面積を持つ平原州のサスカチュワン州とマニトバ州は人口も希薄で，経済規模はアルバータ州に比較すると大きくない．歴史の古い大西洋カナダは面積も人口も経済規模も小さい．特に，日本人には『赤毛のアン』[1]で抜群の知名度を持つPEI州は，人口でも経済規模でも非常に小さい．人口と経済規模で最大のオンタリオ州と最小のPEI州を比較すると，オンタリオ州の人口はPEI州の人口の98.9倍，名目GDPは129.3倍に達している．ニューファンドランド州は面積は広いが，人口や経済規模では3つの沿海州と同様に小さい．

　1）原題は *Anne of Green Gables* で，2008年に出版100周年を迎えた．

第6章 州別の国内総生産と雇用——93

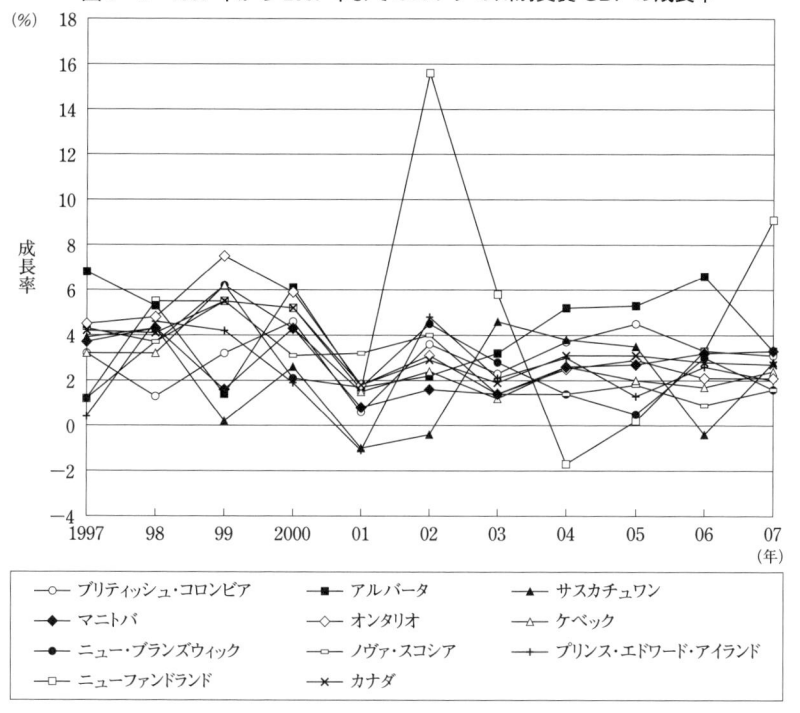

図6-1　1997年から2007年までのカナダの州別実質GDPの成長率

凡例	州
─○─	ブリティッシュ・コロンビア
─■─	アルバータ
─▲─	サスカチュワン
─◆─	マニトバ
─◇─	オンタリオ
─△─	ケベック
─●─	ニュー・ブランズウィック
─◎─	ノヴァ・スコシア
─+─	プリンス・エドワード・アイランド
─□─	ニューファンドランド
─✕─	カナダ

出典）Statistics Canada, CANSIM Table 384-0002（2008年7月13日アクセス）から作成．

　図6-1は1997年から2007年までの州別の実質GDPの成長率を示している．この11年間を平均したカナダ全体の実質GDP成長率は3.4%であった．10州の中で同期間中最も実質GDP成長率の高かった州はニューファンドランド（4.7%）で，それに次いで高かったのはアルバータ（4.3%）であった．オンタリオ（3.5%）もカナダ全体の3.4%を上回っていた．その他の7州はカナダ全体の実質GDP成長率を下回っていた．この7州の中で実質GDP成長率の高い順に挙げると，BCの3.0%，ノヴァ・スコシアの2.8%，ケベックの2.8%，マニトバの2.7%，ニュー・ブランズウィックの2.6%，PEIの2.3%で，サスカチュワンの2.2%が最も低い成長率を示した．

成長率の高かった州では,ニューファンドランドが2002年に15.6%と2007年に9.1%を記録する一方,2004年には-1.7%を示し,最も大きな変動が見られた.一方,アルバータの成長率は,カナダ全体の平均値を1999年,2001年,2002年に下回ったものの,それ以外の年は上回っている.BCの成長率は1997年から2001年までカナダ全体の平均値を下回ったものの,2002年から2007年の6年間は上回っている.11年間の平均で最も成長率が低かったサスカチュワン州は,5年間はカナダ全体の平均値を上回ったが,2001年,2002年,2006年の3年間にマイナスの成長率を示したため,相対的に低い値となった.

表6-1は1997年から2007年まで5年ごとの州別の産業別実質GDP[2]を表わしている.BC州では,金融・保険業,不動産業,企業経営(以下,金融保険・不動産業と略記)が2007年では全体の22.4%を占め,次に製造業が10.5%を占めた.この傾向は1997年および2002年と比較してもおおむね同じである.第3位は小売業の6.5%で,1997年(5.7%)と2002年(6.0%)に比較すると徐々に比率が増えている.2007年の製造業は158億7,200万2002年連鎖ドル[3](以下,連鎖ドル)で,カナダ全体の製造業の8.6%を占める.製造業の中では,木材製品が44億2,620万連鎖ドルで,カナダ第1位である[4].次に,第1次金属と加工金属が20億5,390万連鎖ドルで,オンタリオ州とケベック州に次いで第3位であった.

アルバータ州では鉱業・オイル・ガス部門が州の基幹産業であることを

---

[2] カナダ全体のGDPには財生産業とサービス生産業の値が掲載されているが,州別GDPには財生産業とサービス生産業の区別がなく,それぞれの値は掲載されていない.

[3] 第I部第1章の注13を参照のこと.

[4] Statistics Canada, CANSIM Table 379-0025(2009年2月16日アクセス)には,北米産業分類システム(North American Industry Classification System, NAICS)(4桁のコード)に基づいて州別のGDPが示されているが,値が小さい場合は「x」として公表されていない.また,カナダ全体のGDPについてはNAICSによる分類が2桁コードの表しか入手できなかったため,順位を示すことはできるが,正確な比率を記載することができない.

表6-1 1997年から2007年までのカナダ10州別の産業別国内総生産

(単位:2002年連鎖百万ドル,%)

カナダ

	1997		2002		2007	
財生産業	295,978	33.3	346,175	32.4	378,364	30.9
農林漁業	22,985	2.6	23,293	2.2	27,071	2.2
鉱業,石油,ガス	49,244	5.5	53,488	5.0	58,321	4.8
電気,ガス,水道業	29,045	3.3	28,883	2.7	31,170	2.5
建設業	45,421	5.1	57,775	5.4	76,889	6.3
製造業	151,330	17.0	182,736	17.1	184,732	15.1
サービス生産業	591,723	66.7	722,590	67.6	846,372	69.1
卸売業	42,823	4.8	55,226	5.2	71,335	5.8
小売業	44,499	5.0	58,483	5.5	72,915	6.0
運輸,倉庫業	43,048	4.8	50,066	4.7	56,376	4.6
情報,文化産業	26,403	3.0	38,229	3.6	44,202	3.6
金融,保険,不動産,リース業	168,523	19.0	202,959	19.0	240,053	19.6
専門的技術的サービス	33,859	3.8	48,481	4.5	57,300	4.7
管理,廃棄物処理業	17,582	2.0	24,853	2.3	31,655	2.6
教育	48,904	5.5	51,593	4.8	57,577	4.7
医療,社会福祉	61,114	6.9	68,142	6.4	76,748	6.3
芸術,娯楽,レクリエーション	8,669	1.0	10,398	1.0	11,713	1.0
宿泊,飲食業	21,668	2.4	25,408	2.4	27,681	2.3
その他のサービス業	21,262	2.4	27,230	2.5	30,907	2.5
政府関連	54,293	6.1	61,523	5.8	67,970	5.6
全産業	888,158	100.0	1,068,765	100.0	1,223,943	100.0

ブリティッシュ・コロンビア

	1997		2002		2007	
農林水産業	4,660	4.2	4,430	3.5	4,686	3.1
鉱業・オイル・ガス	3,137	2.8	4,383	3.5	4,289	2.8
電気・ガス・水道業	2,914	2.6	2,837	2.2	3,297	2.2
建設業	6,617	5.9	6,328	5.0	9,431	6.3
製造業	11,507	10.3	13,687	10.8	15,872	10.5
卸売業	4,957	4.4	5,969	4.7	8,320	5.5
小売業	6,423	5.7	7,597	6.0	9,824	6.5
運輸・倉庫業	7,176	6.4	8,072	6.4	9,540	6.3
情報・文化産業	3,387	3.0	4,667	3.7	5,726	3.8
金融・保険業,不動産,企業経営	24,763	22.2	28,078	22.1	33,795	22.4
専門・技術的サービス業	4,510	4.0	5,550	4.4	6,792	4.5
オフィス管理・廃棄物処理業	2,308	2.1	2,512	2.0	3,320	2.2
教育	6,088	5.5	6,781	5.3	7,565	5.0
ヘルスケア・社会福祉	8,570	7.7	9,410	7.4	9,572	6.3
芸術・娯楽・レクリエーション	1,352	1.2	1,567	1.2	1,872	1.2
宿泊・飲食業	3,881	3.5	3,944	3.1	4,665	3.1
その他サービス業	3,178	2.8	3,823	3.0	4,426	2.9
政府関係	6,277	5.6	7,128	5.6	7,797	5.2
全産業	111,554	100.0	126,761	100.0	150,442	100.0

(表6-1)

アルバータ

	1997		2002		2007	
農林水産業	4,112	3.3	3,117	2.2	4,774	2.6
鉱業・オイル・ガス	34,103	27.5	32,703	22.7	35,745	19.4
電気・ガス・水道業	3,167	2.6	3,281	2.3	3,725	2.0
建設業	7,724	6.2	11,146	7.7	18,452	10.0
製造業	11,550	9.3	12,616	8.7	16,967	9.2
卸売業	5,788	4.7	6,706	4.6	9,681	5.2
小売業	4,452	3.6	6,493	4.5	9,291	5.0
運輸・倉庫業	6,217	5.0	7,696	5.3	9,490	5.1
情報・文化産業	2,486	2.0	3,622	2.5	4,613	2.5
金融・保険業，不動産業，企業経営	17,250	13.9	22,100	15.3	28,453	15.4
専門・技術的サービス業	4,496	3.6	6,734	4.7	8,495	4.6
オフィス管理・廃棄物処理業	1,870	1.5	2,596	1.8	3,755	2.0
教育	4,647	3.7	5,706	4.0	6,952	3.8
ヘルスケア・社会福祉	5,160	4.2	6,427	4.5	8,030	4.4
芸術・娯楽・レクリエーション	855	0.7	1,001	0.7	1,200	0.7
宿泊・飲食業	2,889	2.3	3,397	2.4	4,133	2.2
その他サービス業	2,434	2.0	3,295	2.3	4,160	2.3
政府関係	4,790	3.9	5,632	3.9	6,582	3.6
全産業	122,299	100.0	144,266	100.0	182,299	100.0

サスカチュワン

	1997		2002		2007	
農林水産業	4,000	12.6	2,593	7.9	3,876	10.3
鉱業・オイル・ガス	5,938	18.7	5,630	17.2	5,602	14.9
電気・ガス・水道業	830	2.6	842	2.6	954	2.5
建設業	1,606	5.1	1,633	5.0	2,090	5.5
製造業	2,202	6.9	2,281	7.0	2,689	7.1
卸売業	1,419	4.5	1,649	5.0	2,119	5.6
小売業	1,292	4.1	1,668	5.1	2,106	5.6
運輸・倉庫業	1,674	5.3	2,119	6.5	2,383	6.3
情報・文化産業	663	2.1	871	2.7	931	2.5
金融・保険業，不動産業，企業経営	4,394	13.8	5,036	15.4	5,766	15.3
専門・技術的サービス業	627	2.0	618	1.9	708	1.9
オフィス管理・廃棄物処理業	323	1.0	327	1.0	437	1.2
教育	1,635	5.1	1,736	5.3	1,832	4.9
ヘルスケア・社会福祉	1,893	6.0	2,119	6.5	2,289	6.1
芸術・娯楽・レクリエーション	222	0.7	261	0.8	296	0.8
宿泊・飲食業	728	2.3	736	2.2	803	2.1
その他サービス業	755	2.4	828	2.5	924	2.5
政府関係	1,553	4.9	1,788	5.5	1,905	5.1
全産業	31,199	100.0	32,732	100.0	37,501	100.0

(表6-1)

マニトバ

	1997		2002		2007	
農林水産業	1,493	5.0	1,700	5.1	1,736	4.5
鉱業・オイル・ガス	617	2.1	561	1.7	863	2.3
電気・ガス・水道業	1,432	4.8	1,290	3.8	1,439	3.8
建設業	1,314	4.4	1,336	4.0	1,956	5.1
製造業	4,102	13.8	4,346	12.9	4,939	12.9
卸売業	1,595	5.4	1,957	5.8	2,112	5.5
小売業	1,543	5.2	2,054	6.1	2,592	6.8
運輸・倉庫業	2,110	7.1	2,317	6.9	2,600	6.8
情報・文化産業	752	2.5	1,114	3.3	1,235	3.2
金融・保険業, 不動産業, 企業経営	5,530	18.6	6,318	18.8	7,181	18.8
専門・技術的サービス業	742	2.5	885	2.6	920	2.4
オフィス管理・廃棄物処理業	384	1.3	587	1.7	735	1.9
教育	1,628	5.5	1,775	5.3	1,961	5.1
ヘルスケア・社会福祉	2,396	8.1	2,773	8.2	3,125	8.2
芸術・娯楽・レクリエーション	252	0.8	347	1.0	354	0.9
宿泊・飲食業	719	2.4	766	2.3	844	2.2
その他サービス業	864	2.9	1,026	3.1	1,111	2.9
政府関係	2,237	7.5	2,462	7.3	2,582	6.7
全産業	29,673	100.0	33,614	100.0	38,407	100.0

オンタリオ

	1997		2002		2007	
農林水産業	4,471	1.3	4,955	1.1	5,037	1.0
鉱業・オイル・ガス	2,738	0.8	2,767	0.6	2,796	0.6
電気・ガス・水道業	9,249	2.6	9,236	2.1	9,983	2.0
建設業	16,433	4.6	22,358	5.1	27,113	5.5
製造業	78,792	22.2	95,636	21.7	90,479	18.3
卸売業	18,116	5.1	24,966	5.7	32,048	6.5
小売業	17,147	4.8	23,300	5.3	28,065	5.7
運輸・倉庫業	14,843	4.2	17,378	3.9	18,606	3.8
情報・文化産業	10,937	3.1	16,720	3.8	19,725	4.0
金融・保険業, 不動産業, 企業経営	75,401	21.3	93,824	21.3	110,806	22.5
専門・技術的サービス業	15,554	4.4	23,729	5.4	27,610	5.6
オフィス管理・廃棄物処理業	8,329	2.4	12,039	2.7	15,319	3.1
教育	19,366	5.5	19,891	4.5	22,762	4.6
ヘルスケア・社会福祉	23,019	6.5	25,778	5.9	29,923	6.1
芸術・娯楽・レクリエーション	3,623	1.0	4,323	1.0	4,873	1.0
宿泊・飲食業	7,754	2.2	9,996	2.3	9,911	2.0
その他サービス業	8,138	2.3	10,794	2.5	12,149	2.5
政府関係	20,340	5.7	22,531	5.1	25,895	5.3
全産業	353,607	100.0	440,221	100.0	494,026	100.0

(表6-1)

ケベック

	1997		2002		2007	
農林水産業	3,374	1.8	4,173	1.9	4,369	1.8
鉱業・オイル・ガス	1,262	0.7	1,232	0.6	1,108	0.4
電気・ガス・水道業	9,393	5.0	9,479	4.2	9,944	4.0
建設業	8,555	4.5	11,183	5.0	14,359	5.8
製造業	38,870	20.7	47,482	21.2	46,879	18.9
卸売業	8,942	4.8	11,365	5.1	14,246	5.7
小売業	10,477	5.6	13,325	6.0	16,350	6.6
運輸・倉庫業	8,343	4.4	9,589	4.3	10,745	4.3
情報・文化産業	6,514	3.5	8,912	4.0	9,530	3.8
金融・保険業, 不動産業, 企業経営	31,630	16.8	36,513	16.3	42,362	17.0
専門・技術的サービス業	6,403	3.4	9,141	4.1	10,932	4.4
オフィス管理・廃棄物処理業	3,745	2.0	5,659	2.5	6,924	2.8
教育	11,801	6.3	11,789	5.3	12,529	5.0
ヘルスケア・社会福祉	15,506	8.2	16,244	7.3	18,271	7.3
芸術・娯楽・レクリエーション	1,973	1.0	2,478	1.1	2,718	1.1
宿泊・飲食業	4,251	2.3	4,944	2.2	5,644	2.3
その他サービス業	4,551	2.4	5,784	2.6	6,466	2.6
政府関係	12,526	6.7	14,559	6.5	15,255	6.1
全産業	187,599	100.0	223,850	100.0	248,542	100.0

ニュー・ブランズウィック

	1997		2002		2007	
農林水産業	565	3.5	845	4.4	844	4.0
鉱業・オイル・ガス	330	2.1	212	1.1	221	1.1
電気・ガス・水道業	702	4.4	665	3.5	684	3.3
建設業	860	5.4	1,071	5.6	1,479	7.1
製造業	2,111	13.2	2,833	14.8	2,643	12.7
卸売業	674	4.2	867	4.5	961	4.6
小売業	950	5.9	1,198	6.3	1,454	7.0
運輸・倉庫業	951	6.0	1,086	5.7	1,119	5.4
情報・文化産業	459	2.9	686	3.6	722	3.5
金融・保険業, 不動産業, 企業経営	2,792	17.5	3,161	16.5	3,774	18.1
専門・サービス業	404	2.5	543	2.8	604	2.9
オフィス管理・廃棄物処理業	193	1.2	423	2.2	522	2.5
教育	1,032	6.5	1,044	5.5	1,082	5.2
ヘルスケア・社会福祉	1,337	8.4	1,496	7.8	1,581	7.6
芸術・娯楽・レクリエーション	127	0.8	133	0.7	132	0.6
宿泊・飲食業	423	2.6	459	2.4	466	2.2
その他サービス業	446	2.8	536	2.8	568	2.7
政府関係	1,624	10.2	1,859	9.7	2,024	9.7
全産業	15,937	100.0	19,115	100.0	20,863	100.0

(表6-1)

ノヴァ・スコシア	1997		2002		2007	
農林水産業	569	2.8	766	3.1	699	2.6
鉱業・オイル・ガス	417	2.1	942	3.8	762	2.9
電気・ガス・水道業	557	2.8	624	2.5	594	2.2
建設業	1,099	5.5	1,385	5.7	1,645	6.2
製造業	2,166	10.8	2,662	10.9	2,598	9.8
卸売業	905	4.5	1,112	4.5	1,191	4.5
小売業	1,218	6.1	1,616	6.6	1,807	6.8
運輸・倉庫業	895	4.5	1,052	4.3	1,103	4.2
情報・文化産業	631	3.1	888	3.6	948	3.6
金融・保険業，不動産業，企業経営	4,098	20.4	4,748	19.4	5,562	21.0
専門・技術的サービス業	632	3.1	736	3.0	881	3.3
オフィス管理・廃棄物処理業	243	1.2	463	1.9	642	2.4
教育	1,342	6.7	1,429	5.8	1,555	5.9
ヘルスケア・社会福祉	1,674	8.3	2,047	8.4	2,259	8.5
芸術・娯楽・レクリエーション	173	0.9	184	0.8	184	0.7
宿泊・飲食業	531	2.6	639	2.6	674	2.5
その他サービス業	473	2.4	616	2.5	623	2.3
政府関係	2,445	12.2	2,600	10.6	2,788	10.5
全産業	20,027	100.0	24,509	100.0	26,413	100.0

プリンス・エドワード・アイランド	1997		2002		2007	
農林水産業	322	11.2	326	9.8	321	8.6
鉱業・オイル・ガス	4	0.1	3	0.1	1	0.0
電気・ガス・水道業	38	1.3	34	1.0	39	1.0
建設業	131	4.5	163	4.9	175	4.7
製造業	240	8.3	373	11.2	442	11.9
卸売業	95	3.3	103	3.1	109	2.9
小売業	173	6.0	231	6.9	264	7.1
運輸・倉庫業	103	3.6	81	2.4	84	2.3
情報・文化産業	75	2.6	112	3.4	124	3.3
金融・保険業，不動産業，企業経営	560	19.4	599	17.9	691	18.6
専門・技術的サービス業	53	1.8	69	2.1	83	2.2
オフィス管理・廃棄物処理業	24	0.8	45	1.3	66	1.8
教育	212	7.4	218	6.5	242	6.5
ヘルスケア・社会福祉	272	9.4	302	9.0	342	9.2
芸術・娯楽・レクリエーション	21	0.7	33	1.0	39	1.0
宿泊・飲食業	96	3.3	113	3.4	128	3.4
その他サービス業	77	2.7	88	2.6	97	2.6
政府関係	386	13.4	445	13.3	476	12.8
全産業	2,871	100.0	3,339	100.0	3,730	100.0

(表6-1)

ニューファンドランド・アンド・ラブラドル

	1997		2002		2007	
農林水産業	326	3.1	367	2.5	414	2.4
鉱業・オイル・ガス	823	7.9	3,980	26.6	5,745	32.7
電気・ガス・水道業	505	4.8	499	3.3	504	2.9
建設業	578	5.5	681	4.5	722	4.1
製造業	617	5.9	786	5.2	820	4.7
卸売業	358	3.4	435	2.9	491	2.8
小売業	621	6.0	795	5.3	903	5.1
運輸・倉庫業	480	4.6	460	3.1	547	3.1
情報・文化産業	330	3.2	481	3.2	507	2.9
金融・保険業,不動産業,企業経営	1,762	16.9	1,891	12.6	2,125	12.1
専門・技術的サービス業	246	2.4	384	2.6	368	2.1
オフィス管理・廃棄物処理業	100	1.0	149	1.0	173	1.0
教育	931	8.9	922	6.2	950	5.4
ヘルスケア・社会福祉	1,082	10.4	1,246	8.3	1,300	7.4
芸術・娯楽・レクリエーション	50	0.5	54	0.4	55	0.3
宿泊・飲食業	239	2.3	288	1.9	314	1.8
その他サービス業	255	2.4	304	2.0	332	1.9
政府関係	1,129	10.8	1,251	8.4	1,300	7.4
全産業	10,858	100.0	14,976	100.0	17,763	100.0

注) 2002年連鎖ドルを使用しているため,各項目の合計と全産業の値は一致していない.各項目のパーセンテージは全項目を合計したものに対する割合から算出している.なお,カナダ全体のGDPには財生産業とサービス生産業の値が掲載されているが,州別GDPには財生産業とサービス生産業の区別がなく,それぞれの値は掲載されていない.カナダ全体に関しては,第1章の表1-1と同じである.
出典) カナダのGDPはStatistics Canada, CANSIM Table 379-0027,州別GDPはStatistics Canada, CANSIM Table 379-0025（2008年7月13日アクセス）から作成.

如実に示し，1997年には実質GDP全体の27.5%を占めていたが，2002年には22.7%へ，2007年には19.4%となった．次に，金融保険・不動産業の15.4%（2007年）で，1997年の13.9%より多少の増加をみている．第3位は建設業部門で，2007年には全体の10.0%を占めた．この部門は1997年の6.2%よりも増加し，2008年7月までの原油価格の上昇によるアルバータ州での石油・天然ガス産業のさらなる発展とそれに付随する建設ラッシュを表わしている．製造業も2007年には9.2%を占め，活発である．製造業の金額169億6,700万連鎖ドルは，カナダの全製造業の9.2%を占め，機械が28億5,790万連鎖ドルでオンタリオ州に次いで第2位である．木材製品は14億4,660万連鎖ドルで，カナダの州別では第4位である．

サスカチュワン州もアルバータ州と同様に，鉱業・オイル・ガス部門が実質 GDP の 18.7％（1997 年）や 17.2％（2002 年）と最大部門であったが，この比率は 2007 年には 14.9％ と若干の減少をみた．サスカチュワンの場合は，原油生産と並んでカリウム鉱業が盛んで，世界最大のカリウム鉱生産会社のポタッシュ・コーポ（PotashCorp，正式名称 Potash Corporation of Saskatchewan）が存在する[5]．カリウムは工業用ならびに肥料として用いられる．金融保険・不動産業が 1997 年の 13.8％ から 2007 年の 15.3％ へ少し増加した．また，農林水産業の比率が他州に比較して高いことも特徴で，1997 年には 12.6％，2002 年には 7.9％，2007 年には 10.3％ であった．サスカチュワン，アルバータ，マニトバの平原 3 州はカナダの穀倉地帯を形成している．

マニトバ州は金融保険・不動産業が 1997 年，2002 年，2007 年を通じて 18.6％，18.8％，18.8％ であった．製造業が第 2 位で，2007 年には 12.9％ を占めた．第 3 位はヘルスケア・社会福祉で，同期間中，8.1％ から 8.2％ を占めた．農林水産業の比率は 2007 年で 4.5％ と小さいが，カナダ全体の 2.2％ と比較すると 2 倍以上である．州都のウィニペグにはカナダ小麦局（Canadian Wheat Board）があり，重要な役割を果たしている．1935 年連邦政府によって再組織化されたカナダ小麦局[6]は，平原 3 州や BC 州で生産された小麦や大麦の販売・輸出を一手に行なっており[7]，世界最大の小麦と大麦の販売企業である[8]．

カナダ最大の経済規模を持つオンタリオ州は，金融保険・不動産業が

---

5) PotashCorp, "PotashCorp 2008 Online Annual Report,"（2009 年 9 月 30 日アクセス）．
6) カナダ小麦監視局がカナダ小麦局へ組織的に引き継がれる過程については，小沢健二，『カナダの農業と農業政策：歴史と現状』，輸入食糧協議会，1999 年，pp. 70-73 を参照のこと．
7) 松原豊彦，「農業と農作物」，『はじめて出会うカナダ』日本カナダ学会編，有斐閣，2009 年，pp. 194-195．
8) Canadian Wheat Board, "About Us," (http://www.cwb.ca/public/en/about/index.jsp?pf=1（2009 年 9 月 30 日アクセス））．

21.3%（1997年），21.3%（2002年），22.5%（2007年）であり，また製造業が22.2%（1997年），21.7%（2002年），18.3%（2007年）で，2つの部門を合わせると各年とも実質GDPの4割以上を占めている．第3位は，1997年と2002年にはヘルスケア・社会福祉であったが，2007年には卸売業の6.5%となった．また，2007年のオンタリオ州の製造業のGDPは904億7,900万連鎖ドルで，これはカナダの全製造業の49.0%を占めている．製造業の中でも，オンタリオ州の自動車（141億1,580万連鎖ドル）や自動車部品（87億8,980万連鎖ドル）はカナダの中で大部分を占める．さらに，第1次金属と加工金属は117億8,770万連鎖ドル，機械は67億7,670万連鎖ドルで，共にカナダで第1位である．

　経済規模がカナダで第2位のケベック州は，オンタリオ州と同じような産業構造を示している．製造業が20.7%（1997年），21.2%（2002年），18.9%（2007年）であり，金融保険・不動産業が16.8%（1997年），16.3%（2002年），17.0%（2007年）で，両部門を合わせると35%から37%に達する．第3位はヘルスケア・社会福祉で1997年には8.2%であったが，2002年と2007年には7.3%となった．2007年のケベック州の製造業は468億7,900万連鎖ドルで，これはカナダ全体の製造業の25.4%を占める．製造業の中では，第1次金属と加工金属が83億1,890万連鎖ドルで，これはオンタリオ州に次ぐ第2位の金額である．また，ケベック州に特徴的なのは航空機とその部品を製造していることであり，45億6,150万連鎖ドルはこの部門でカナダ第1位である．パルプ・製紙業も発達しており，26億280万連鎖ドルはカナダ第1位である．

　ケベック州では安い水力発電を利用できるため，ボーキサイトの精錬が盛んでアルミニウムを製造している．アルミニウム生産で世界をリードするリオ・ティント・アルキャン社（Rio Tinto Alcan Inc.）[9]はモントリオ

---

9) 2007年11月に，カナダの代表的なアルミニウム生産会社であったアルキャン

ールに本社を置く．また，アメリカの大手企業アルコア社（Alcoa Inc.）もケベック州に精錬所を持ち，アルミニウムを生産している[10]．さらに，モントリオールに本社を置くボンバルディア社（Bombardier Inc.）は航空機ならびに鉄道車両を製造している．ボンバルディア社は民間航空機メーカーとしては世界第3位である[11]．

　大西洋カナダのニュー・ブランズウィック州では，1997年から2002年の実質GDPの構成比率の順位は第4位までは変化がなく，第1位は金融保険・不動産業で2007年は18.1%であった．第2位は製造業で，2007年には12.7%を占め，第3位は政府関係で，2007年には9.7%であった．政府関係が実質GDPの約1割を占め，上位3位に入る点がケベック以西の諸州に見られない特徴である．製造業では，食品加工業や製紙・パルプ工業が発達している．なお，PEI州がジャガイモで有名なため，それを使用した冷凍食品を製造しているマケイン社（McCain Foods Ltd.）の本社はPEI州に存在すると思われがちであるが，実際にはニュー・ブランズウィック州のフローレンスヴィル（Florenceville）にある．

　ノヴァ・スコシア州は，若干の比率の違いこそあれ，隣のニュー・ブランズウィック州とほとんど同じパターンを示している．2007年では，第1位の金融保険・不動産業が21.0%，第2位の政府関係が10.5%，第3位の製造業が9.8%であった．

　カナダの州では最小の経済規模のPEI州では，実質GDPの第1位は1997年から2007年の間，金融保険・不動産業で，2007年には18.6%であった．他の大西洋カナダのニュー・ブランズウィック州とノヴァ・スコシア州にみられたように，政府関係の実質GDPがPEI州でも大きく第2位で，2007年には12.8%を占めた．第3位については，1997年には

　　　社（Alcan Inc.）は，英豪資源メジャーのRio Tinto Groupによって380億米ドルで買収された（http://www.riotinto.com/about/19602_resources.asp（2011年1月2日アクセス））．
10）　Alcoa Inc., *2008 Annual Report*, 2009, p. 8.
11）　http://www.bombardier.com/en/corporate/about-us（2011年1月1日アクセス）．なお，フランス語読みでは，ボンバルディエ社とも表記される．

農林水産業の11.2%であったが，2002年と2007年には製造業となり，2007年には11.9%であった．農林水産業は2007年には，ヘルスケア・社会福祉の9.2%に次いで，第5位の8.6%であった．PEI州の農林水産業の占める比率は，他の州に比較しても高く，ここで栽培されるジャガイモは有名で，日本にも冷凍されたフレンチフライとして輸出されている．

ニューファンドランド州では，実質GDPの第1位は1997年には金融保険・不動産業の16.9%であったが，その後ニューファンドランド沖で1998年から原油採掘が開始されたため，2002年と2007年には鉱業・オイル・ガスとなり，2007年には32.7%を占めるまでに成長した．2002年と2007年には第2位は金融保険・不動産業で，それぞれ12.6%，12.1%を占めた．また，他の大西洋カナダに見られたように，政府関係の比率も高く，1997年には10.8%，2002年には8.4%，2007年には7.4%を占めた．次にヘルスケア・社会福祉で，1997年には10.4%であったが，2007年には7.4%になった．

2007年における州ごとの実質GDPの特徴をまとめてみると，金融保険・不動産業は10州すべてにおいて上位1位または2位であった．製造業の占める比率が高かった州は，ケベック，オンタリオ，マニトバ，ニュー・ブランズウィック，PEIとBCであった．鉱業・オイル・ガスが基幹産業である州は，ニューファンドランド，アルバータおよびサスカチュワンであった．農林水産業の寄与度が高かったのはサスカチュワンとPEIであった．大西洋カナダのPEI，ノヴァ・スコシア，ニュー・ブランズウィック，ニューファンドランドの4州では政府関係が州のGDPに占める比重が大きいことも明らかとなった．

次に，州経済の特色を雇用の面から観察してみよう．図6-2は1997年から2007年にかけての州別の失業率を示している．同期間中すべてにわたり，カナダ全体の失業率より州の失業率が上回った州は，ニューファンドランド，PEI，ニュー・ブランズウィック，ノヴァ・スコシアとケベックの5州であった．特に，ニューファンドランド州の失業率が高く，

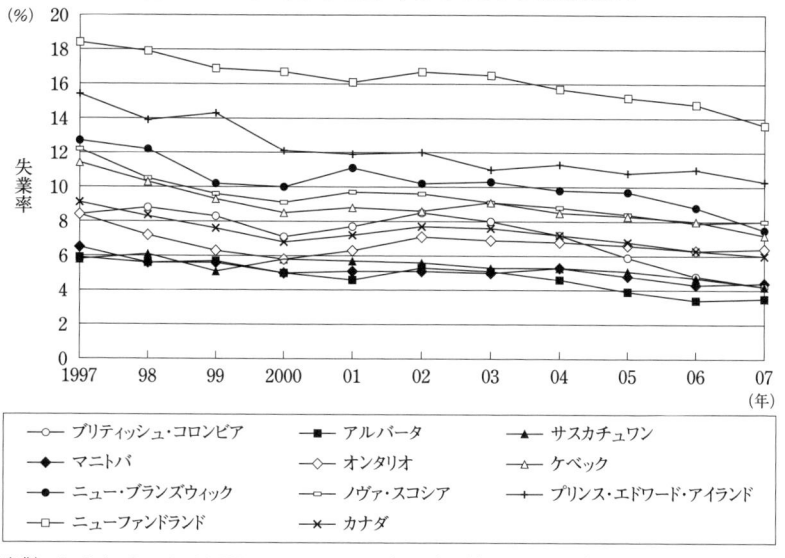

図6-2 1997年から2007年までのカナダ州別失業率

出典）Statistics Canada, CANSIM Table 282-0055（2008年7月13日アクセス）から作成．

1997年から2007年の平均値は16.2%で，カナダ全体の失業率の平均値7.3%の倍以上に達していた．また，沿海州のPEI州（同期間中の失業率の平均値は12.2%）とニュー・ブランズウィック州（同10.2%）も2桁台であった．ノヴァ・スコシア州も9.4%，ケベック州も8.9%と失業率の平均値は高かった．カナダでは，ケベック州と大西洋カナダの4州の失業率が高いことが判明した．

他方，1997年から2007年にかけての期間中すべてにわたりカナダ全体の失業率を下回った州は，低い順に，アルバータ州（同期間の失業率の平均値が4.8%），マニトバ州（同5.2%），サスカチュワン州（5.3%）の3州であった．平原3州の失業率が低いことがわかる．

さらに，オンタリオ州も1997年から2005年まではカナダ全体の失業率を下回っていた．しかし，同州の失業率は2006年にカナダ全体の失業率6.3%と同じになり，2007年にはカナダ全体の失業率を上回った．

なお，BC州は1998年から2003年にかけては，カナダ全体の失業率

よりも高かった．しかし，失業率がカナダ全体の失業率（7.2%）と同一であった2004年を除くと，1997年および2005年から2007年にかけてはカナダ全体の失業率を下回った．このように，BC州は年によってカナダ全体の失業率より高いか，もしくは低いという混合型を示している．

2007年のカナダ全体の失業率は6.0%であった．失業率が一番高かったのはニューファンドランド州の13.6%，次いでPEI州の10.3%であった．それに加えてノヴァ・スコシア州（8.0%），ニュー・ブランズウィック州（7.5%），ケベック州（7.2%），オンタリオ州（6.4%）の4州もカナダ全体の失業率よりも高い失業率であった．逆に，失業率が一番低かったのはアルバータ州の3.5%で，その次に低い失業率を示したのはBC州とサスカチュワン州の4.2%であった．マニトバ州（4.4%）もカナダ全体の失業率を下回った．

表6-2は1997年，2002年，2007年と5年ごとの州別産業別就業者数を示している．BC州の雇用者数は2007年には226万6,300人で，サービス生産業は全体の78.1%を占め，財生産業は21.9%であった[12]．雇用者数は1997年の186万500人から約40万人増加したが，サービス生産業と財生産業の比率はほぼ同じ傾向であった．2007年のサービス生産業の中では，小売業従事者の比率が最も高く12.5%で，次いで医療・社会福祉[13]の10.6%であった．財生産業の中では，製造業従事者が9.0%で，次に建設業の8.7%であった．BC州は2010年の冬季オリンピックの開催場であり，それに付随した競技場，宿泊施設，道路整備など建設ラッシュがみられた．

アルバータ州の2007年の就業者数は195万9,400人で，そのうちサービス生産業従事者は全体の71.6%，財生産業従事者は28.4%であっ

---

12) 第I部第1章で既に注記したように，カナダ統計局の分類では第1次および第2次産業を合わせたものを財生産業，第3次産業をサービス生産業と表記している．
13) 第I部第1章の注15と同じように，表6-2では「医療，社会福祉」と表記されているが，本文中では同一部門の意味で「医療・社会福祉」と表記している．また，他の部門についても同様である．

第6章　州別の国内総生産と雇用 —— 107

表6-2　1997年から2007年までのカナダの州別の産業別就業者数

(単位：千人，％)

カナダ	1997		2002		2007	
財生産業	3,561.0	26.0	3,878.6	25.3	3,993.0	23.7
農業	417.0	3.0	325.4	2.1	337.2	2.0
林業，漁業，鉱業，石油，ガス	296.7	2.2	270.3	1.8	339.3	2.0
電気，ガス，水道業	115.3	0.8	131.9	0.9	138.0	0.8
建設業	721.0	5.3	865.2	5.7	1,133.5	6.7
製造業	2,010.9	14.7	2,285.9	14.9	2,044.9	12.1
サービス生産業	10,145.1	74.0	11,431.8	74.7	12,873.5	76.3
卸売業	451.1	3.3	548.1	3.6	626.6	3.7
小売業	1,655.0	12.1	1,861.2	12.2	2,055.8	12.2
運輸，倉庫業	694.6	5.1	760.7	5.0	822.8	4.9
金融，保険，不動産，リース業	865.0	6.3	895.1	5.8	1,060.4	6.3
専門的技術的サービス	777.8	5.7	987.1	6.4	1,136.9	6.7
ビジネス，建物，他のサポートサービス	441.8	3.2	579.6	3.8	702.1	4.2
教育	916.6	6.7	1,007.4	6.6	1,183.2	7.0
医療，社会福祉	1,388.4	10.1	1,617.3	10.6	1,846.1	10.9
情報，文化，レクリエーション	603.5	4.4	715.1	4.7	782.0	4.6
宿泊，飲食業	871.0	6.4	985.1	6.4	1,069.4	6.3
その他のサービス	683.0	5.0	686.2	4.5	723.5	4.3
政府関連	797.2	5.8	788.9	5.2	864.6	5.1
全産業	13,706.0	100.0	15,310.4	100.0	16,866.4	100.0

ブリティッシュ・コロンビア	1997		2002		2007	
財生産業	417.3	22.4	392.2	20.0	495.7	21.9
農業	34.0	1.8	29.0	1.5	36.2	1.6
林業，漁業，鉱業，石油，ガス	54.0	2.9	37.6	1.9	47.3	2.1
電気，ガス，水道業	9.9	0.5	11.0	0.6	10.3	0.5
建設業	123.1	6.6	118.1	6.0	196.9	8.7
製造業	196.2	10.5	196.6	10.0	205.1	9.0
サービス生産業	1,443.2	77.6	1,572.8	80.0	1,770.6	78.1
卸売業	70.9	3.8	73.5	3.7	82.0	3.6
小売業	226.8	12.2	251.4	12.8	283.1	12.5
運輸，倉庫業	108.0	5.8	112.9	5.7	125.6	5.5
金融，保険，不動産，リース業	127.7	6.9	123.3	6.3	145.0	6.4
専門的技術的サービス	112.1	6.0	136.1	6.9	166.3	7.3
ビジネス，建物，他のサポートサービス	62.6	3.4	71.8	3.7	98.5	4.3
教育	120.3	6.5	139.3	7.1	156.1	6.9
医療，社会福祉	191.3	10.3	211.6	10.8	239.7	10.6
情報，文化，レクリエーション	88.6	4.8	106.0	5.4	117.8	5.2
宿泊，飲食業	142.2	7.6	162.5	8.3	172.7	7.6
その他のサービス	92.0	4.9	96.3	4.9	88.0	3.9
政府関連	100.7	5.4	88.1	4.5	95.9	4.2
全産業	1,860.5	100.0	1,965.0	100.0	2,266.3	100.0

(表 6-2)

アルバータ

	1997		2002		2007	
財生産業	402.7	27.7	462.2	27.7	557.0	28.4
農業	88.7	6.1	61.4	3.7	50.4	2.6
林業，漁業，鉱業，石油，ガス	88.9	6.1	95.8	5.7	151.0	7.7
電気，ガス，水道業	10.4	0.7	17.4	1.0	19.6	1.0
建設業	94.8	6.5	141.4	8.5	193.1	9.9
製造業	119.8	8.3	146.2	8.8	142.9	7.3
サービス生産業	1,048.7	72.3	1,208.6	72.3	1,402.4	71.6
卸売業	50.6	3.5	60.3	3.6	78.9	4.0
小売業	161.5	11.1	189.2	11.3	211.7	10.8
運輸，倉庫業	82.4	5.7	98.8	5.9	105.7	5.4
金融，保険，不動産，リース業	76.0	5.2	82.8	5.0	98.4	5.0
専門的技術的サービス	85.3	5.9	122.7	7.3	146.3	7.5
ビジネス，建物，他のサポートサービス	46.6	3.2	54.0	3.2	73.9	3.8
教育	94.5	6.5	110.0	6.6	130.0	6.6
医療，社会福祉	139.8	9.6	156.5	9.4	189.5	9.7
情報，文化，レクリエーション	61.7	4.3	70.3	4.2	76.2	3.9
宿泊，飲食業	101.4	7.0	117.6	7.0	116.8	6.0
その他のサービス	75.5	5.2	81.2	4.9	94.9	4.8
政府関連	73.4	5.1	65.1	3.9	80.1	4.1
全産業	1,451.4	100.0	1,670.8	100.0	1,959.4	100.0

サスカチュワン

	1997		2002		2007	
財生産業	141.0	30.2	121.3	25.9	132.8	26.5
農業	69.6	14.9	48.9	10.4	43.8	8.7
林業，漁業，鉱業，石油，ガス	16.4	3.5	15.4	3.3	22.1	4.4
電気，ガス，水道業	4.1	0.9	4.0	0.9	4.2	0.8
建設業	22.1	4.7	24.8	5.3	32.1	6.4
製造業	28.7	6.2	28.3	6.0	30.7	6.1
サービス生産業	325.2	69.8	347.0	74.1	368.9	73.5
卸売業	16.7	3.6	17.8	3.8	19.6	3.9
小売業	54.2	11.6	58.6	12.5	62.9	12.5
運輸，倉庫業	23.1	5.0	23.5	5.0	24.6	4.9
金融，保険，不動産，リース業	25.6	5.5	27.2	5.8	26.6	5.3
専門的技術的サービス	14.6	3.1	17.6	3.8	21.1	4.2
ビジネス，建物，他のサポートサービス	9.0	1.9	11.9	2.5	11.5	2.3
教育	32.1	6.9	35.7	7.6	40.2	8.0
医療，社会福祉	50.7	10.9	56.1	12.0	61.7	12.3
情報，文化，レクリエーション	17.7	3.8	17.7	3.8	19.9	4.0
宿泊，飲食業	28.2	6.0	31.8	6.8	30.8	6.1
その他のサービス	23.7	5.1	23.4	5.0	22.4	4.5
政府関連	29.6	6.3	26.0	5.6	27.7	5.5
全産業	466.2	100.0	468.3	100.0	501.8	100.0

(表6-2)

マニトバ

	1997		2002		2007	
財生産業	140.3	26.7	138.1	24.3	144.8	24.3
農業	41.0	7.8	30.8	5.4	28.7	4.8
林業，漁業，鉱業，石油，ガス	10.4	2.0	6.1	1.1	6.4	1.1
電気，ガス，水道業	4.8	0.9	6.4	1.1	5.4	0.9
建設業	24.2	4.6	26.0	4.6	33.8	5.7
製造業	59.9	11.4	68.8	12.1	70.6	11.8
サービス生産業	385.3	73.3	429.1	75.7	451.7	75.7
卸売業	16.9	3.2	18.4	3.2	21.1	3.5
小売業	61.4	11.7	68.5	12.1	68.3	11.5
運輸，倉庫業	33.2	6.3	36.4	6.4	34.3	5.8
金融，保険，不動産，リース業	27.5	5.2	30.3	5.3	34.9	5.9
専門的技術的サービス	22.6	4.3	24.3	4.3	25.4	4.3
ビジネス，建物，他のサポートサービス	14.3	2.7	18.7	3.3	17.1	2.9
教育	35.4	6.7	41.1	7.2	46.5	7.8
医療，社会福祉	62.3	11.9	73.0	12.9	79.8	13.4
情報，文化，レクリエーション	19.4	3.7	24.2	4.3	24.1	4.0
宿泊，飲食業	32.9	6.3	33.9	6.0	38.0	6.4
その他のサービス	23.0	4.4	25.1	4.4	24.8	4.2
政府関連	36.3	6.9	35.2	6.2	37.4	6.3
全産業	525.6	100.0	567.2	100.0	596.5	100.0

オンタリオ

	1997		2002		2007	
財生産業	1,404.4	26.5	1,603.0	26.6	1,552.4	23.5
農業	100.0	1.9	76.7	1.3	96.1	1.5
林業，漁業，鉱業，石油，ガス	40.7	0.8	34.9	0.6	34.8	0.5
電気，ガス，水道業	48.0	0.9	52.9	0.9	58.3	0.9
建設業	280.2	5.3	344.5	5.7	412.6	6.3
製造業	935.4	17.7	1,093.9	18.1	950.6	14.4
サービス生産業	3,887.0	73.5	4,428.4	73.4	5,041.4	76.5
卸売業	168.6	3.2	224.0	3.7	231.6	3.5
小売業	622.0	11.8	698.6	11.6	795.6	12.1
運輸，倉庫業	248.6	4.7	278.8	4.6	304.1	4.6
金融，保険，不動産，リース業	370.6	7.0	392.9	6.5	474.4	7.2
専門的技術的サービス	347.3	6.6	436.2	7.2	477.8	7.2
ビジネス，建物，他のサポートサービス	194.7	3.7	247.2	4.1	294.9	4.5
教育	342.1	6.5	369.3	6.1	466.1	7.1
医療，社会福祉	496.0	9.4	581.8	9.6	671.0	10.2
情報，文化，レクリエーション	248.2	4.7	298.2	4.9	328.2	5.0
宿泊，飲食業	318.3	6.0	361.3	6.0	399.7	6.1
その他のサービス	251.5	4.8	246.7	4.1	267.1	4.1
政府関連	279.0	5.3	293.1	4.9	331.0	5.0
全産業	5,291.4	100.0	6,031.4	100.0	6,593.8	100.0

(表6-2)

ケベック

	1997		2002		2007	
財生産業	837.0	26.4	934.4	26.2	872.1	22.6
農業	64.9	2.0	61.6	1.7	65.3	1.7
林業，漁業，鉱業，石油，ガス	40.8	1.3	40.4	1.1	35.8	0.9
電気，ガス，水道業	30.5	1.0	29.9	0.8	32.3	0.8
建設業	123.6	3.9	153.4	4.3	195.5	5.1
製造業	577.2	18.2	649.1	18.2	543.2	14.1
サービス生産業	2,335.8	73.6	2,635.5	73.8	2,979.6	77.4
卸売業	101.9	3.2	123.1	3.4	163.0	4.2
小売業	392.9	12.4	445.6	12.5	483.0	12.5
運輸，倉庫業	152.8	4.8	157.2	4.4	178.4	4.6
金融，保険，不動産，リース業	193.0	6.1	192.4	5.4	231.6	6.0
専門的技術的サービス	162.9	5.1	208.2	5.8	256.7	6.7
ビジネス，建物，他のサポートサービス	88.4	2.8	124.6	3.5	147.4	3.8
教育	221.8	7.0	235.5	6.6	259.3	6.7
医療，社会福祉	330.8	10.4	409.4	11.5	455.2	11.8
情報，文化，レクリエーション	132.4	4.2	158.1	4.4	171.9	4.5
宿泊，飲食業	189.8	6.0	205.4	5.8	236.5	6.1
その他のサービス	165.7	5.2	162.6	4.6	176.7	4.6
政府関連	203.4	6.4	213.4	6.0	219.8	5.7
全産業	3,172.8	100.0	3,569.9	100.0	3,851.7	100.0

ニュー・ブランズウィック

	1997		2002		2007	
財生産業	77.0	24.9	78.1	22.8	83.4	23.0
農業	6.5	2.1	5.3	1.5	6.3	1.7
林業，漁業，鉱業，石油，ガス	13.3	4.3	10.7	3.1	11.1	3.1
電気，ガス，水道業	3.0	1.0	4.7	1.4	4.1	1.1
建設業	18.6	6.0	19.7	5.7	24.0	6.6
製造業	35.6	11.5	37.7	11.0	37.9	10.4
サービス生産業	232.2	75.1	265.0	77.2	279.4	77.0
卸売業	9.2	3.0	10.8	3.1	11.7	3.2
小売業	42.8	13.8	44.3	12.9	45.6	12.6
運輸，倉庫業	18.2	5.9	20.0	5.8	19.1	5.3
金融，保険，不動産，リース業	14.0	4.5	15.2	4.4	16.4	4.5
専門的技術的サービス	10.5	3.4	14.4	4.2	15.5	4.3
ビジネス，建物，他のサポートサービス	9.2	3.0	19.1	5.6	20.2	5.6
教育	21.7	7.0	21.9	6.4	26.8	7.4
医療，社会福祉	36.7	11.9	42.7	12.4	48.0	13.2
情報，文化，レクリエーション	10.5	3.4	12.9	3.8	13.4	3.7
宿泊，飲食業	18.9	6.1	25.3	7.4	24.2	6.7
その他のサービス	18.3	5.9	17.3	5.0	17.1	4.7
政府関連	22.1	7.1	21.1	6.1	21.4	5.9
全産業	309.1	100.0	343.1	100.0	362.8	100.0

(表6-2)

ノヴァ・スコシア

	1997		2002		2007	
財生産業	82.2	21.5	90.0	21.3	88.2	19.7
農業	7.0	1.8	6.7	1.6	5.6	1.3
林業, 漁業, 鉱業, 石油, ガス	14.4	3.8	13.0	3.1	12.2	2.7
電気, ガス, 水道業	2.2	0.6	2.8	0.7	1.9	0.4
建設業	21.0	5.5	24.0	5.7	27.2	6.1
製造業	37.5	9.8	43.5	10.3	41.4	9.2
サービス生産業	299.8	78.5	332.9	78.7	359.4	80.3
卸売業	10.7	2.8	13.3	3.1	13.3	3.0
小売業	56.5	14.8	64.9	15.3	63.7	14.2
運輸, 倉庫業	16.4	4.3	20.3	4.8	18.4	4.1
金融, 保険, 不動産, リース業	21.7	5.7	21.5	5.1	23.2	5.2
専門的技術的サービス	15.1	4.0	17.4	4.1	17.5	3.9
ビジネス, 建物, 他のサポートサービス	12.5	3.3	21.5	5.1	27.1	6.1
教育	27.8	7.3	32.9	7.8	36.3	8.1
医療, 社会福祉	46.4	12.1	49.5	11.7	61.5	13.7
情報, 文化, レクリエーション	16.5	4.3	17.5	4.1	19.5	4.4
宿泊, 飲食業	25.6	6.7	30.0	7.1	30.2	6.7
その他のサービス	20.1	5.3	19.7	4.7	20.5	4.6
政府関連	30.4	8.0	24.5	5.8	28.1	6.3
全産業	382.0	100.0	422.9	100.0	447.6	100.0

プリンス・エドワード・アイランド

	1997		2002		2007	
財生産業	16.5	28.1	16.8	26.0	17.9	25.8
農業	4.1	7.0	3.8	5.9	3.6	5.2
林業, 漁業, 鉱業, 石油, ガス	2.6	4.4	2.6	4.0	2.4	3.5
電気, ガス, 水道業	x	x	0.3	0.5	0.3	0.4
建設業	4.5	7.7	4.3	6.6	5.0	7.2
製造業	5.3	9.0	5.8	9.0	6.7	9.7
サービス生産業	42.2	71.8	47.9	74.0	51.4	74.2
卸売業	1.4	2.4	1.1	1.7	1.1	1.6
小売業	7.6	12.9	8.0	12.4	9.4	13.6
運輸, 倉庫業	2.0	3.4	2.3	3.6	2.3	3.3
金融, 保険, 不動産, リース業	1.9	3.2	2.0	3.1	2.7	3.9
専門的技術的サービス	1.9	3.2	2.5	3.9	2.2	3.2
ビジネス, 建物, 他のサポートサービス	1.2	2.0	2.4	3.7	2.8	4.0
教育	4.1	7.0	4.5	7.0	4.7	6.8
医療, 社会福祉	6.7	11.4	7.4	11.4	8.3	12.0
情報, 文化, レクリエーション	2.2	3.7	2.9	4.5	2.7	3.9
宿泊, 飲食業	4.0	6.8	5.4	8.3	5.9	8.5
その他のサービス	3.7	6.3	3.2	4.9	2.8	4.0
政府関連	5.4	9.2	6.1	9.4	6.6	9.5
全産業	58.8	100.0	64.7	100.0	69.3	100.0

(表 6-2)

ニューファンドランド・アンド・ラブラドル

	1997		2002		2007	
財生産業	42.5	22.6	42.6	20.6	48.6	22.4
農業	1.2	0.6	1.1	0.5	1.3	0.6
林業，漁業，鉱業，石油，ガス	15.0	8.0	13.8	6.7	16.2	7.5
電気，ガス，水道業	2.2	1.2	2.5	1.2	1.7	0.8
建設業	8.9	4.7	9.3	4.5	13.5	6.2
製造業	15.2	8.1	16.0	7.7	15.9	7.3
サービス生産業	145.8	77.4	164.6	79.4	168.6	77.7
卸売業	4.1	2.2	5.8	2.8	4.3	2.0
小売業	29.2	15.5	32.1	15.5	32.6	15.0
運輸，倉庫業	9.7	5.2	10.4	5.0	10.2	4.7
金融，保険，不動産，リース業	7.2	3.8	7.4	3.6	7.3	3.4
専門的技術的サービス	5.6	3.0	7.7	3.7	8.2	3.8
ビジネス，建物，他のサポートサービス	3.4	1.8	8.4	4.1	8.6	4.0
教育	16.7	8.9	17.3	8.3	17.1	7.9
医療，社会福祉	27.6	14.7	29.3	14.1	31.5	14.5
情報，文化，レクリエーション	6.2	3.3	7.4	3.6	8.3	3.8
宿泊，飲食業	9.6	5.1	11.9	5.7	14.8	6.8
その他のサービス	9.5	5.0	10.7	5.2	9.3	4.3
政府関連	16.9	9.0	16.2	7.8	16.5	7.6
全産業	188.3	100.0	207.2	100.0	217.1	100.0

注）x は統計法の守秘義務により値が開示されていない．カナダ全体に関しては，第1章の表1-2と同じ．
出典）カナダの産業別就業者数は Statistics Canada, CANSIM Table 282-0008（2008年7月13日アクセス），州別の産業別就業者数は Statistics Canada, CANSIM Table 282-0008（2008年7月14日アクセス）から作成．

た．1997年の雇用者数の145万1,400人から50万人の増加をみているが，この2大部門別の従事者数の比率には大きな変化がみられない．2007年のサービス生産業の中では，小売業従事者の比率が最も高く10.8％で，次いで医療・社会福祉の9.7％であった．財生産業に関しては，1997年と2002年には製造業がそれぞれ8.3％，8.8％で，全体の中で第3位であった．しかし，2007年になると，原油価格の上昇とそれに伴うエネルギー産業の進展により建設ラッシュが続き，建設業従事者が9.9％，林業・漁業・鉱業・石油・ガス産業従事者が7.7％へと増加する一方，製造業は7.3％へと減少し第6位に後退した．

　サスカチュワン州の就業者数は1997年には46万6,200人であったが，2007年には50万1,800人へ増加した．1997年にはサービス生産業が全体の69.8％で，財生産業が30.2％であった．2007年にはサービス

生産業が73.5%へ増加し，財生産業の比率は26.5%へ減少した．個別にみていくと，1997年の最大就業者部門は農業の14.9%であった．しかし，農業の就業者数は絶対数でも6万9,600人から，2007年には4万3,800人へと減少し，比率でも14.9%から2007年には8.7%へと減少した．その反面，小売業就業者比率が11.6%から12.5%へ増加し，医療・社会福祉も10.9%から12.3%へと増加した．農業就業者数の減少をみたものの，他州に比較すると比率としては高く，実質GDPでの比重も大きかったことを合わせると，農業はサスカチュワン州の重要な産業であることがわかる．

マニトバ州の就業者数は1997年の52万5,600人から2007年の59万6,500人へと7万人増加した．産業部門別にみると，1997年から2007年にかけて第1位は医療・社会福祉で，2007年では全就業者の13.4%であった．小売業は1997年の第2位（11.7%）から2007年の第3位（11.5%）へと順位が後退した．逆に，製造業が1997年の第3位（11.4%）から2007年の第2位（11.8%）へと順位が入れ替わった．マニトバ州もサスカチュワン州と同様に農業就業者比率が他州に比較すると相対的に高く，1997年には7.8%であったが，2007年には4.8%へと減少し，絶対数も1997年の4万1,000人から2万8,700人へと減少した．しかし，カナダ全体の農業就業者比率の2.0%の2倍以上に達している．

オンタリオ州の就業者数は1997年には529万1,400人であったが，2007年には659万3,800人へと130万人の増加をみている．財生産業の比率が1997年から2007年にかけ26.5%から23.5%へと若干の減少があった反面，サービス生産業が73.5%から76.5%へと多少の増加があった．産業部門を個別にみると，製造業への就業者数が2002年の109万3,900人（18.1%）から2007年の95万600人（14.4%）へと減少したが，製造業への就業者については絶対数でもまたその比率でもカナダ第1位で，製造業の中心地であることを示している．

製造業に次いで2007年には小売業への就業者が79万5,600人の

12.1％を占め，第3位は医療・社会福祉の67万1,000人の10.2％であった．第4位以下は，専門的技術的サービスに47万7,800人（7.2％），金融・保険・不動産・リース業に47万4,400人（7.2％），教育に46万6,100人（7.1％）従業している．

ケベック州の就業者数は1997年には317万2,800人であったが，2007年には385万1,700人へと増加している．1997年から2007年には財生産業の比率が26.4％から22.6％へと減少した分，サービス生産業の比率が73.6％から77.4％へと増加している．個別の部門をみると，ケベック州もオンタリオ州と同様な傾向が見られ，製造業就業者は2002年には64万9,100人（18.2％）であったが，2007年には54万3,200人（14.1％）へと10万人減少したものの，製造業就業者の人数と比率がカナダの中では2番目に高く，両州のGDPの額と共に製造業の中心地域であることを示している．

製造業に次ぐ2007年の就業者は，小売業の48万3,000人（12.5％）と医療・社会福祉の45万5,200人（11.8％）であり，オンタリオ州と似た傾向を示している．第4位は教育の25万9,300人（6.7％）で，第5位は専門的技術サービスに25万6,700人（6.7％）が就業している．

大西洋カナダのニュー・ブランズウィック州においては，1997年から2007年にかけ就業者数は30万9,100人から36万2,800人へと5万人の増加をみた．同期間中，財生産業は相対的に24.9％から23.0％へ減少し，サービス生産業は75.1％から77.0％へと僅かに増加した．2007年では，医療・社会福祉就業者が13.2％（4万8,000人）の第1位で，次いで小売業の12.6％（4万5,600人）であった．製造業就業者は10.4％（3万7,900人）で第3位であった．第4位と第5位は教育（7.4％）と宿泊・飲食業（6.7％）であった．

隣接するノヴァ・スコシア州でも，1997年から2007年にかけて，38万2,000人から44万7,600人へと約6万5,000人就業者が増大した．同期間中，財生産業は21.5％から19.7％へと減少し，サービス生産業が78.5％から80.3％へと僅かに増加した．2007年の産業別就業者数

は，小売業が 14.2%（6 万 3,700 人），医療・社会福祉が 13.7%（6 万 1,500 人），製造業が 9.2%（4 万 1,400 人），教育が 8.1%（3 万 6,300 人）を占めた．

　人口規模が 10 州の中で最小の PEI 州の就業者数は 1997 年の 5 万 8,800 人から約 1 万人増加し，2007 年に 6 万 9,300 人となった．2007 年の財生産業の就業者比率は 25.8% で，サービス生産業は 74.2% であった．産業別の順位では，1997 年と 2002 年が同様な傾向を示し，小売業，医療・社会福祉に続き政府関連が第 3 位で，第 4 位に製造業となっていた．しかし，2007 年の順位では，小売業が 13.6%，医療・社会福祉が 12.0%，製造業が 9.7% と製造業就業者の割合が増え，政府関連は 9.5% で第 4 位と製造業と順位が入れ替わった．また，農業就業者の絶対数は少ないものの，1997 年の 7.0%，2002 年の 5.9%，2007 年の 5.2% はカナダ全体の 3.0%，2.1%，2.0% と比較して，相対的には大きい点が特徴として挙げられる．

　ニューファンドランド州の就業人口は 1997 年の 18 万 8,300 人から 2007 年の 21 万 7,100 人へと 3 万人弱の増加をみた．2007 年の財生産業の比率は 22.4% であり，サービス生産業は 77.7% であった．産業別にみると 1997 年はサービス生産業では順に小売業（15.5%），医療・社会福祉（14.7%），政府関連（9.0%），教育（8.9%）が占める比率が高く，財生産業では製造業が 8.1%，林業・漁業・鉱業・石油・ガスが占める比率は 8.0% であった．2007 年のサービス生産業は順に小売業（15.0%），医療・社会福祉（14.5%），教育（7.9%），政府関連（7.6%）となった．財政産業では，林業・漁業・鉱業・石油・ガスが 7.5%，製造業が 7.3% であった．2007 年の林業・漁業・鉱業・石油・ガスが 7.5% とカナダ全体の同部門の 2.0% と比較して高い比率を示しているのは，ニューファンドランド州では「タラ」が枯渇するまでは漁業が盛況であったこと，また近年は沖合に油田が発見されたことにより石油・ガス産業に従事する人が多いためと解釈される．

　10 州の産業別就業者数に関する全体的特徴は，いずれの州も財生産業

への就業が2割から3割，サービス生産業への就業が7割から8割を示していることであり，小売業と医療・社会福祉は各州とも上位3位に入っていた．特に製造業の比率が高かったのはオンタリオ州とケベック州であった．農業従事者の比率が最も高かったのはサスカチュワン州で，マニトバ州やPEI州も高かった．林業・漁業・鉱業・石油・ガスへの就業者の比率が高かったのは，アルバータ州とニューファンドランド州であった．建設業の比率が2007年に高くなったのはアルバータ州とBC州であった．PEI州，ニューファンドランド州，ノヴァ・スコシア州では政府関連や教育の比率の高さが他州よりも特徴的であった．

6.2 牽引役の州のマイナス成長——2008年の経済不況の影響

　この節では，経済不況の影響が各州にどの程度現われているかを，州ごとの実質GDP成長率や失業率を指標として見てみたい．そして，どの産業が実質GDP成長率や失業率にプラス，あるいはマイナスに作用しているのかを明らかにしたい．

　図6-3は2007年と2008年のカナダの州別実質GDP成長率を示したものである．2007年のカナダ全体の実質GDP成長率は2.7%であった．カナダ全体を上回る州としては，ニューファンドランド州の年率9.1%を最高に，マニトバ州（3.3%），アルバータ州（3.1%），BC州（3.0%）の4州が存在した．他の6州は，ケベック州（2.6%）以下，サスカチュワン州（2.5%），PEI州（2.4%），オンタリオ州（2.3%），ニュー・ブランズウィック州（1.7%），ノヴァ・スコシア州（1.7%）であった．沿海2州の成長率は10州の中でも1.7%と低かったが，前年比ではどの州の実質GDPをみても経済成長していたことがわかる．

　2008年のカナダ全体の実質GDP成長率は0.5%であったが，これは1997年から2007年の間で最低を記録した2001年の1.8%を大きく下回るものであった．州ごとの実質GDP成長率をみると，1997年から2007年には見られなかった現象が現われた．サスカチュワン州の4.4%

第6章　州別の国内総生産と雇用——117

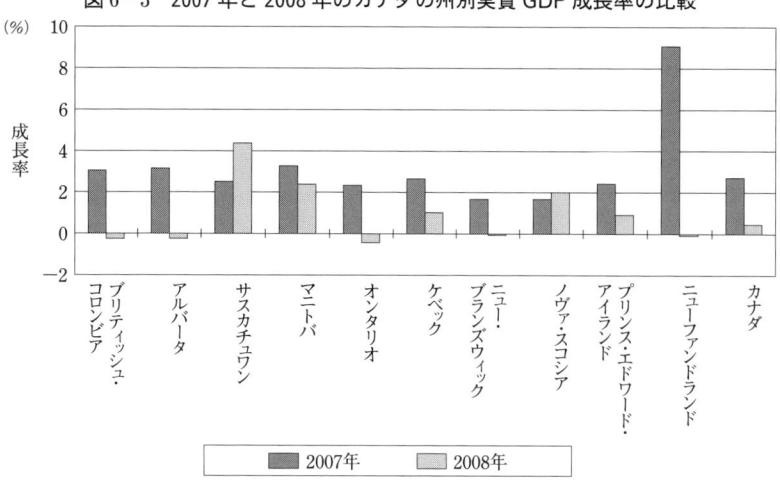

図6-3　2007年と2008年のカナダの州別実質GDP成長率の比較

出典）Statisitics Canada, CANSIM Table 384-0002（2009年10月7日アクセス）.

を筆頭に，マニトバ州（2.4%），ノヴァ・スコシア州（2.0%），ケベック州（1.0%），PEI州（0.9%）の5州は，カナダ全体の実質GDP成長率を上回り，前年に比べて実質GDPが伸びた．しかし，オンタリオ州（−0.4%），BC州（−0.3%），アルバータ州（−0.2%），ニューファンドランド州（−0.1%），ニュー・ブランズウィック州（−0.02%）の5州の経済成長はマイナスに落ち込んだ．

特に，1997年から2002年まで連続して実質GDPの成長率がカナダ全体の成長率を上回り，カナダ経済を牽引してきたオンタリオ州が一番経済不況を被っている．また，2003年から2007年にカナダ経済の成長に寄与してきたアルバータ州とBC州が，同様に，経済不況の影響を被っていることが明らかとなった．GDPへの寄与度の点で，カナダ経済の中心とも言われる4州のうち，ケベック州のみは不況の影響が小さかったが，他の3州には明確な影響が現われた．さらに，2007年には9.1%と高い実質GDP成長率を示したニューファンドランド州も−0.1%を示し，不況の影響が多々あったことを示している．

表6-3は2007年と2008年のカナダ全体および10州の産業別実質

GDP の内訳を表わしている[14]．カナダ全体では，実質 GDP は 0.5% 伸びたが，その内訳をみるとサービス生産業が 2.1% の増加であったのに対し，財生産業は－2.7% と減少を示した．部門別では，小売業（3.0%），政府関係（2.9%），教育（2.8%），ヘルスケア・社会福祉（2.8%）が伸びた．一方，製造業（－5.2%），鉱業・オイル・ガス（－3.5%），農林水産業（－2.0%），電気・ガス・水道業（－0.7%）と，建設業を除く財生産業がすべてマイナス成長を示した．

前節で各州の経済基盤がそれぞれ異なることを示した．今回の不況が 2008 年の各州の GDP にどのように影響を与えたのかを，同表を用いて詳しく分析したい．まず，BC 州では，建設業は 4.2% と伸びている．一時は，2010 年の冬季オリンピック選手村の完成も危ぶまれたが，その後着々とオリンピックに向けて施設等の建設が進んだ．政府関連も 3.8%，また，ヘルスケア・社会福祉も 3.1% と伸びている．それに反し，農林水産業は－14.7%，製造業は－10.5% と 2 桁のマイナス成長を示している．農林水産業の中では，林業の前年比が－18.4%，また，製造業の中では木材製品が－21.4% を示している[15]．BC 州はアメリカへ住宅用の

---

14) 図 6-3 の出典である CANSIM Table 384-0002 は，支出ベースの州の economic accounts による実質 GDP を表わしている．一方，表 6-3 の出典の CANSIM Table 379-0025 は州の産業別（North American Industry Classification System）の実質 GDP を表わしている．Table 384-0002 は，毎年春に暫定的な値が示され，一方，国の income and expenditure accounts は秋に修正される．その間，両者の間には差が生じているという注意書きが存在する（CANSIM Table 384-0002 の脚注による（2009 年 10 月 7 日アクセス））．また，カナダ統計局は，適宜，直近の値を修正しているため，前の表 6-1 の州別の実質 GDP の 2007 年の値と表 6-3 の 2007 年の値は一致しておらず，さらに Table 384-0002 の実質成長率の値と Table 379-0025 の実質成長率（前年比）の値も若干食い違っている．

15) Statistics Canada, CANSIM Table 379-0025（2009 年 10 月 21 日アクセス）から算出．州のより詳細な産業別 GDP の数値では，統計法の守秘義務により，値が開示されていないことが多い．そのため，実際には実質 GDP に大きく正・負の影響を与えていても，表には「x」と表記されているため，網羅することが技術的にできない．以下，詳細な産業別 GDP の数値は CANSIM Table 379-0025 による．

第6章 州別の国内総生産と雇用

表6-3 2007年と2008年のカナダの州別の産業別国内総生産

(単位:2002年連鎖百万ドル, %)

カナダ

	2007	2008	2008年の%	前年比
財生産業	374,126	363,863	29.6	-2.7
農林水産業	26,478	25,945	2.1	-2.0
鉱業・オイル・ガス	57,288	55,305	4.5	-3.5
電気・ガス・水道業	31,344	31,137	2.5	-0.7
建設業	72,890	74,852	6.1	2.7
製造業	185,311	175,609	14.3	-5.2
サービス生産業	846,591	864,371	70.4	2.1
卸売業	70,256	70,390	5.7	0.2
小売業	72,391	74,570	6.1	3.0
運輸・倉庫業	56,624	56,756	4.6	0.2
情報・文化産業	44,349	45,114	3.7	1.7
金融・保険業, 不動産業, 企業経営	240,536	246,941	20.1	2.7
専門・技術的サービス業	57,874	58,505	4.8	1.1
オフィス管理・廃棄物処理業	30,948	31,109	2.5	0.5
教育	58,863	60,522	4.9	2.8
ヘルスケア・社会福祉	77,035	79,227	6.5	2.8
芸術・娯楽・レクリエーション	11,716	11,727	1.0	0.1
宿泊・飲食業	27,146	27,742	2.3	2.2
その他サービス業	31,542	32,518	2.6	3.1
政府関係	67,463	69,417	5.7	2.9
全産業	1,219,327	1,225,825	100.0	0.5

ブリティッシュ・コロンビア

	2007	2008	2008年の%	前年比
農林水産業	4,555	3,885	2.6	-14.7
鉱業・オイル・ガス	4,474	4,355	2.9	-2.7
電気・ガス・水道業	3,316	3,185	2.1	-4.0
建設業	8,996	9,370	6.2	4.2
製造業	15,593	13,955	9.3	-10.5
卸売業	7,931	7,647	5.1	-3.6
小売業	10,031	10,091	6.7	0.6
運輸・倉庫業	9,691	9,717	6.5	0.3
情報・文化産業	5,576	5,702	3.8	2.3
金融・保険業, 不動産業, 企業経営	34,521	35,327	23.5	2.3
専門・技術的サービス業	6,913	7,014	4.7	1.5
オフィス管理・廃棄物処理業	3,344	3,422	2.3	2.3
教育	7,744	7,968	5.3	2.9
ヘルスケア・社会福祉	9,560	9,855	6.6	3.1
芸術・娯楽・レクリエーション	1,866	1,852	1.2	-0.7
宿泊・飲食業	4,572	4,618	3.1	1.0
その他サービス業	4,535	4,638	3.1	2.3
政府関係	7,560	7,846	5.2	3.8
全産業	150,412	150,239	100.0	-0.1

(表6-3)

アルバータ

	2007	2008	2008年の%	前年比
農林水産業	4,777	4,941	2.7	3.4
鉱業・オイル・ガス	34,904	33,122	18.1	-5.1
電気・ガス・水道業	3,725	3,713	2.0	-0.3
建設業	15,168	15,068	8.2	-0.7
製造業	16,832	16,472	9.0	-2.1
卸売業	10,102	10,464	5.7	3.6
小売業	9,316	9,508	5.2	2.1
運輸・倉庫業	9,889	9,850	5.4	-0.4
情報・文化産業	4,903	5,010	2.7	2.2
金融・保険業，不動産業，企業経営	28,316	29,546	16.1	4.3
専門・技術的サービス業	9,232	9,279	5.1	0.5
オフィス管理・廃棄物処理業	3,720	3,810	2.1	2.4
教育	6,940	7,216	3.9	4.0
ヘルスケア・社会福祉	8,250	8,683	4.7	5.2
芸術・娯楽・レクリエーション	1,149	1,129	0.6	-1.8
宿泊・飲食業	4,007	4,104	2.2	2.4
その他サービス業	4,430	4,627	2.5	4.5
政府関係	6,605	6,937	3.8	5.0
全産業	179,064	178,711	100.0	-0.2

サスカチュワン

	2007	2008	2008年の%	前年比
農林水産業	3,790	4,407	10.9	16.3
鉱業・オイル・ガス	5,490	5,525	13.7	0.6
電気・ガス・水道業	978	968	2.4	-1.1
建設業	2,145	2,481	6.2	15.7
製造業	2,851	3,010	7.5	5.6
卸売業	2,407	2,635	6.5	9.5
小売業	2,179	2,373	5.9	8.9
運輸・倉庫業	2,284	2,258	5.6	-1.2
情報・文化産業	955	988	2.5	3.4
金融・保険業，不動産業，企業経営	5,746	5,964	14.8	3.8
専門・技術的サービス業	734	737	1.8	0.5
オフィス管理・廃棄物処理業	420	428	1.1	1.8
教育	1,913	1,979	4.9	3.4
ヘルスケア・社会福祉	2,355	2,422	6.0	2.8
芸術・娯楽・レクリエーション	318	330	0.8	3.8
宿泊・飲食業	748	792	2.0	5.8
その他サービス業	956	1,000	2.5	4.7
政府関係	1,921	1,962	4.9	2.1
全産業	37,731	39,460	100.0	4.6

(表6-3)

	マニトバ			
	2007	2008	2008年の%	前年比
農林水産業	1,743	1,850	4.7	6.1
鉱業・オイル・ガス	665	631	1.6	-5.2
電気・ガス・水道業	1,564	1,562	4.0	-0.2
建設業	1,890	2,148	5.5	13.7
製造業	4,967	5,011	12.7	0.9
卸売業	2,258	2,322	5.9	2.8
小売業	2,640	2,787	7.1	5.5
運輸・倉庫業	2,668	2,658	6.8	-0.3
情報・文化産業	1,190	1,207	3.1	1.4
金融・保険業, 不動産業, 企業経営	7,037	7,211	18.3	2.5
専門・技術的サービス業	978	987	2.5	1.0
オフィス管理・廃棄物処理業	689	686	1.7	-0.5
教育	1,996	2,059	5.2	3.2
ヘルスケア・社会福祉	3,088	3,157	8.0	2.2
芸術・娯楽・レクリエーション	376	385	1.0	2.3
宿泊・飲食業	797	813	2.1	2.1
その他サービス業	1,120	1,159	2.9	3.5
政府関係	2,629	2,685	6.8	2.1
全産業	38,307	39,256	100.0	2.5

	オンタリオ			
	2007	2008	2008年の%	前年比
農林水産業	5,080	5,128	1.0	1.0
鉱業・オイル・ガス	2,582	2,727	0.6	5.6
電気・ガス・水道業	9,931	9,996	2.0	0.7
建設業	26,148	25,625	5.2	-2.0
製造業	92,173	85,368	17.4	-7.4
卸売業	31,322	30,950	6.3	-1.2
小売業	27,506	28,187	5.8	2.5
運輸・倉庫業	18,697	18,611	3.8	-0.5
情報・文化産業	19,617	19,885	4.1	1.4
金融・保険業, 不動産業, 企業経営	110,660	112,807	23.1	1.9
専門・技術的サービス業	27,028	27,214	5.6	0.7
オフィス管理・廃棄物処理業	14,860	14,724	3.0	-0.9
教育	23,452	23,986	4.9	2.3
ヘルスケア・社会福祉	29,997	30,621	6.3	2.1
芸術・娯楽・レクリエーション	4,791	4,795	1.0	0.1
宿泊・飲食業	9,808	10,002	2.0	2.0
その他サービス業	12,264	12,610	2.6	2.8
政府関係	25,380	26,007	5.3	2.5
全産業	492,897	491,833	100.0	-0.2

(表6-3)

ケベック

	2007	2008	2008年の%	前年比
農林水産業	4,270	3,949	1.6	-7.5
鉱業・オイル・ガス	1,079	1,106	0.4	2.6
電気・ガス・水道業	9,852	9,731	3.9	-1.2
建設業	13,880	14,845	6.0	7.0
製造業	46,558	45,366	18.3	-2.6
卸売業	13,262	13,338	5.4	0.6
小売業	16,017	16,722	6.7	4.4
運輸・倉庫業	10,390	10,490	4.2	1.0
情報・文化産業	9,575	9,668	3.9	1.0
金融・保険業,不動産業,企業経営	41,812	42,803	17.3	2.4
専門・技術的サービス業	10,907	11,084	4.5	1.6
オフィス管理・廃棄物処理業	6,552	6,575	2.7	0.4
教育	12,686	12,983	5.2	2.3
ヘルスケア・社会福祉	17,883	18,320	7.4	2.4
芸術・娯楽・レクリエーション	2,787	2,791	1.1	0.1
宿泊・飲食業	5,581	5,714	2.3	2.4
その他サービス業	6,477	6,617	2.7	2.2
政府関係	15,509	15,857	6.4	2.2
全産業	245,221	248,270	100.0	1.2

ニュー・ブランズウィック

	2007	2008	2008年の%	前年比
農林水産業	820	702	3.3	-14.4
鉱業・オイル・ガス	204	215	1.0	5.4
電気・ガス・水道業	756	711	3.3	-6.0
建設業	1,535	1,574	7.4	2.6
製造業	2,692	2,520	11.8	-6.4
卸売業	1,184	1,153	5.4	-2.6
小売業	1,456	1,516	7.1	4.1
運輸・倉庫業	1,082	1,075	5.0	-0.6
情報・文化産業	772	785	3.7	1.6
金融・保険業,不動産業,企業経営	3,813	3,917	18.3	2.7
専門・技術的サービス業	618	625	2.9	1.2
オフィス管理・廃棄物処理業	503	513	2.4	2.0
教育	1,122	1,144	5.3	2.0
ヘルスケア・社会福祉	1,646	1,693	7.9	2.9
芸術・娯楽・レクリエーション	137	136	0.6	-0.7
宿泊・飲食業	472	485	2.3	2.7
その他サービス業	551	565	2.6	2.6
政府関係	2,034	2,082	9.7	2.4
全産業	21,359	21,384	100.0	0.1

(表6-3)

ノヴァ・スコシア				
	2007	2008	2008年の%	前年比
農林水産業	680	684	2.5	0.7
鉱業・オイル・ガス	799	836	3.1	4.5
電気・ガス・水道業	600	588	2.2	-2.1
建設業	1,562	1,656	6.1	6.1
製造業	2,892	2,866	10.6	-0.9
卸売業	1,151	1,169	4.3	1.6
小売業	1,814	1,867	6.9	2.9
運輸・倉庫業	1,044	1,080	4.0	3.5
情報・文化産業	949	959	3.5	1.0
金融・保険業, 不動産業, 企業経営	5,506	5,663	20.9	2.8
専門・技術的サービス業	867	873	3.2	0.7
オフィス管理・廃棄物処理業	614	630	2.3	2.7
教育	1,577	1,613	5.9	2.3
ヘルスケア・社会福祉	2,273	2,329	8.6	2.5
芸術・娯楽・レクリエーション	187	183	0.7	-2.0
宿泊・飲食業	620	634	2.3	2.3
その他サービス業	648	663	2.4	2.3
政府関係	2,787	2,846	10.5	2.1
全産業	26,467	27,048	100.0	2.2

プリンス・エドワード・アイランド				
	2007	2008	2008年の%	前年比
農林水産業	324	319	8.4	-1.5
鉱業・オイル・ガス	0	0	0.0	0.0
電気・ガス・水道業	45	45	1.2	-0.2
建設業	181	181	4.8	0.1
製造業	454	443	11.7	-2.4
卸売業	108	106	2.8	-1.5
小売業	267	275	7.3	2.9
運輸・倉庫業	89	90	2.4	1.2
情報・文化産業	125	127	3.3	1.5
金融・保険業, 不動産業, 企業経営	683	692	18.3	1.4
専門・技術的サービス業	82	83	2.2	0.4
オフィス管理・廃棄物処理業	63	65	1.7	2.7
教育	249	256	6.8	3.1
ヘルスケア・社会福祉	348	351	9.3	1.1
芸術・娯楽・レクリエーション	40	40	1.1	-0.5
宿泊・飲食業	125	126	3.3	0.7
その他サービス業	96	99	2.6	3.2
政府関係	469	482	12.8	2.8
全産業	3,756	3,793	100.0	1.0

(表6-3)

ニューファンドランド・アンド・ラブラドル				
	2007	2008	2008年の%	前年比
農林水産業	359	391	2.2	9.1
鉱業・オイル・ガス	5,636	5,414	30.5	-3.9
電気・ガス・水道業	544	554	3.1	1.9
建設業	680	697	3.9	2.4
製造業	839	900	5.1	7.2
卸売業	526	548	3.1	4.1
小売業	928	986	5.5	6.3
運輸・倉庫業	514	525	3.0	2.2
情報・文化産業	506	514	2.9	1.5
金融・保険業, 不動産業, 企業経営	2,132	2,210	12.4	3.7
専門・技術的サービス業	431	439	2.5	1.9
オフィス管理・廃棄物処理業	193	196	1.1	1.4
教育	951	984	5.5	3.5
ヘルスケア・社会福祉	1,323	1,373	7.7	3.8
芸術・娯楽・レクリエーション	55	56	0.3	0.7
宿泊・飲食業	302	307	1.7	1.5
その他サービス業	332	344	1.9	3.7
政府関係	1,294	1,325	7.5	2.4
全産業	18,011	17,999	100.0	-0.1

注) 2002年連鎖ドルを使用しているため，各項目の合計と全産業の値は一致していない．2008年の％は全項目を合計したものに対する割合として算出している．また，州の2008年の％および前年比は，十万ドルの位まで含めた数値を用いて算出しているため，表中の数値を用いて計算した結果とは必ずしも一致しない．州別のGDPでは金融・保険業，不動産業，および企業経営（持株会社）は，一括した数値のみが示されている．なお，カナダのGDPには財生産業とサービス生産業の値が掲載されているが，州別GDPには財生産業とサービス生産業の区別がなく，それぞれの値は掲載されていない．

出典) カナダのGDPはStatistics Canada, CANSIM Table 379-0027, 州別GDPは同CANSIM Table 379-0025 (2009年10月15日アクセス)．

木材を従来輸出してきたが，アメリカのサブプライム・ローン問題に端を発する住宅需要の落ち込みは，そのままBC州産の住宅用木材需要に対する減少となって顕著に現われている．

　アルバータ州では，ヘルスケア・社会福祉（5.2％），政府関係（5.0％），金融保険・不動産業（4.3％）などが実質GDP成長に貢献した．しかし，州の経済基盤である鉱業・オイル・ガスが-5.1％，製造業が-2.1％，芸術・娯楽・レクリエーションが-1.8％を示した．鉱業・オイル・ガスの中では，オイル・ガス採掘部門が-5.3％，製造業の中では基礎的化学品製造部門が-7.6％を示した．アルバータ州の経済基盤は

石油産業に大きく依存しており，原油価格の高騰や下落，また石油に対する需要の変化に影響を受けやすいという，資源依存型経済の特徴を具現化している．

　穀倉地帯のサスカチュワン州は経済成長の点で，2008年はカナダ全体を牽引する州となった．特に，農林水産業は16.3%，建設業で15.7%，卸売業で9.5%，小売業で8.9%と高い成長率を示した．農林水産業の中では，穀物・畜産部門が17.1%の伸びを示した．サスカチュワン州でマイナスを示したのはわずか2部門で，それも運輸・倉庫業（−1.2%）と電気・ガス・水道業（−1.1%）であった．

　同じく穀倉地帯のマニトバ州も2008年はカナダ経済の牽引州となった．建設業は13.7%，農林水産業は6.1%，小売業は5.5%の実質GDP成長率を示した．農林水産業の中では，穀物・畜産部門が7.3%の伸びを示した．マニトバ州でのマイナス成長は4部門で，鉱業・オイル・ガスが−5.2%を示す一方，オフィス管理・廃棄物処理業（−0.5%），運輸・倉庫業（−0.3%），電気・ガス・水道業（−0.2%）の3部門は，2007年と比較して若干減少した程度であった．

　2008年はこれまでと様相を一変し，今までカナダ経済を牽引してきた最大のオンタリオ州が，マイナスの経済成長を記録した．鉱業・オイル・ガス（5.6%），小売業（2.5%），政府関係（2.5%）は実質GDPの成長に寄与した．しかし，オンタリオ州の基幹産業の一つである製造業が−7.4%を示し，製造業の落ち込みが絶対額でも前年比でもかなり大きい．製造業の中では，自動車（−21.8%），自動車の車体とトレーラー（−36.5%），自動車部品（−23.0%），プラスチック製品（−14.3%）と自動車関連製品のマイナス成長が際立っている．さらに，建設業は−2.0%であり卸売業も−1.2%を示した．

　オンタリオ州と並んでカナダの製造業の中心州であるケベック州は，州全体としては2008年のオンタリオ州ほどの経済低迷を経験していない．建設業は7.0%，小売業は4.4%，鉱業・オイル・ガスは2.6%の成長を示した．しかし，農林水産業は−7.5%を，製造業は−2.6%を示した．

農林水産業では，林業が−14.1％ならびに穀物・畜産部門が−5.5％であった．製造業では，木材製品の−13.8％とパルプ・紙の−10.2％で，マイナスが大きかった．自動車関連製造業はほとんどがオンタリオ州に立地しているため，この部門の不況の影響を被ることはなかった．むしろ，輸送機でもケベック州の航空機とその部品部門は，13.9％の伸びを示した．

大西洋カナダのニュー・ブランズウィック州では，実質GDPは全体として前年とほとんど変化していない（0.1％の増加）．部門別に見ると，鉱業・オイル・ガス（5.4％），小売業（4.1％），ヘルスケア・社会福祉（2.9％）がプラスの経済成長を示した．しかし，農林水産業は−14.4％，製造業が−6.4％，電気・ガス・水道業が−6.0％と，マイナス成長の部門もみられた．農林水産業の中では，林業が−27.2％，穀物・畜産部門が−10.9％を示し，製造業の中では，木材製品が−23.2％を示した．ニュー・ブランズウィック州からもアメリカへ木材製品が輸出されており，アメリカでの住宅需要の低迷の影響を受けたものと推察される．

ノヴァ・スコシア州も2008年にはカナダ経済の成長に寄与した第3位の州であり，例年とは異なったパターンを見せている．実質GDP成長への寄与度が高かったのは，建設業（6.1％），鉱業・オイル・ガス（4.5％），運輸・倉庫業（3.5％）であった．統計上の守秘義務により，鉱業・オイル・ガスの内訳は公表されていない．マイナス成長であったのは，電気・ガス・水道業（−2.1％），芸術・娯楽・レクリエーション（−2.0％），製造業（−0.9％）の3部門であった．

PEI州の実質GDPは前年比1.0％のプラスで，部門別には教育（3.1％），小売業（2.9％），政府関係（2.8％）とサービス生産業の寄与が目立った．一方，製造業（−2.4％），農林水産業（−1.5％），卸売業（−1.5％）等がマイナス成長であった．農林水産業の中では，漁業が13.8％のプラス成長であった反面，穀物・畜産部門が−8.1％であった．製造業については，詳細なデータが公表されていない．

ニューファンドランド州の実質GDPは前年比で−0.1％であった．部

門別では，農林水産業（9.1％），製造業（7.2％），ならびに小売業（6.3％）の経済成長への寄与率が高かった．特に，農林水産業の中では漁業の13.0％の寄与率が大きかった．製造業の中では，シーフード加工食品が25.1％の伸びを示した．同州の産業別で唯一マイナスを示している鉱業・オイル・ガス（−3.9％）であるが，統計法上の守秘義務により情報公開がなされていないため，マイナスとなっている部門が原油・ガス採掘なのか，石炭鉱業なのか，金属鉱業なのか区別がつかない．

　2008年度の州別実質GDPの特徴は従来といくつかの点で異なる．従来カナダ経済の牽引の役割を果たしてきたオンタリオ州，アルバータ州，BC州が軒並みマイナス成長となっている．特に，オンタリオ州の製造業（自動車関連産業）やBC州の林業および製造業（木材製品）は，アメリカでのこれらの製品に対する需要低迷を反映して，生産も落ち込んだ．ケベック州は，全体として経済は大きく落ち込まなかったが，林業や木材製品の生産は減少した．一方，穀倉地帯のサスカチュワン州やマニトバ州は，農林水産業（特に，穀物・畜産部門）が安定して伸び，州の経済成長へ貢献した．また，沿海州やニューファンドランド州では，ノヴァ・スコシア州の健闘がみられ，その他の州は前年度の実質GDPを保つか，または多少の減少で済んでいる．例年，オンタリオ州，ケベック州，アルバータ州，BC州の経済の規模や成長率と比べて，比較的目立たない他の6州が，地道な経済成長もしくは前年の経済規模を維持したことは注目に値する．

　次に，州別の失業率と産業別就業者数の変化から，2008年の経済不況の影響が各州にどのように現われているか，その特徴を指摘したい．

　図6-4は2008年1月から2009年6月までの月ごとのカナダの州別失業率（季節調整済み）を示したものである．カナダ全体の失業率は，2008年1月は5.8％であったが，2009年6月には8.6％にまで上昇している．すべての州の失業率がこの期間中に上昇した．この期間中，カナダ全体の失業率を上回った州は，失業率の高い順にニューファンドランド州（2008年1月の12.4％から2009年6月の15.6％），PEI州（同様に10.6％から12.2％），ニュー・ブランズウィック州（8.4％から

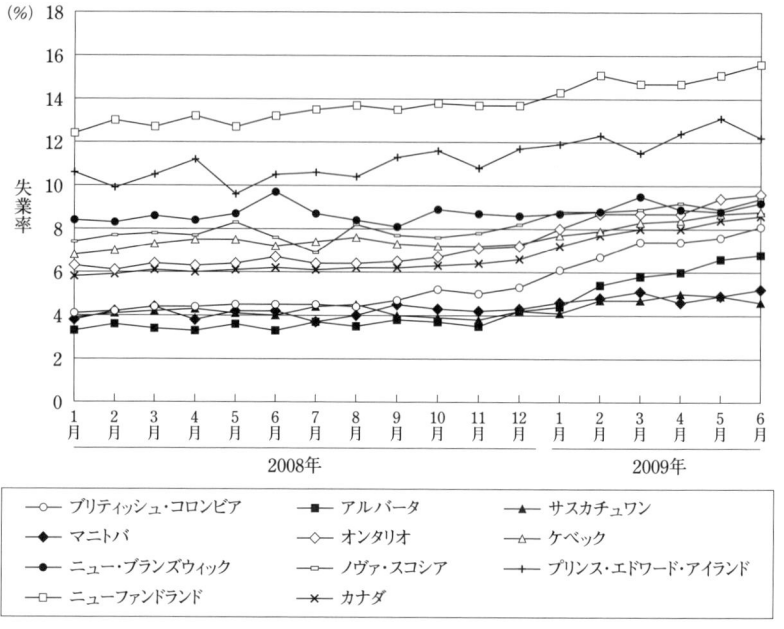

図 6-4 2008 年 1 月から 2009 年 6 月までの月ごとのカナダの州別失業率（季節調整済み）

出典) Statistics Canada, CANSIM Table 282-0087（2009 年 10 月 8 日アクセス）．2009 年 6 月の失業率は，Statisitics Canada, *The Daily*, July 10, 2009, pp. 1, 6-7 による．

9.2%），ノヴァ・スコシア州（7.4% から 9.4%），ケベック州（6.8% から 8.8%），オンタリオ州（6.3% から 9.6%）であった．大西洋カナダ 4 州と，工業の中心地である中央カナダ 2 州の失業率が高いことが特徴となっている．また，2009 年 5 月と 6 月には，オンタリオ州の失業率が増加し，10 州の中で第 3 位となったことも特筆に価する．

一方，この期間中，カナダ全体の失業率を下回ったところは 4 州あった．ほぼ恒常的に低かったのは，サスカチュワン州（3.9% から 4.6%）とマニトバ州（3.8% から 5.2%）であった．BC 州は 4.1% から 8.1% へとカナダ全体の値 8.6% に迫る勢いで，失業率が上昇した．さらに，アルバータ州は 2008 年 1 月には 3.3% とカナダの 10 州の中で一番失業率が低かったにもかかわらず，2009 年 6 月には 6.8% まで上昇した．失

業率が相対的に低かった州は，BC 州と平原 3 州のカナダの西部 4 州であった．カナダの失業率に関しては，「西部が低く，オンタリオ州を含む東部が高い」と集約できる状況になっている．

　表 6-4 は 2007 年と 2008 年の各州の産業別就業者数を表わしたものである．同表には 2008 年の就業者の構成比（％）が示されているが，それよりも前年比に着目して，各産業の就業者数の増減から今回の経済不況の影響の把握に努めたい．なお，失業率は月ごとの統計を用いているが，産業別就業者数は年ごとの統計を用いているため，経済不況の影響を敏感に反映していない点を予めお断りしておきたい．

　カナダ全体では 2008 年の全就業者数は 1,712 万 5,800 人と前年より 1.5％ の伸びを示した．財生産業の就業者数は 402 万 1,300 人で，前年より 0.7％ の増加をみた．また，サービス生産業では 1,310 万 4,500 人で，前年に比較すると 1.8％ 増加した．しかし，財生産業では電気・ガス・水道業（10.0％）と建設業（8.7％）の就業者数が増加した一方，製造業（-3.6％），特に耐久消費財製造業（-4.6％）の就業者数の減少が目立った．農業（-3.0％）も就業者数が減少した．林業・漁業・鉱業・石油・ガスは全体としては前年比 0.2％ の伸びを示したが，林業は -10.6％，漁業は -9.5％ と就業者数が減少した反面，鉱業・石油・ガスは 3.7％ の増加であった．

　サービス生産業についても，産業によって増減がみられた．政府関連（7.1％），専門的技術的サービス（5.6％）や運輸・倉庫業（4.2％）は就業者数の増加をみたが，情報・文化・レクリエーション（-2.9％），不動産・リース業（-2.5％）やビジネス・建物・他のサポートサービス（-2.2％）は就業者数が減少した．

　BC 州では就業者数の増減が産業によってかなり極端に現われた．州全体の就業者数は 231 万 4,300 人と前年に比べ 2.1％ 増加した．財生産業は 1.2％，サービス生産業は 2.4％ の伸びであった．内訳を見ると，電気・ガス・水道業は 37.9％，建設業は 12.1％ の就業者数の伸びであった．それに対し，製造業は -8.6％，特に耐久消費財部門については

表 6-4 2007年と2008年のカナダの州別の産業別就業者数

(単位：千人，%)

カナダ

	2007	2008	2008年の%	前年比
財生産業	3,993.0	4,021.3	23.5	0.7
農業	337.2	327.0	1.9	-3.0
林業，漁業，鉱業，石油，ガス	339.3	340.1	2.0	0.2
林業	60.5	54.1	0.3	-10.6
漁業	24.1	21.8	0.1	-9.5
鉱業，石油，ガス	254.7	264.2	1.5	3.7
電気，ガス，水道業	138.0	151.8	0.9	10.0
建設業	1,133.5	1,232.2	7.2	8.7
製造業	2,044.9	1,970.3	11.5	-3.6
耐久消費財	1,228.3	1,171.7	6.8	-4.6
非耐久消費財	816.5	798.6	4.7	-2.2
サービス生産業	12,873.5	13,104.5	76.5	1.8
卸売業	626.6	632.7	3.7	1.0
小売業	2,055.8	2,046.1	11.9	-0.5
運輸，倉庫業	822.8	857.7	5.0	4.2
金融，保険	756.1	778.7	4.5	3.0
不動産，リース業	304.3	296.7	1.7	-2.5
専門的技術的サービス	1,136.9	1,200.0	7.0	5.6
ビジネス，建物，他のサポートサービス	702.1	686.5	4.0	-2.2
教育	1,183.2	1,192.8	7.0	0.8
医療，社会福祉	1,846.1	1,903.4	11.1	3.1
情報，文化，レクリエーション	782.0	759.6	4.4	-2.9
宿泊，飲食業	1,069.4	1,073.5	6.3	0.4
その他のサービス	723.5	751.1	4.4	3.8
政府関連	864.6	925.7	5.4	7.1
全産業	16,866.4	17,125.8	100.0	1.5

ブリティッシュ・コロンビア

	2007	2008	2008年の%	前年比
財生産業	495.7	501.5	21.7	1.2
農業	36.2	33.7	1.5	-6.9
林業，漁業，鉱業，石油，ガス	47.3	45.4	2.0	-4.0
林業	24.3	17.4	0.8	-28.4
漁業	2.9	2.2	0.1	-24.1
鉱業，石油，ガス	20.0	25.8	1.1	29.0
電気，ガス，水道業	10.3	14.2	0.6	37.9
建設業	196.9	220.8	9.5	12.1
製造業	205.1	187.4	8.1	-8.6
耐久消費財	130.9	114.3	4.9	-12.7
非耐久消費財	74.2	73.1	3.2	-1.5
サービス生産業	1,770.6	1,812.8	78.3	2.4
卸売業	82.0	88.0	3.8	7.3
小売業	283.1	266.8	11.5	-5.8
運輸，倉庫業	125.6	128.0	5.5	1.9
金融，保険	97.8	95.7	4.1	-2.1
不動産，リース業	47.2	51.6	2.2	9.3
専門的技術的サービス	166.3	174.0	7.5	4.6
ビジネス，建物，他のサポートサービス	98.5	101.2	4.4	2.7
教育	156.1	161.6	7.0	3.5
医療，社会福祉	239.7	245.6	10.6	2.5
情報，文化，レクリエーション	117.8	118.1	5.1	0.3
宿泊，飲食業	172.7	178.1	7.7	3.1
その他のサービス	88.0	101.2	4.4	15.0
政府関連	95.9	102.9	4.4	7.3
全産業	2,266.3	2,314.3	100.0	2.1

(表6-4)

アルバータ	2007	2008	2008年の%	前年比
財生産業	557	577.1	28.7	3.6
農業	50.4	61.0	3.0	21.0
林業, 漁業, 鉱業, 石油, ガス	151	149.2	7.4	-1.2
林業	4.1	3.6	0.2	-12.2
漁業	x	x	x	x
鉱業, 石油, ガス	146.9	145.5	7.2	-1.0
電気, ガス, 水道業	19.6	17.5	0.9	-10.7
建設業	193.1	205.3	10.2	6.3
製造業	142.9	144.1	7.2	0.8
耐久消費財	85.9	88.3	4.4	2.8
非耐久消費財	57.1	55.8	2.8	-2.3
サービス生産業	1,402.4	1,436.2	71.3	2.4
卸売業	78.9	87.3	4.3	10.6
小売業	211.7	229.7	11.4	8.5
運輸, 倉庫業	105.7	102.2	5.1	-3.3
金融, 保険	63.2	72.5	3.6	14.7
不動産, リース業	35.2	39.2	1.9	11.4
専門的技術的サービス	146.3	164.2	8.2	12.2
ビジネス, 建物, 他のサポートサービス	73.9	63.9	3.2	-13.5
教育	130.0	126.8	6.3	-2.5
医療, 社会福祉	189.5	190.2	9.4	0.4
情報, 文化, レクリエーション	76.2	71.6	3.6	-6.0
宿泊, 飲食業	116.8	113.9	5.7	-2.5
その他のサービス	94.9	91.2	4.5	-3.9
政府関連	80.1	83.4	4.1	4.1
全産業	1,959.4	2,013.3	100.0	2.8

サスカチュワン	2007	2008	2008年の%	前年比
財生産業	132.8	139.4	27.2	5.0
農業	43.8	41.0	8.0	-6.4
林業, 漁業, 鉱業, 石油, ガス	22.1	25.2	4.9	14.0
林業	0.7	1.4	0.3	100.0
漁業	x	x	x	x
鉱業, 石油, ガス	21.4	23.8	4.6	11.2
電気, ガス, 水道業	4.2	5.6	1.1	33.3
建設業	32.1	36.8	7.2	14.6
製造業	30.7	30.9	6.0	0.7
耐久消費財	18.8	20.2	3.9	7.4
非耐久消費財	11.9	10.7	2.1	-10.1
サービス生産業	368.9	373.3	72.8	1.2
卸売業	19.6	20.1	3.9	2.6
小売業	62.9	63.4	12.4	0.8
運輸, 倉庫業	24.6	24.0	4.7	-2.4
金融, 保険	19.2	21.7	4.2	13.0
不動産, リース業	7.4	6.7	1.3	-9.5
専門的技術的サービス	21.1	20.7	4.0	-1.9
ビジネス, 建物, 他のサポートサービス	11.5	11.4	2.2	-0.9
教育	40.2	37.7	7.4	-6.2
医療, 社会福祉	61.7	63.4	12.4	2.8
情報, 文化, レクリエーション	19.9	20.3	4.0	2.0
宿泊, 飲食業	30.8	32.0	6.2	3.9
その他のサービス	22.4	22.9	4.5	2.2
政府関連	27.7	29.2	5.7	5.4
全産業	501.8	512.7	100.0	2.2

(表6-4)

マニトバ

	2007	2008	2008年の%	前年比
財生産業	144.8	148.1	24.4	2.3
農業	28.7	28.9	4.8	0.7
林業，漁業，鉱業，石油，ガス	6.4	6.3	1.0	-1.6
林業	0.9	0.8	0.1	-11.1
漁業	x	x	x	x
鉱業，石油，ガス	5.1	5.2	0.9	2.0
電気，ガス，水道業	5.4	6.6	1.1	22.2
建設業	33.8	37.6	6.2	11.2
製造業	70.6	68.7	11.3	-2.7
耐久消費財	39.6	39.8	6.6	0.5
非耐久消費財	31.0	28.9	4.8	-6.8
サービス生産業	451.7	458.7	75.6	1.5
卸売業	21.1	22.0	3.6	4.3
小売業	68.3	68.5	11.3	0.3
運輸，倉庫業	34.3	35.5	5.9	3.5
金融，保険	27.0	28.0	4.6	3.7
不動産，リース業	7.9	8.6	1.4	8.9
専門的技術的サービス	25.4	25.6	4.2	0.8
ビジネス，建物，他のサポートサービス	17.1	18.0	3.0	5.3
教育	46.5	46.6	7.7	0.2
医療，社会福祉	79.8	83.0	13.7	4.0
情報，文化，レクリエーション	24.1	22.7	3.7	-5.8
宿泊，飲食業	38.0	36.8	6.1	-3.2
その他のサービス	24.8	27.7	4.6	11.7
政府関連	37.4	35.6	5.9	-4.8
全産業	596.5	606.7	100.0	1.7

オンタリオ

	2007	2008	2008年の%	前年比
財生産業	1,552.4	1,527.7	22.8	-1.6
農業	96.1	84.5	1.3	-12.1
林業，漁業，鉱業，石油，ガス	34.8	38.1	0.6	9.5
林業	7.7	8.5	0.1	10.4
漁業	x	x	x	x
鉱業，石油，ガス	26.1	29.1	0.4	11.5
電気，ガス，水道業	58.3	65.1	1.0	11.7
建設業	412.6	439.0	6.6	6.4
製造業	950.6	901.2	13.5	-5.2
耐久消費財	612.7	568.5	8.5	-7.2
非耐久消費財	337.8	332.6	5.0	-1.5
サービス生産業	5,041.4	5,159.5	77.2	2.3
卸売業	231.6	234.3	3.5	1.2
小売業	795.6	791.2	11.8	-0.6
運輸，倉庫業	304.1	329.7	4.9	8.4
金融，保険	343.1	353.5	5.3	3.0
不動産，リース業	131.2	118.9	1.8	-9.4
専門的技術的サービス	477.8	500.2	7.5	4.7
ビジネス，建物，他のサポートサービス	294.9	299.0	4.5	1.4
教育	466.1	482.2	7.2	3.5
医療，社会福祉	671.0	698.4	10.4	4.1
情報，文化，レクリエーション	328.2	309.7	4.6	-5.6
宿泊，飲食業	399.7	396.2	5.9	-0.9
その他のサービス	267.1	282.7	4.2	5.8
政府関連	331.0	363.5	5.4	9.8
全産業	6,593.8	6,687.3	100.0	1.4

(表6-4)

ケベック

	2007	2008	2008年の%	前年比
財生産業	872.1	886.4	22.8	1.6
農業	65.3	61.5	1.6	-5.8
林業, 漁業, 鉱業, 石油, ガス	35.8	32.7	0.8	-8.7
林業	15.3	14.1	0.4	-7.8
漁業	1.8	x	x	x
鉱業, 石油, ガス	18.7	17.3	0.4	-7.5
電気, ガス, 水道業	32.3	32.9	0.8	1.9
建設業	195.5	215.8	5.6	10.4
製造業	543.2	543.6	14.0	0.1
耐久消費財	300.7	304.9	7.9	1.4
非耐久消費財	242.5	238.7	6.1	-1.6
サービス生産業	2,979.6	2,995.2	77.2	0.5
卸売業	163.0	150.0	3.9	-8.0
小売業	483.0	474.7	12.2	-1.7
運輸, 倉庫業	178.4	186.0	4.8	4.3
金融, 保険	172.3	173.7	4.5	0.8
不動産, リース業	59.3	56.9	1.5	-4.0
専門的技術的サービス	256.7	265.6	6.8	3.5
ビジネス, 建物, 他のサポートサービス	147.4	136.9	3.5	-7.1
教育	259.3	256.5	6.6	-1.1
医療, 社会福祉	455.2	470.6	12.1	3.4
情報, 文化, レクリエーション	171.9	174.8	4.5	1.7
宿泊, 飲食業	236.5	244.7	6.3	3.5
その他のサービス	176.7	175.8	4.5	-0.5
政府関連	219.8	229.1	5.9	4.2
全産業	3,851.7	3,881.7	100.0	0.8

ニュー・ブランズウィック

	2007	2008	2008年の%	前年比
財生産業	83.4	81.8	22.3	-1.9
農業	6.3	6.0	1.6	-4.8
林業, 漁業, 鉱業, 石油, ガス	11.1	11.7	3.2	5.4
林業	4.4	4.1	1.1	-6.8
漁業	2.1	2.7	0.7	28.6
鉱業, 石油, ガス	4.6	5.0	1.4	8.7
電気, ガス, 水道業	4.1	4.9	1.3	19.5
建設業	24.0	23.9	6.5	-0.4
製造業	37.9	35.2	9.6	-7.1
耐久消費財	16.6	15.0	4.1	-9.6
非耐久消費財	21.3	20.2	5.5	-5.2
サービス生産業	279.4	284.4	77.7	1.8
卸売業	11.7	11.4	3.1	-2.6
小売業	45.6	46.2	12.6	1.3
運輸, 倉庫業	19.1	20.4	5.6	6.8
金融, 保険	11.7	12.1	3.3	3.4
不動産, リース業	4.7	3.7	1.0	-21.3
専門的技術的サービス	15.5	17.2	4.7	11.0
ビジネス, 建物, 他のサポートサービス	20.2	19.4	5.3	-4.0
教育	26.8	25.9	7.1	-3.4
医療, 社会福祉	48.0	50.9	13.9	6.0
情報, 文化, レクリエーション	13.4	11.8	3.2	-11.9
宿泊, 飲食業	24.2	23.9	6.5	-1.2
その他のサービス	17.1	15.8	4.3	-7.6
政府関連	21.4	25.5	7.0	19.2
全産業	362.8	366.2	100.0	0.9

(表6-4)

ノヴァ・スコシア

	2007	2008	2008年の%	前年比
財生産業	88.2	92.6	20.4	5.0
農業	5.6	6.4	1.4	14.3
林業，漁業，鉱業，石油，ガス	12.2	12.7	2.8	4.1
林業	2.5	3.3	0.7	32.0
漁業	6.3	5.8	1.3	-7.9
鉱業，石油，ガス	3.4	3.6	0.8	5.9
電気，ガス，水道業	1.9	3.1	0.7	63.2
建設業	27.2	31.3	6.9	15.1
製造業	41.4	39.1	8.6	-5.6
耐久消費財	16.7	15.3	3.4	-8.4
非耐久消費財	24.7	23.8	5.3	-3.6
サービス生産業	359.4	360.6	79.6	0.3
卸売業	13.3	13.8	3.0	3.8
小売業	63.7	65.3	14.4	2.5
運輸，倉庫業	18.4	18.6	4.1	1.1
金融，保険	15.5	14.8	3.3	-4.5
不動産，リース業	7.7	7.5	1.7	-2.6
専門的技術的サービス	17.5	21.3	4.7	21.7
ビジネス，建物，他のサポートサービス	27.1	25.9	5.7	-4.4
教育	36.3	33.9	7.5	-6.6
医療，社会福祉	61.5	60.5	13.3	-1.6
情報，文化，レクリエーション	19.5	19.8	4.4	1.5
宿泊，飲食業	30.2	29.4	6.5	-2.6
その他のサービス	20.5	19.4	4.3	-5.4
政府関連	28.1	30.3	6.7	7.8
全産業	447.6	453.2	100.0	1.3

プリンス・エドワード・アイランド

	2007	2008	2008年の%	前年比
財生産業	17.9	17.6	25.1	-1.7
農業	3.6	3.1	4.4	-13.9
林業，漁業，鉱業，石油，ガス	2.4	2.9	4.1	20.8
林業	x	0.3	0.4	x
漁業	2.1	2.3	3.3	9.5
鉱業，石油，ガス	0.2	0.3	0.4	50.0
電気，ガス，水道業	0.3	0.3	0.4	0.0
建設業	5.0	5.1	7.3	2.0
製造業	6.7	6.1	8.7	-9.0
耐久消費財	2.5	2.0	2.8	-20.0
非耐久消費財	4.2	4.1	5.8	-2.4
サービス生産業	51.4	52.7	75.1	2.5
卸売業	1.1	1.4	2.0	27.3
小売業	9.4	9.0	12.8	-4.3
運輸，倉庫業	2.3	2.7	3.8	17.4
金融，保険	1.9	1.8	2.6	-5.3
不動産，リース業	0.8	1.0	1.4	25.0
専門的技術的サービス	2.2	2.5	3.6	13.6
ビジネス，建物，他のサポートサービス	2.8	2.6	3.7	-7.1
教育	4.7	5.0	7.1	6.4
医療，社会福祉	8.3	8.3	11.8	0.0
情報，文化，レクリエーション	2.7	2.5	3.6	-7.4
宿泊，飲食業	5.9	5.3	7.5	-10.2
その他のサービス	2.8	2.9	4.1	3.6
政府関連	6.6	7.6	10.8	15.2
全産業	69.3	70.2	100.0	1.3

(表6-4)

	ニューファンドランド・アンド・ラブラドル			
	2007	2008	2008年の%	前年比
財生産業	48.6	49.2	22.3	1.2
農業	1.3	0.9	0.4	-30.8
林業, 漁業, 鉱業, 石油, ガス	16.2	15.9	7.2	-1.9
林業	0.5	0.7	0.3	40.0
漁業	7.4	6.5	3.0	-12.2
鉱業, 石油, ガス	8.3	8.7	3.9	4.8
電気, ガス, 水道業	1.7	1.6	0.7	-5.9
建設業	13.5	16.7	7.6	23.7
製造業	15.9	14.1	6.4	-11.3
耐久消費財	3.9	3.3	1.5	-15.4
非耐久消費財	12.0	10.7	4.9	-10.8
サービス生産業	168.6	171.1	77.7	1.5
卸売業	4.3	4.5	2.0	4.7
小売業	32.6	31.2	14.2	-4.3
運輸, 倉庫業	10.2	10.6	4.8	3.9
金融, 保険	4.4	4.9	2.2	11.4
不動産, リース業	2.9	2.6	1.2	-10.3
専門的技術的サービス	8.2	8.5	3.9	3.7
ビジネス, 建物, 他のサポートサービス	8.6	8.2	3.7	-4.7
教育	17.1	16.6	7.5	-2.9
医療, 社会福祉	31.5	32.5	14.8	3.2
情報, 文化, レクリエーション	8.3	8.3	3.8	0.0
宿泊, 飲食業	14.8	13.2	6.0	-10.8
その他のサービス	9.3	11.6	5.3	24.7
政府関連	16.5	18.6	8.4	12.7
全産業	217.1	220.3	100.0	1.5

注) xは統計法の守秘義務により値が開示されていない.
出典) Statistics Canada, CANSIM Table 282-0008（2009年10月15日アクセス）から作成.

-12.7%と, 就業者数の減少がみられた. 農業も-6.9%と, 就業者数が減少した. また, 林業・漁業・鉱業・石油・ガス部門の就業者数については, 全体として-4.0%と減少を示したが, 鉱業・石油・ガスは29.0%増加したのに対し, 林業は-28.4%, 漁業は-24.1%と就業者数は減少した. なお, 鉱業・石油・ガス部門の就業者数の増加と林業の就業者数の減少は経済動向を反映している一方, 漁業については前年度の就業者数が少ないために減少の幅が大きくなった, ということが指摘できる. サービス生産業については, 財生産業の部門別ほどの増減幅はなかった. しかし, 不動産・リース業（9.3%）, 政府関連（7.3%）, 卸売業（7.3%）等は就業者数が増加したが[16], 小売業（-5.8%）や金融・保

---

16) その他のサービス業は15.0%とパーセンテージは大きいが, その他には分類不能なものが一括して含まれているため, 本文中ではその他のサービス業は1部門として取り上げない.

険（−2.1％）では減少した．

　アルバータ州の就業人口も2008年には2.8％伸び，201万3,300人であった．財生産業は前年比で3.6％伸び，サービス生産業では同様に2.4％就業者数が増加した．財生産業では，農業就業者数が2007年より21.0％増加し，建設業も6.3％増加した．製造業全体は0.8％の増加を示しているが，非耐久消費財部門は−2.3％と減少を示した．林業・漁業・鉱業・石油・ガスの就業者数全体としては−1.2％と減少したが，林業部門は−12.2％，鉱業・石油・ガス部門は−1.0％と言うように，減少幅に大きな差異が見られた．

　サービス生産業では，金融・保険（14.7％），専門的技術的サービス（12.2％），不動産・リース業（11.4％），卸売業（10.6％）で2桁の就業者数の増加があった反面，ビジネス・建物・他のサポートサービス（−13.5％）は2桁の減少を示した．さらに，情報・文化・レクリエーション（−6.0％），運輸・倉庫業（−3.3％）や教育（−2.5％），宿泊・飲食業（−2.5％）も就業者が減少した．

　サスカチュワン州の就業者数は前年に比べて2.2％の伸びを示し，2008年には51万2,700人となった．財生産業では5.0％，サービス生産業では1.2％の伸びを示した．財生産業では，電気・ガス・水道業が33.3％，建設業が14.6％，林業・漁業・鉱業・石油・ガスが14.0％，製造業が0.7％の就業者の増加をみた．しかし，農業は−6.4％と就業者数は減少した．また，製造業の中では，耐久消費財部門は7.4％の増加をみたが，非耐久消費財部門が−10.1％と減少した．サービス生産業では，金融・保険（13.0％）や政府関連（5.4％）の就業者が増加したが，不動産・リース業（−9.5％）や教育（−6.2％）では就業者が減少した．

　マニトバ州の就業者数は60万6,700人（前年比1.7％の増加）であった．財生産業は2.3％，サービス生産業は1.5％の就業者数の増加をみた．電気・ガス・水道業（22.2％）や建設業（11.2％）は2桁の伸び率を示し，農業も0.7％と若干増加した．製造業は−2.7％と減少した

が，サスカチュワン州と同様にそのうち非耐久消費財部門が−6.8％と大幅に減少しており，この点は2州の特徴となっている．また，内訳が開示されている中で，林業は−11.1％と就業者数が減少している．サービス生産業では，不動産・リース業（8.9％）やビジネス・建物・他のサポートサービス（5.3％），卸売業（4.3％）の就業者数が増加している反面，情報・文化・レクリエーション（−5.8％），政府関連（−4.8％），宿泊・飲食業（−3.2％）の就業者数は減少した．

　就業者数が10州の中では一番多いオンタリオ州でも，前年比で1.4％の伸びがみられ，2008年の就業者数は668万7,300人であった．しかし，財生産業（−1.6％）の就業者数の減少を，サービス生産業（2.3％）の増加が埋め合わせていることは明らかである．財生産業では，電気・ガス・水道業（11・7％），林業・漁業・鉱業・石油・ガス（9.5％），建設業（6.4％）の就業者数が増加したが，農業（−12.1％）や製造業（−5.2％）では減少した．特に，耐久消費財製造部門は−7.2％と減少が大きく，製造業部門全体の就業者の実数での減少は4万9,400人であった．これは主として自動車産業とそれに関連する諸々の工業生産の減少による失業者の増加を端的に反映している．

　サービス生産業の中でも，政府関連（9.8％），運輸・倉庫業（8.4％）の就業者数が増加したが，不動産・リース業（−9.4％）や情報・文化・レクリエーション（−5.6％）ではかなりの減少がみられた．

　オンタリオ州の次に就業者数が多いケベック州も，2008年の就業者数が388万1,700人と前年比で0.8％の伸びを示したが，部門によって増減が生じた．財生産業では全体として1.6％の伸びが，また，サービス生産業でも全体で0.5％の就業者数の伸びがみられた．建設業は10.4％と2桁の増加を示した一方，林業・漁業・鉱業・石油・ガスは−8.7％，農業は−5.8％と就業者数は減少した．製造業全体では0.1％の微増がみられたが，このうち耐久消費財部門が1.4％増加したのに対し，非耐久消費財部門は−1.6％と減少を示した．オンタリオ州では耐久消費財部門の製造業が−7.2％と減少したのに比較すると，ケベック州の同部門の

若干の増加は，ケベック州には軽量自動車に関して自動車部品製造業しか存在していないため，アメリカにおける自動車への需要減による大きな痛手を被らなかったことを示している．

　サービス生産業では，運輸・倉庫業（4.3％）や政府関連（4.2％）の就業者数の増加がみられたが，卸売業（-8.0％），ビジネス・建物・他のサポートサービス（-7.1％）や不動産・リース業（-4.0％）は減少した．

　ニュー・ブランズウィック州では，2008年の就業者数は36万6,200人と前年に比べて0.9％微増した．財生産業の就業者数は-1.9％と減少したが，サービス生産業では1.8％と増加した．電気・ガス・水道業（19.5％）や林業・漁業・鉱業・石油・ガス（5.4％）の就業者数は増加し，特に漁業は就業者数が少ないため28.6％と増加率が大きい．製造業全体では-7.1％と減少し，耐久消費財部門（-9.6％）も非耐久消費財部門（-5.2％）も就業者数が減少している．

　サービス生産業については，全体で1.8％の増加をみた．しかし，政府関連（19.2％）や専門的技術的サービス（11.0％）が増加した一方，不動産・リース業（-21.3％）や情報・文化・レクリエーション（-11.9％）は減少を示し，就業者数が少ないことも影響して各部門とも2桁台の増減となった．

　ノヴァ・スコシア州の就業者数は前年比1.3％増の45万3,200人となった．財生産業の増加は前年比5.0％で，サービス生産業の増加は0.3％であった．財生産業では，電気・ガス・水道業（63.2％），建設業（15.1％），農業（14.3％），林業・漁業・鉱業・石油・ガス（4.1％）の就業者数が増加した．なお，林業の就業者数が32.0％と大きく増加しているが，これはもともとノヴァ・スコシア州の林業就業者の絶対数が少ないため，就業者数の僅かな増加が，就業者の割合の大幅な増加となって現われたものである．しかし，製造業全体では-5.6％と就業者数の減少が見られ，しかも耐久消費財部門（-8.4％）でも非耐久消費財部門（-3.6％）でも就業者数が減少すると言うように，製造業に関しては隣

接するニュー・ブランズウィック州と同様なパターンを示した．

サービス生産業では，専門的技術的サービス（21.7％）と政府関連（7.8％）で就業者数の増加がみられたが，教育（－6.6％）や金融・保険（－4.5％）では就業者数は減少した．

PEI州はノヴァ・スコシア州と同様に就業者数が前年比1.3％増加し，2008年には7万200人となった．財生産業では－1.7％と減少したが，その減少分をサービス生産業の増加分2.5％で埋め合わせた．財生産業では，林業・漁業・鉱業・石油・ガスで20.8％の就業者数の増加がみられた．しかし，農業は－13.9％，製造業全体では－9.0％と減少した．とりわけ耐久消費財部門製造業就業者数は－20.0％と2桁の減少を示した．

サービス生産業については，卸売業（27.3％），不動産・リース業（25.0％），運輸・倉庫業（17.4％），政府関連（15.2％），専門的技術的サービス（13.6％）が増加し，宿泊・飲食業（－10.2％）が2桁の就業者数の減少を示した．PEI州は就業者数が少ないので，増減の比率は他州よりも大きく出る傾向がみられる．

ニューファンドランド州については，就業者数は前年比で1.5％増加し，22万300人となった．全体として，財生産業も1.2％の伸び，サービス生産業も1.5％の伸びを示した．しかし，財生産業の中では，建設業は23.7％の就業者数の増加があったが，農業は－30.8％，製造業は－11.3％と就業者数の減少を示し，そのうち耐久消費財部門は－15.4％，非耐久消費財部門は－10.8％と2桁の就業者数の減少がみられた．林業・漁業・鉱業・石油・ガスでは全体としては－1.9％と減少傾向を示したが，林業（40.0％）が増加した反面，漁業（－12.2％）は減少した．

サービス生産業では，政府関連（12.7％）と金融・保険（11.4％）の就業者数が増加したが，宿泊・飲食業（－10.8％）や不動産・リース業（－10.3％）は減少した．

州により経済基盤が異なるため，アメリカ発の経済不況の結果，特にアメリカへの輸出に依存している部門の有無およびその程度によって，産業

別の就業者数の増減が各州によって大きく異なった．財生産業の中では，総じて林業や製造業の就業者数の減少がみられた．これは，アメリカでの住宅建設の減少によりカナダの木材製品への需要が減少したことや，アメリカでの新車販売の低迷からカナダの自動車・同部品関連などの耐久消費財部門の生産が減少したことによる．しかし，平原州のサスカチュワン州やマニトバ州では，耐久消費財部門の製造業の就業者数が伸びた一方で，非耐久消費財部門の製造業の就業者数は減少し，他州ではみられない傾向を示した．

　サービス生産業では，不動産・リース業は州によって明暗を分けた．BC州，アルバータ州，マニトバ州，PEI州では就業者数が増加した一方，サスカチュワン州，オンタリオ州，ニュー・ブランズウィック州，ニューファンドランド州では就業者数が大きく減少した．また，「不況に強い公務員」と言われるが，カナダでもマニトバ州を除く9州で政府関連の就業者数は増加した．さらに，運輸・倉庫業もアルバータ州とサスカチュワン州の2州を除く8州で就業者数は増加した．

第7章 州別の貿易の特徴

7.1 アメリカへの依存と原油の輸出入
──2002年から2007年までの傾向

　この章では，10州の貿易について，輸出入の金額ならびに主な貿易相手国，また，特にアメリカや日本との貿易品目に着目し，各州の貿易面から見た経済の特徴を明らかにしたい．なお，カナダ全体の輸出額には再輸出額を含まないのと同様に，州の輸出額には再輸出額は含まれていない．

　さて，各州の貿易額を個別に検討する前に，カナダ全体の中で占める各州の輸出額および輸入額が，2000年から2007年にかけてどのような傾向を示したかを先ず鳥瞰しておきたい．図7-1は2000年から2007年までの州別の輸出額の比率を示したものである．オンタリオ州は2002年には49.5%とカナダ全体の輸出額の約半分を占めた．その後，比率は徐々に下がり2007年には42.2%となったが，カナダにおける輸出第1位の州である．2000年から2004年まではケベック州が第2位であったが，2005年にアルバータ州に抜かれ第3位となった．2007年のケベック州の輸出比率は16.0%で，同年第2位のアルバータ州の比率は19.5%であった．

　同期間中，第4位はBC州で8%台を占め，2007年には7.5%となった．第5位のサスカチュワン州はほぼ3%台で，2007年には4.7%へと増加した．第6位のマニトバ州は2%台であった．大西洋カナダ4州の中ではニュー・ブランズウィック州がほぼ2%台で比率が一番高かったが，2007年にはニューファンドランド州に抜かれ第8位となった．ノヴァ・スコシア州は1.2%から1.5%，PEI州は毎年0.2%の輸出比率

142──第Ⅱ部　各州における経済的特質

図7-1　2000年から2007年までの州別輸出額の比率

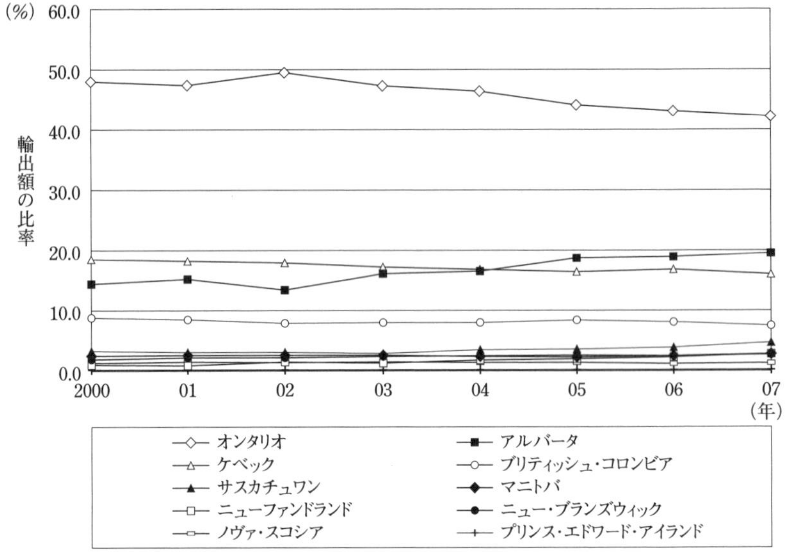

凡例：
- オンタリオ
- アルバータ
- ケベック
- ブリティッシュ・コロンビア
- サスカチュワン
- マニトバ
- ニューファンドランド
- ニュー・ブランズウィック
- ノヴァ・スコシア
- プリンス・エドワード・アイランド

注）輸出額は再輸出額を含まない．
出典）Industry Canada, "Trade Data Online"（http://www.ic.gc.ca/sc_mrkti/tdst/tdo/tdo.php（2008年9月11日アクセス））．

を占めた．

　図7-2は同様に2000年から2007年にかけての州別の輸入額の比率を示している．輸出額と同様に，輸入額に関してもオンタリオ州が第1位で，2002年には64.4％であったが，2007年には59.1％となった．1州でカナダ全体の約6割の輸入額である．第2位は比率がずっと低下して14.7％から17.5％を占めるケベック州である．第3位はBC州で，ほぼ9％台の輸入である．第4位はアルバータ州で，同期間中3.4％から4.7％を占めた．第5位はマニトバ州で3.0％から3.3％で推移した．第6位，第7位，第8位はそれぞれニュー・ブランズウィック州，ノヴァ・スコシア州，サスカチュワン州で，2005年のニュー・ブランズウィック州の2.1％を除くと，いずれも1％台であった．第9位はニューファンドランド州の0.5％から0.8％であった．PEI州は0％となってい

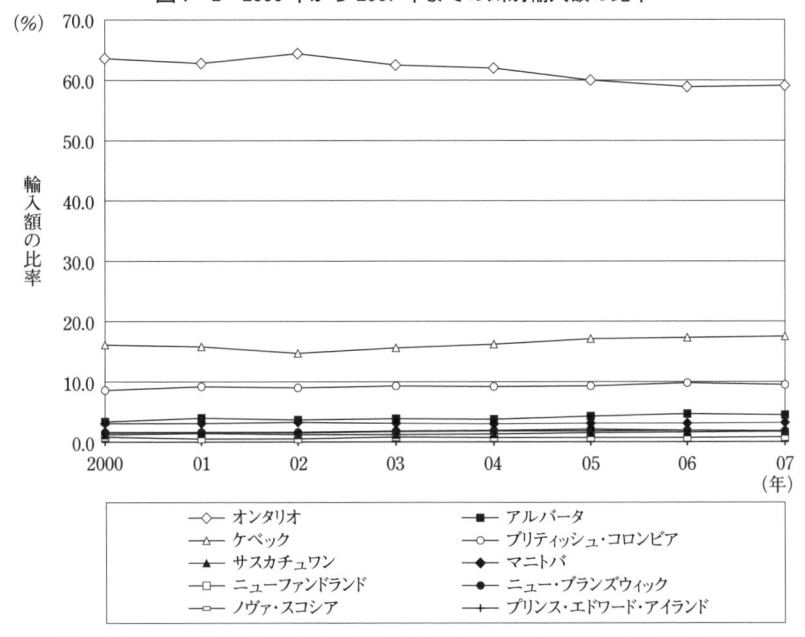

図7-2 2000年から2007年までの州別輸入額の比率

注) プリンス・エドワード・アイランド州の輸入額の比率は0.0%となっているが，実際は0.01%である．
出典) Industry Canada, "Trade Data Online" (http://www.ic.gc.ca/sc_mrkti/tdst/tdo/tdo.php (2008年9月11日アクセス))．

るが，実際は0.01%であった．

表7-1は2002年から2007年までの州別の輸出相手国のうち上位7ヶ国を示したものである．なお，2007年の上位7ヶ国を基準に作表されているため，2002年から2006年の中で上位7ヶ国に入っているものの2007年には含まれていない国々があり，それらの国々は表7-1に掲載されていないことに留意されたい．また，ケベック州については日本を含めるよう表示したため，例外的に上位8ヶ国[1]を示している．

BC州の輸出は，金額的には2005年の341億6,700万ドルが最多で，

---

1) 日本は，輸出額について2007年は第8位，また輸入額について2007年は第10位であった．

表 7-1 2002 年から 2007 年までのカナダ州別上位 7 輸出相手国（商品貿易，通関ベース）

(単位：百万ドル，%)

ブリティッシュ・コロンビア

	2002		2003		2004	
アメリカ	19,666	68.2	18,792	66.5	20,137	64.9
日本	3,859	13.4	3,660	12.9	3,805	12.3
中国	756	2.6	920	3.3	1,225	4.0
韓国	725	2.5	777	2.7	910	2.9
ドイツ	320	1.1	381	1.3	428	1.4
台湾	339	1.2	433	1.5	487	1.6
イタリア	428	1.5	467	1.7	463	1.5
輸出額合計	28,828	100.0	28,264	100.0	31,008	100.0

	2005		2006		2007	
アメリカ	22,101	64.7	20,519	61.3	19,092	60.5
日本	4,164	12.2	4,707	14.1	4,140	13.1
中国	1,325	3.9	1,486	4.4	1,744	5.5
韓国	1,168	3.4	1,365	4.1	1,308	4.1
ドイツ	471	1.4	447	1.3	464	1.5
台湾	498	1.5	521	1.6	462	1.5
イタリア	566	1.7	471	1.4	432	1.4
輸出額合計	34,167	100.0	33,468	100.0	31,580	100.0

アルバータ

	2002		2003		2004	
アメリカ	43,005	87.9	51,151	89.7	55,759	87.6
中国	833	1.7	957	1.7	1,910	3.0
日本	1,233	2.5	1,043	1.8	1,304	2.0
メキシコ	447	0.9	380	0.7	698	1.1
オランダ	113	0.2	126	0.2	211	0.3
韓国	473	1.0	399	0.7	432	0.7
イギリス	181	0.4	186	0.3	215	0.3
輸出額合計	48,931	100.0	57,044	100.0	63,688	100.0

	2005		2006		2007	
アメリカ	68,145	89.3	68,706	88.4	70,898	86.5
中国	2,017	2.6	2,174	2.8	2,807	3.4
日本	1,344	1.8	1,299	1.7	1,464	1.8
メキシコ	529	0.7	615	0.8	724	0.9
オランダ	212	0.3	309	0.4	567	0.7
韓国	549	0.7	431	0.6	464	0.6
イギリス	213	0.3	239	0.3	252	0.3
輸出額合計	76,294	100.0	77,740	100.0	82,003	100.0

(表7-1)

サスカチュワン

	2002		2003		2004	
アメリカ	6,893	61.7	6,484	63.1	8,909	66.9
中国	485	4.3	423	4.1	772	5.8
イギリス	87	0.8	78	0.8	62	0.5
日本	608	5.4	513	5.0	517	3.9
インド	164	1.5	176	1.7	189	1.4
メキシコ	203	1.8	228	2.2	322	2.4
インドネシア	89	0.8	74	0.7	153	1.1
輸出額合計	11,165	100.0	10,274	100.0	13,318	100.0

	2005		2006		2007	
アメリカ	10,289	69.4	10,785	66.7	12,093	62.0
中国	752	5.1	508	3.1	870	4.5
イギリス	152	1.0	288	1.8	700	3.6
日本	514	3.5	552	3.4	684	3.5
インド	300	2.0	390	2.4	564	2.9
メキシコ	282	1.9	354	2.2	398	2.0
インドネシア	160	1.1	234	1.4	340	1.7
輸出額合計	14,822	100.0	16,159	100.0	19,513	100.0

マニトバ

	2002		2003		2004	
アメリカ	7,605	80.9	6,986	76.0	6,859	73.8
中国	80	0.9	158	1.7	414	4.5
日本	475	5.1	508	5.5	455	4.9
香港	112	1.2	131	1.4	172	1.9
台湾	56	0.6	55	0.6	62	0.7
メキシコ	148	1.6	205	2.2	255	2.7
ベルギー	118	1.3	118	1.3	75	0.8
輸出額合計	9,404	100.0	9,194	100.0	9,297	100.0

	2005		2006		2007	
アメリカ	7,005	76.0	7,801	76.6	8,315	71.8
中国	231	2.5	328	3.2	546	4.7
日本	477	5.2	386	3.8	438	3.8
香港	130	1.4	204	2.0	296	2.6
台湾	61	0.7	96	0.9	193	1.7
メキシコ	176	1.9	153	1.5	172	1.5
ベルギー	87	0.9	78	0.8	122	1.1
輸出額合計	9,213	100.0	10,185	100.0	11,577	100.0

(表7-1)

オンタリオ

	2002		2003		2004	
アメリカ	168,615	93.3	153,413	91.5	162,065	90.5
イギリス	1,954	1.1	2,598	1.5	3,732	2.1
ノルウェー	818	0.5	776	0.5	1,251	0.7
メキシコ	1,026	0.6	854	0.5	1,111	0.6
中国	533	0.3	653	0.4	809	0.5
日本	874	0.5	1,048	0.6	908	0.5
オランダ	392	0.2	536	0.3	494	0.3
輸出額合計	180,802	100.0	167,669	100.0	179,054	100.0
	2005		2006		2007	
アメリカ	160,134	88.9	153,459	86.5	148,126	83.5
イギリス	4,285	2.4	5,878	3.3	7,420	4.2
ノルウェー	1,353	0.8	1,682	0.9	3,428	1.9
メキシコ	1,573	0.9	1,969	1.1	2,126	1.2
中国	1,042	0.6	1,272	0.7	1,405	0.8
日本	1,012	0.6	1,085	0.6	1,137	0.6
オランダ	588	0.3	816	0.5	1,025	0.6
輸出額合計	180,204	100.0	177,368	100.0	177,316	100.0

ケベック

	2002		2003		2004	
アメリカ	54,876	83.8	50,976	83.6	53,511	82.9
イギリス	1,025	1.6	1,174	1.9	1,377	2.1
オランダ	807	1.2	497	0.8	377	0.6
ドイツ	1,169	1.8	1,136	1.9	750	1.2
イタリア	363	0.6	316	0.5	450	0.7
フランス	910	1.4	853	1.4	774	1.2
中国	691	1.1	517	0.8	646	1.0
日本（8位）	692	1.1	834	1.4	1,056	1.6
輸出額合計	65,502	100.0	60,996	100.0	64,568	100.0
	2005		2006		2007	
アメリカ	54,904	82.1	54,340	78.7	51,354	76.4
イギリス	1,276	1.9	1,405	2.0	1,445	2.1
オランダ	597	0.9	977	1.4	1,411	2.1
ドイツ	744	1.1	1,387	2.0	1,197	1.8
イタリア	450	0.7	654	0.9	1,120	1.7
フランス	852	1.3	892	1.3	1,042	1.5
中国	758	1.1	836	1.2	902	1.3
日本（8位）	1,108	1.7	897	1.3	749	1.1
輸出額合計	66,897	100.0	69,078	100.0	67,259	100.0

(表7-1)

ニュー・ブランズウィック

	2002		2003		2004	
アメリカ	7,279	89.1	7,577	89.0	8,482	89.9
ベルギー	58	0.7	38	0.4	81	0.9
イギリス	117	1.4	101	1.2	64	0.7
スペイン	32	0.4	42	0.5	40	0.4
日本	197	2.4	147	1.7	131	1.4
ブラジル	55	0.7	47	0.6	56	0.6
インド	28	0.3	56	0.7	55	0.6
輸出額合計	8,166	100.0	8,517	100.0	9,438	100.0
	2005		2006		2007	
アメリカ	9,669	90.6	9,340	90.1	9,829	88.1
ベルギー	68	0.6	54	0.5	114	1.0
イギリス	73	0.7	60	0.6	83	0.7
スペイン	20	0.2	23	0.2	81	0.7
日本	88	0.8	55	0.5	69	0.6
ブラジル	54	0.5	67	0.6	68	0.6
インド	49	0.5	57	0.5	65	0.6
輸出額合計	10,675	100.0	10,366	100.0	11,162	100.0

ノヴァ・スコシア

	2002		2003		2004	
アメリカ	4,282	81.9	4,348	81.3	4,368	80.4
イギリス	59	1.1	83	1.6	107	2.0
フランス	76	1.5	93	1.7	73	1.3
日本	219	4.2	160	3.0	136	2.5
中国	58	1.1	64	1.2	68	1.3
デンマーク	35	0.7	37	0.7	32	0.6
メキシコ	45	0.9	39	0.7	23	0.4
輸出額合計	5,226	100.0	5,351	100.0	5,430	100.0
	2005		2006		2007	
アメリカ	4,575	80.9	3,881	76.5	4,215	78.8
イギリス	102	1.8	154	3.0	115	2.2
フランス	70	1.2	72	1.4	97	1.8
日本	111	2.0	91	1.8	84	1.6
中国	78	1.4	88	1.7	78	1.5
デンマーク	44	0.8	54	1.1	58	1.1
メキシコ	38	0.7	34	0.7	52	1.0
輸出額合計	5,654	100.0	5,071	100.0	5,348	100.0

(表 7-1)

プリンス・エドワード・アイランド

	2002		2003		2004	
アメリカ	619	90.6	569	89.2	552	85.6
イギリス	4	0.6	3	0.5	5	0.8
日本	10	1.5	5	0.8	14	2.2
ドイツ	5	0.7	7	1.1	5	0.8
フランス	9	1.3	8	1.3	9	1.4
オーストリア	0	0.0	0	0.0	0	0.0
ケニア	—	—	—	—	0	0.0
輸出額合計	683	100.0	638	100.0	645	100.0
	2005		2006		2007	
アメリカ	638	82.5	624	79.4	561	73.1
イギリス	25	3.2	19	2.4	20	2.6
日本	14	1.8	15	1.9	16	2.1
ドイツ	8	1.0	8	1.0	11	1.4
フランス	9	1.2	9	1.1	11	1.4
オーストリア	2	0.3	3	0.4	10	1.3
ケニア	1	0.1	4	0.5	8	1.0
輸出額合計	773	100.0	786	100.0	767	100.0

ニューファンドランド・アンド・ラブラドル

	2002		2003		2004	
アメリカ	4,127	74.6	3,203	67.3	5,330	75.1
ドイツ	216	3.9	202	4.2	220	3.1
中国	176	3.2	262	5.5	286	4.0
フィンランド	1	0.0	3	0.1	2	0.0
チリ	0	0.0	0	0.0	1	0.0
イギリス	115	2.1	121	2.5	187	2.6
日本	91	1.6	114	2.4	85	1.2
輸出額合計	5,534	100.0	4,762	100.0	7,100	100.0
	2005		2006		2007	
アメリカ	5,874	72.9	7,246	76.1	8,795	76.3
ドイツ	406	5.0	458	4.8	552	4.8
中国	414	5.1	412	4.3	359	3.1
フィンランド	3	0.0	76	0.8	348	3.0
チリ	1	0.0	35	0.4	197	1.7
イギリス	211	2.6	175	1.8	181	1.6
日本	135	1.7	133	1.4	160	1.4
輸出額合計	8,061	100.0	9,521	100.0	11,530	100.0

注) 輸出額は再輸出額を含まない．表中の—は該当する数値が存在しないことを表わす．
出典) Industry Canada, "Trade Data Online" (http://www.ic.gc.ca/sc_mrkti/tdst/tdo/tdo.php (2008 年 9 月 12 日アクセス)).

2007年には315億8,000万ドルであった．2002年から2007年にかけて最大の貿易相手国はアメリカで，2002年には輸出額の68.2％を占めていたが，その比率は徐々に下がり，2007年には60.5％となった．第2位の輸出相手国は日本で，その比率は2002年から2007年を通して12.2％から14.1％の間で推移した．BC州の場合，第3位と第4位の輸出相手国は中国と韓国で，その比率も徐々に上昇し，2007年には中国への輸出は5.5％，韓国へは4.1％になっている．これらの国がBC州の2002年から2007年にかけて一貫して上位4ヶ国であった．アメリカおよび東アジア諸国との結び付きが強いことが特色となっている．

アルバータ州の場合，2002年から2007年にかけて輸出額が489億3,100万ドルから820億300万ドルへと約1.7倍に増加している．輸出額の増加には2008年までの原油高が反映されている．アルバータ州の最大の輸出相手国はアメリカで，各年ほぼ9割弱を占め，厳密に言うと2007年は86.5％であった．2002年と2003年の第2位の輸出相手国は日本であったが，2004年に中国が第2位になり，日本は第3位に後退した．2007年，中国への輸出割合は3.4％，日本へは1.8％であった．表には掲載されていないが，2002年と2003年は台湾が第6位で，輸出額はそれぞれ2億8,778万ドル，2億9,090万ドルであった．アメリカとの結び付きが圧倒的に強く，それ以外では中国や日本といった東アジアとの結び付きがみられる．

サスカチュワン州の輸出額も2003年を除くと2002年から2007年にかけて順調に増加し，2007年は195億1,300万ドルであった．最大の輸出相手国はアメリカで，2002年から2007年にかけ6割台（61.7％から69.4％の間で推移）を占めている．日本は，2002年，2003年，2006年の3年は，それぞれ5.4％，5.0％，3.4％を占め，アメリカに次ぐ第2位の輸出相手国であった．しかし，2004年と2005年に中国への輸出が5.8％と5.1％に伸び，日本は第3位（それぞれ3.9％と3.5％）に後退し，2007年にはイギリスへの輸出割合（3.6％）が上回ったため日本は第4位の輸出相手国（3.5％）となった．

マニトバ州の輸出額は2002年の94億400万ドルから2007年には115億7,700万ドルへと増加し，この間，年によって若干の増減がみられた．最大の輸出相手国はアメリカで，2002年には80.9％であったが，その比率は2007年には71.8％へと10％弱の減少がみられた．日本は2002年から2006年まで第2位の輸出相手国で，2004年の4.9％以外は2002年から2005年までは5％台を維持していたが，2006年には3.8％となった．2007年には中国（4.7％）に抜かれ，日本（3.8％）は第3位の輸出相手国となった．さらに，2007年度の第4位と第5位の輸出先は香港（2.6％）と台湾（1.7％）であり，マニトバ州もアメリカや東アジア諸国との結び付きがみられる州である．

カナダ最大の輸出州であるオンタリオは，2002年の輸出額は1,808億200万ドルであったが，2007年には1,773億1,600万ドルへと減少している．オンタリオ州も他州同様にアメリカが最大の輸出相手国で，2002年には93.3％がアメリカ向けであった．しかし，その比率は徐々に低下し2007年には83.5％となったが，依然としてアメリカとの結び付きが圧倒的に強いことが明白である．2007年にはアメリカ以外の国への輸出も伸びたが，第2位のイギリスへは4.2％，第3位のノルウェーには1.9％，NAFTA加盟国のメキシコへは1.2％であった．中国へは0.8％，日本へは0.6％（第6位）であった．オンタリオ州の場合，東アジア諸国よりもヨーロッパ諸国への輸出を指向している．

ケベック州の輸出額は2000年から2004年まではオンタリオ州に次いで第2位であったが（図7-1を参照），2005年にアルバータ州に抜かれて以来第3位となった．2002年の輸出額は655億200万ドルで，2006年には690億7,800万ドルまで増加したが，2007年には672億5,900万ドルにとどまった．ケベック州の最大の輸出相手国もアメリカであるが，2002年の83.8％から2007年には76.4％と比率が徐々に低下してきている．2007年の上位輸出相手国は，イギリス（2.1％），オランダ（2.1％），ドイツ（1.8％），イタリア（1.7％），フランス（1.5％）で，第7位に初めてアジアの中国（1.3％）が登場している．日本への輸出額

は，2004年と2005年は第3位であったが，2007年には第8位（1.1%）に後退した．上位の輸出相手国から判断すると，ケベック州の輸出はオンタリオ州よりも一層ヨーロッパ指向が強いことがうかがえる．

　ニュー・ブランズウィック州の輸出額は2002年の81億6,600万ドルから2007年の111億6,200万ドルへと増加した．最大の輸出相手国はアメリカであり，2002年から2007年にかけて毎年ほぼ9割がアメリカ向けで占められ，アルバータ州と同様な傾向を示している．日本は2002年から2005年まで金額も比率（2.4%から0.8%へと低下）も微々たるものであったが，第2位の輸出相手国であった．2007年には，第2位以下が，ベルギー（1.0%），イギリス（0.7%），スペイン（0.7%）となり，日本は第5位（0.6%）となった．ヨーロッパ諸国や日本以外には，ブラジルやインドへの輸出が特徴的である．

　ノヴァ・スコシア州の輸出額は2002年から2007年にかけて若干の増減がみられ，2002年には52億2,600万ドル，2005年には56億5,400万ドル，2007年には53億4,800万ドルであった．輸出相手国のアメリカと日本に関しては，ノヴァ・スコシア州もニュー・ブランズウィック州と同じようなパターンを示している．最大の輸出相手国のアメリカへは2002年に81.9%，2007年には78.8%と，輸出の約8割程度がアメリカ向けであった．2002年から2005年までの第2位の輸出相手国が日本で，その比率は4.2%から2.0%へと徐々に減少してきた．2007年にはアメリカに次いで，イギリス（2.2%），フランス（1.8%），日本（1.6%），中国（1.5%），デンマーク（1.1%），メキシコ（1.0%）向けに輸出がなされ，ヨーロッパ諸国，東アジアとNAFTA締結国のメキシコ向けと要約される．

　PEI州の輸出額は2002年の6億8,300万ドルから2007年には7億6,700万ドルへと増加した．PEI州にとっても最大の輸出相手国はアメリカで，2002年には90.6%がアメリカ向けであった．2007年までにその比率は徐々に低下し73.1%になったが，アメリカの重要性には変化がない．日本への輸出は2002年（1.5%）と2004年（2.2%）には第

2位を占めていた．2007年にはアメリカに次いでイギリス（2.6%）が第2位，日本（2.1%）が第3位，第4位以下がドイツ（1.4%），フランス（1.4%），オーストリア（1.3%）と続き，第7位にケニア（1.0%）であった．

ニューファンドランド州の輸出額は2002年の55億3,400万ドルから2007年の115億3,000万ドルへと倍増した．アメリカが最大の輸出相手国で，2003年には67.3%と7割を割ったが，それ以外の年は約75%がアメリカ向けの輸出であった．2007年の輸出について第2位以下は順に，ドイツ（4.8%），中国（3.1%），フィンランド（3.0%），チリ（1.7%），イギリス（1.6%），日本（1.4%）であった．地理的には最もヨーロッパに近いが，輸出の相手国はヨーロッパ諸国のみならず，東アジアや南米の国も含まれ，多様性に富んでいると言える．

10州の輸出相手国の特徴をまとめてみると，すべての州にとってアメリカが最大の輸出相手国であった．2002年から2007年の間，特にアルバータ州とニュー・ブランズウィック州においては9割弱，またオンタリオ州でも9割から8割台で，商品輸出のほとんどがアメリカとの貿易で占められていた．BC州とサスカチュワン州はアメリカ向けが一貫して6割台と比較的低かった．同期間中，PEI州，マニトバ州，ケベック州，ノヴァ・スコシア州はアメリカ向けの比率が7割台へと減少した．ニューファンドランド州はほぼ毎年7割台がアメリカ向けであった．

BC州やアルバータ州はとりわけ日本や中国など東アジア諸国との結び付きが金額でも比率の面でも強く，その東側のマニトバ州やサスカチュワン州でも日本や中国が上位の輸出相手国であった．オンタリオ州では日本や中国よりもヨーロッパ諸国への輸出が多く，さらにその傾向はケベック州では一層顕著に見られた．金額的には些少ではあるが，日本は2005年までは大西洋カナダのニュー・ブランズウィック州やノヴァ・スコシア州，ならびに2004年まではPEI州にとって第2位の輸出相手国であった．日本から最も遠いニューファンドランド州でも日本や中国への輸出が継続してみられた．

表7-2 2002年から2007年までのカナダ州別上位7輸入相手国
（商品貿易，通関ベース）

(単位：百万ドル，%)

ブリティッシュ・コロンビア

	2002		2003		2004	
アメリカ	11,826	37.5	11,572	37.0	12,702	38.6
中国	4,188	13.3	4,610	14.7	6,105	18.6
日本	7,181	22.8	6,472	20.7	4,592	14.0
韓国	1,970	6.2	2,135	6.8	2,504	7.6
メキシコ	618	2.0	627	2.0	663	2.0
台湾	987	3.1	872	2.8	870	2.6
ドイツ	316	1.0	329	1.1	386	1.2
輸入額合計	31,534	100.0	31,270	100.0	32,885	100.0
輸出額合計	28,828	100.0	28,264	100.0	31,008	100.0
貿易収支	-2,706		-3,006		-1,877	
	2005		2006		2007	
アメリカ	14,166	40.1	15,499	39.9	15,885	41.0
中国	7,508	21.3	8,540	22.0	8,658	22.4
日本	4,608	13.1	5,119	13.2	4,152	10.7
韓国	2,307	6.5	1,657	4.3	1,617	4.2
メキシコ	730	2.1	995	2.6	1,113	2.9
台湾	841	2.4	864	2.2	737	1.9
ドイツ	409	1.2	508	1.3	682	1.8
輸入額合計	35,296	100.0	38,891	100.0	38,703	100.0
輸出額合計	34,167	100.0	33,468	100.0	31,580	100.0
貿易収支	-1,129		-5,423		-7,123	

アルバータ

	2002		2003		2004	
アメリカ	9,393	72.5	9,616	72.5	9,588	70.3
中国	331	2.6	410	3.1	596	4.4
メキシコ	498	3.8	494	3.7	538	3.9
ドイツ	256	2.0	294	2.2	288	2.1
イギリス	365	2.8	368	2.8	367	2.7
イタリア	278	2.1	258	1.9	209	1.5
日本	168	1.3	194	1.5	151	1.1
輸入額合計	12,958	100.0	13,258	100.0	13,639	100.0
輸出額合計	48,931	100.0	57,044	100.0	63,688	100.0
貿易収支	35,973		43,786		50,049	
	2005		2006		2007	
アメリカ	11,548	70.2	12,646	68.4	12,698	68.7
中国	1,000	6.1	1,251	6.8	1,352	7.3
メキシコ	601	3.7	727	3.9	730	4.0
ドイツ	365	2.2	402	2.2	418	2.3
イギリス	436	2.6	457	2.5	406	2.2
イタリア	245	1.5	317	1.7	267	1.4
日本	223	1.4	219	1.2	251	1.4
輸入額合計	16,456	100.0	18,494	100.0	18,480	100.0
輸出額合計	76,294	100.0	77,740	100.0	82,003	100.0
貿易収支	59,838		59,246		63,523	

(表7-2)

サスカチュワン

	2002		2003		2004	
アメリカ	3,720	89.7	3,710	89.4	4,179	89.5
ドイツ	42	1.0	73	1.8	59	1.3
中国	37	0.9	43	1.0	57	1.2
メキシコ	46	1.1	35	0.8	35	0.7
イギリス	45	1.1	38	0.9	44	0.9
日本	27	0.7	41	1.0	35	0.7
イタリア	22	0.5	20	0.5	23	0.5
輸入額合計	4,146	100.0	4,152	100.0	4,669	100.0
輸出額合計	11,165	100.0	10,274	100.0	13,318	100.0
貿易収支	7,019		6,122		8,649	
	2005		2006		2007	
アメリカ	4,879	87.2	5,721	88.1	6,040	86.8
ドイツ	60	1.1	108	1.7	163	2.3
中国	94	1.7	128	2.0	159	2.3
メキシコ	54	1.0	78	1.2	102	1.5
イギリス	42	0.8	55	0.8	71	1.0
日本	62	1.1	53	0.8	65	0.9
イタリア	37	0.7	38	0.6	49	0.7
輸入額合計	5,596	100.0	6,496	100.0	6,962	100.0
輸出額合計	14,822	100.0	16,159	100.0	19,513	100.0
貿易収支	9,226		9,663		12,551	

マニトバ

	2002		2003		2004	
アメリカ	8,392	74.0	8,239	79.2	8,526	80.7
中国	244	2.2	279	2.7	390	3.7
メキシコ	187	1.6	193	1.9	181	1.7
ドイツ	136	1.2	194	1.9	181	1.7
イタリア	95	0.8	137	1.3	173	1.6
日本	111	1.0	113	1.1	139	1.3
マレーシア	40	0.4	49	0.5	57	0.5
輸入額合計	11,340	100.0	10,399	100.0	10,565	100.0
輸出額合計	9,404	100.0	9,194	100.0	9,297	100.0
貿易収支	-1,936		-1,205		-1,268	
	2005		2006		2007	
アメリカ	9,578	81.2	10,142	81.6	10,523	80.0
中国	376	3.2	454	3.7	575	4.4
メキシコ	236	2.0	245	2.0	291	2.2
ドイツ	233	2.0	249	2.0	268	2.0
イタリア	109	0.9	91	0.7	227	1.7
日本	184	1.6	153	1.2	161	1.2
マレーシア	55	0.5	76	0.6	112	0.9
輸入額合計	11,796	100.0	12,426	100.0	13,151	100.0
輸出額合計	9,213	100.0	10,185	100.0	11,577	100.0
貿易収支	-2,583		-2,241		-1,574	

(表7-2)

オンタリオ

	2002		2003		2004	
アメリカ	162,992	72.5	150,211	71.5	152,307	69.0
中国	7,764	3.5	9,411	4.5	12,230	5.5
メキシコ	10,658	4.7	10,023	4.8	11,137	5.0
日本	6,969	3.1	5,995	2.9	7,369	3.3
ドイツ	3,826	1.7	3,924	1.9	4,344	2.0
イギリス	2,934	1.3	2,847	1.4	3,061	1.4
韓国	2,086	0.9	2,169	1.0	2,330	1.1
輸入額合計	224,753	100.0	210,192	100.0	220,620	100.0
輸出額合計	180,802	100.0	167,669	100.0	179,054	100.0
貿易収支	-43,951		-42,523		-41,566	
	2005		2006		2007	
アメリカ	153,004	66.9	152,339	65.2	151,513	63.1
中国	14,995	6.6	17,481	7.5	20,348	8.5
メキシコ	11,566	5.1	12,176	5.2	13,541	5.6
日本	8,540	3.7	8,499	3.6	9,288	3.9
ドイツ	4,685	2.0	5,149	2.2	5,406	2.3
イギリス	3,040	1.3	3,370	1.4	3,540	1.5
韓国	2,296	1.0	2,951	1.3	2,968	1.2
輸入額合計	228,647	100.0	233,598	100.0	240,243	100.0
輸出額合計	180,204	100.0	177,368	100.0	177,316	100.0
貿易収支	-48,443		-56,230		-62,927	

ケベック

	2002		2003		2004	
アメリカ	19,218	37.4	17,402	33.2	18,613	32.4
中国	3,331	6.5	3,692	7.0	4,532	7.9
イギリス	4,597	8.9	4,476	8.5	4,701	8.2
アルジェリア	1,723	3.3	2,386	4.6	2,888	5.0
ノルウェー	1,859	3.6	2,259	4.3	2,242	3.9
ドイツ	2,060	4.0	2,040	3.9	2,418	4.2
フランス	2,340	4.5	2,395	4.6	2,851	5.0
日本 (10位)	923	1.8	949	1.8	1,092	1.9
輸入額合計	51,436	100.0	52,413	100.0	57,494	100.0
輸出額合計	65,502	100.0	60,996	100.0	64,568	100.0
貿易収支	14,066		8,583		7,074	
	2005		2006		2007	
アメリカ	18,706	28.7	18,580	27.1	21,046	29.6
中国	5,280	8.1	6,252	9.1	6,927	9.8
イギリス	5,195	8.0	5,364	7.8	6,149	8.7
アルジェリア	4,157	6.4	4,953	7.2	5,070	7.1
ノルウェー	3,232	5.0	2,620	3.8	2,504	3.5
ドイツ	2,722	4.2	2,704	3.9	2,448	3.4
フランス	2,554	3.9	2,423	3.5	2,324	3.3
日本 (10位)	1,110	1.7	1,160	1.7	1,477	2.1
輸入額合計	65,285	100.0	68,681	100.0	71,009	100.0
輸出額合計	66,897	100.0	69,078	100.0	67,259	100.0
貿易収支	1,612		397		-3,750	

(表7-2)

ニュー・ブランズウィック

	2002		2003		2004	
アメリカ	2,268	39.7	2,249	37.6	2,345	34.0
ノルウェー	1,396	24.4	1,616	27.1	2,194	31.8
サウジアラビア	617	10.8	767	12.8	1,116	16.2
イギリス	717	12.5	225	3.8	210	3.0
赤道ギニア	75	1.3	341	5.7	182	2.6
デンマーク	1	0.0	1	0.0	1	0.0
アンゴラ	—	—	—	—	—	—
輸入額合計	5,720	100.0	5,974	100.0	6,899	100.0
輸出額合計	8,166	100.0	8,517	100.0	9,438	100.0
貿易収支	2,446		2,543		2,539	
	2005		2006		2007	
アメリカ	2,503	31.3	2,060	27.4	2,092	28.0
ノルウェー	2,083	26.0	2,107	28.0	1,896	25.4
サウジアラビア	1,553	19.4	1,435	19.1	1,797	24.1
イギリス	537	6.7	449	6.0	356	4.8
赤道ギニア	314	3.9	64	0.9	233	3.1
デンマーク	122	1.5	223	3.0	218	2.9
アンゴラ	193	2.4	542	7.2	132	1.8
輸入額合計	8,003	100.0	7,522	100.0	7,470	100.0
輸出額合計	10,675	100.0	10,366	100.0	11,162	100.0
貿易収支	2,672		2,844		3,692	

ノヴァ・スコシア

	2002		2003		2004	
ドイツ	1,628	31.7	1,760	30.3	1,721	27.0
キューバ	273	5.3	346	5.9	571	9.0
ノルウェー	402	7.8	178	3.1	318	5.0
イギリス	671	13.1	740	12.7	694	10.9
アメリカ	413	8.0	528	9.1	431	6.8
スウェーデン	260	5.1	353	6.1	344	5.4
ベネズエラ	157	3.1	158	2.7	394	6.2
輸入額合計	5,140	100.0	5,816	100.0	6,377	100.0
輸出額合計	5,226	100.0	5,351	100.0	5,430	100.0
貿易収支	86		−465		−947	
	2005		2006		2007	
ドイツ	1,709	24.4	1,969	26.3	2,087	28.0
キューバ	537	7.7	609	8.1	1,027	13.8
ノルウェー	494	7.1	504	6.7	738	9.9
イギリス	655	9.4	628	8.4	430	5.8
アメリカ	465	6.6	304	4.1	343	4.6
スウェーデン	336	4.8	369	4.9	305	4.1
ベネズエラ	492	7.0	167	2.2	302	4.1
輸入額合計	6,993	100.0	7,489	100.0	7,453	100.0
輸出額合計	5,654	100.0	5,071	100.0	5,348	100.0
貿易収支	−1,339		−2,418		−2,105	

(表7-2)

	プリンス・エドワード・アイランド					
	2002		2003		2004	
デンマーク	0	0.0	3	15.0	0	0.0
ロシア	4	17.4	3	15.0	10	27.0
アメリカ	15	65.2	7	35.0	18	48.6
イギリス	0	0.0	0	0.0	1	2.7
トリニダード・トバゴ	—	—	—	—	0	0.0
リトアニア	—	—	—	—	—	—
ドイツ	0	0.0	0	0.0	1	2.7
輸入額合計	23	100.0	20	100.0	37	100.0
輸出額合計	683	100.0	638	100.0	645	100.0
貿易収支	660		618		608	
	2005		2006		2007	
デンマーク	0	0.0	21	42.9	24	44.4
ロシア	3	5.6	8	16.3	9	16.7
アメリカ	35	64.8	9	18.4	7	13.0
イギリス	1	1.9	4	8.2	6	11.1
トリニダード・トバゴ	—	—	—	—	2	3.7
リトアニア	—	—	—	—	1	1.9
ドイツ	0	0.0	0	0.0	1	1.9
輸入額合計	54	100.0	49	100.0	54	100.0
輸出額合計	773	100.0	786	100.0	767	100.0
貿易収支	719		737		713	

	ニューファンドランド・アンド・ラブラドル					
	2002		2003		2004	
イラク	1,069	58.1	1,111	43.3	1,083	42.4
ロシア	64	3.5	473	18.4	424	16.6
ベネズエラ	0	0.0	36	1.4	13	0.5
アメリカ	202	11.0	215	8.4	204	8.0
ベルギー	1	0.1	18	0.7	10	0.4
グリーンランド	0	0.0	—	—	0	0.0
ドイツ	11	0.6	14	0.5	11	0.4
輸入額合計	1,841	100.0	2,568	100.0	2,553	100.0
輸出額合計	5,534	100.0	4,762	100.0	7,100	100.0
貿易収支	3,693		2,194		4,547	
	2005		2006		2007	
イラク	1,176	44.3	1,668	57.7	1,501	48.5
ロシア	358	13.5	86	3.0	479	15.5
ベネズエラ	179	6.7	284	9.8	421	13.6
アメリカ	243	9.2	265	9.2	242	7.8
ベルギー	5	0.2	29	1.0	58	1.9
グリーンランド	0	0.0	0	0.0	45	1.5
ドイツ	67	2.5	16	0.6	36	1.2
輸入額合計	2,654	100.0	2,893	100.0	3,094	100.0
輸出額合計	8,061	100.0	9,521	100.0	11,530	100.0
貿易収支	5,407		6,628		8,436	

注) 輸出額は再輸出額を含まない．表中の—は該当する数値が存在しないことを表わす．なお，統計上，グリーンランドはデンマークとは別に集計されている．
出典) Industry Canada, "Trade Data Online" (http://www.ic.gc.ca/sc_mrkti/tdst/tdo/tdo.php (2008年9月12日アクセス))．

さて，次に表7-2を通して2002年から2007年にかけての商品貿易における州別上位7輸入相手国（2007年の上位7ヶ国）を見てみよう（ケベック州については第10位の日本を含む）．BC州の2002年の輸入額は315億3,400万ドルで2007年には387億300万ドルへと増加している．また，表7-1の輸出額合計と比較することにより，この間全ての年にわたって貿易収支は赤字であった．BC州の最大の輸入相手国は輸出相手国と同様にアメリカであるが，その比率は輸出の比率よりさらに約2～3割下がり，2007年では41.0％であった．日本からの輸入は2002年と2003年にはそれぞれ22.8％と20.7％で第2位であった．しかし，2004年に中国に抜かれて以来日本は第3位の輸入相手国となった．2007年の中国からの輸入は22.4％，日本からは10.7％，韓国からは4.2％と，輸出と同様に東アジア諸国との貿易の結び付きが強いことがうかがえる．

アルバータ州の輸入額は2002年の129億5,800万ドルから2007年の184億8,000万ドルへと増加しているが，同時期の輸出額は489億3,100万ドルから820億300万ドルで，大幅な貿易黒字を毎年計上している．輸出相手国同様に，アルバータ州の最大の輸入相手国はアメリカで，毎年約7割の輸入がなされている．2002年と2003年の第2位の輸入相手国はメキシコであったが，2004年に順位の入れ替わりが生じ中国が第2位になっている．2007年の輸入相手国は順にアメリカ（68.7％），中国（7.3％），メキシコ（4.0％），ドイツ（2.3％），イギリス（2.2％），イタリア（1.4％），日本（1.4％）で，金額は少ないが日本からの輸入は継続されている．

サスカチュワン州の輸入額は2002年の41億4,600万ドルから2007年には69億6,200万ドルへと増えている．アルバータ州ほどではないが，サスカチュワン州も毎年貿易収支は黒字で，黒字幅も増加傾向にある．サスカチュワン州の最大の貿易相手国はアメリカであり，2002年から2007年にかけ輸出額の約6割がアメリカ向けなのに対し，輸入額は9割弱がアメリカからのものである．しかし，金額的には毎年輸入額は輸出額

のほぼ半分で，アメリカとの貿易収支は黒字が続いている．2007年，アメリカ以外ではドイツ（2.3％），中国（2.3％），メキシコ（1.5％），イギリス（1.0％），日本（0.9％），イタリア（0.7％）からの輸入がみられた．

マニトバ州の輸入額は2002年の113億4,000万ドルから2007年の131億5,100万ドルへと18億ドルほど増加した．マニトバ州の場合は，同期間中の輸出額が94億400万ドルから115億7,700万ドルで，毎年貿易収支は赤字を記録している．2002年の74.0％を除くと，2003年から2007年にかけてアメリカからの輸入はほぼ8割に達している．次いで，中国からの輸入が第2位で，2002年から2007年の間に2.2％から4.4％へと増加した．同期間中，第3位と第4位はほぼメキシコとドイツで占められている．2007年には第3位以下順に，メキシコ（2.2％），ドイツ（2.0％），イタリア（1.7％），日本（1.2％），マレーシア（0.9％）からの輸入であった．

オンタリオ州の輸入額はカナダ最大で，2002年の2,247億5,300万ドルが，2007年には2,402億4,300万ドルへと増大している．輸出額は2002年の1,808億200万ドルから2007年の1,773億1,600万ドルへと若干減少しているため，貿易赤字は拡大し2007年には629億2,700万ドルとなっている[2]．オンタリオ州の最大の輸入相手国はアメリカで，2002年には72.5％であったが，2007年には63.1％とその比率は10％弱減少している．しかし，貿易額を比較すると，オンタリオ州とアメリカの貿易は2002年から2006年まではオンタリオ州側の黒字が続き，2007年にオンタリオ州側で33億8,700万ドルの赤字となったことは注目に値する．2004年以降，メキシコと順位が逆転し中国からの輸

---

[2] カナダ統計局によると，エネルギー価格の上昇にもかかわらず，2002年から2007年にかけてオンタリオ州とケベック州の交易条件が改善されていることが指摘されている．"Terms of trade in Central Canada," in *The Daily*, December 11, 2008, and in the December 2008 Internet edition of the *Canadian Economic Observer*, Vol. 21, No. 12.

入が第2位となった．2007年の上位輸入相手国は，アメリカに次いで中国（8.5%），メキシコ（5.6%），日本（3.9%），ドイツ（2.3%），イギリス（1.5%），韓国（1.2%）で，輸出に比べると東アジアからの輸入が多い点が特徴的である．

ケベック州は2002年から2007年までオンタリオ州に次ぐ輸入額が第2位の州である．輸入額は2002年の514億3,600万ドルから2007年の710億900万ドルへと増加した．貿易収支はケベック州の場合は，2002年から2006年にかけて黒字幅が徐々に減少し，2007年に37億5,000万ドルの赤字となった．アメリカはケベック州にとって最大の輸入相手国であるが，2002年の37.4%から2007年の29.6%へと比率が低下していると同時に，オンタリオ以西の州と比較するとその比率は低い．言い換えると，アメリカからの輸入に集中せず，世界各国から分散して輸入していることが特徴的である．イギリスは2002年から2004年までは第2位であったが，中国からの輸入が伸び2005年以降は順位が入れ替わった．2007年の輸入相手国は第2位以下順に，中国（9.8%），イギリス（8.7%），アルジェリア（7.1%），ノルウェー（3.5%），ドイツ（3.4%），フランス（3.3%）であった．日本からの輸入は2.1%で第10位であった．

ニュー・ブランズウィック州の輸入額は2002年の57億2,000万ドルから2005年には80億300万ドルへ増加し，2007年には74億7,000万ドルへとやや減少した．この間，輸出額は81億6,600万ドルから111億6,200万ドルへと伸び，毎年の貿易収支は黒字であった．最大の輸入相手国はアメリカで，2002年の39.7%から2007年には28.0%へと減少し，ケベック州と同様な傾向がみられる．2007年の輸入相手国の第2位以下は，ノルウェー（25.4%），サウジアラビア（24.1%），イギリス（4.8%），赤道ギニア（3.1%），デンマーク（2.9%），アンゴラ（1.8%）と世界各国にまたがっている．特に，ノルウェーとサウジアラビアで輸入額の約半分を占めていることは，ケベック以西の州には見られなかった貿易パターンである．

ノヴァ・スコシア州の輸入額は2002年から2007年にかけて51億4,000万ドルから74億5,300万ドルへと増加した．貿易収支に関しては，2002年には8,600万ドルの黒字であったが，2003年から赤字に転じると共に赤字幅も徐々に拡大し，2006年には24億1,800万ドル，2007年には21億500万ドルの赤字を計上した．ノヴァ・スコシア州の輸出の約8割はアメリカ向けであったが，アメリカからの輸入は毎年10%未満である．同州の最大の輸入相手国はドイツで，2002年は31.7%であった．その後徐々に比率が低下して，2005年には24.4%へと減少したが，2007年には28.0%に増加した．2002年から2006年まではイギリスが第2位の輸入相手国であったが，比率は13.1%から8.4%へと減少した．2007年の第2位以下の輸入相手国は，キューバ（13.8%），ノルウェー（9.9%），イギリス（5.8%），アメリカ（4.6%），スウェーデン（4.1%），ベネズエラ（4.1%）であった．ノヴァ・スコシア州は，アメリカからの輸入額が極めて小さいことおよび輸入相手国が多様であることが特徴的である．

PEI州の輸入額は輸出額同様に10州の中では最小である．2002年の輸入額は2,300万ドルで，2007年の輸入額は5,400万ドルであった．貿易収支は2002年から2004年にかけては6億ドル以上の黒字を，2005年から2007年にかけては7億ドル以上の黒字を記録している．PEI州の場合，輸入額が少ないため全ての詳細な情報が網羅されていないが，2002年から2005年まではアメリカが最大の輸入相手国であり，その比率は少ない年には35.0%，多い年には65.2%であった．2002年から2006年にかけ輸出の8割から9割がアメリカへ向けられており，比率の小さい2007年でも7割がアメリカへ輸出されているのと対比すると，輸入に関してはアメリカへの依存度が低いと言える．2006年と2007年の最大の輸入相手国はデンマークで，その比率はそれぞれ42.9%と44.4%であった．また，2006年と2007年の第2位の輸入相手国はそれぞれアメリカ（18.4%）とロシア（16.7%）であった．2007年アメリカは第3位の輸入相手国（13.0%）で，イギリスは第4

位（11.1%）であった．次いで，トリニダード・トバゴ（3.7%），リトアニア（1.9%），ドイツ（1.9%）と，同州の輸入相手国も他州と大いに異なる点が特色として挙げられる．

ニューファンドランド州の輸入額は2002年には18億4,100万ドルで2004年を除いて毎年の増加をみ，2007年には30億9,400万ドルになっている．貿易収支も2003年の21億9,400万ドルから2007年の84億3,600万ドルへと毎年黒字幅が増大している．ニューファンドランド州も沿海州のノヴァ・スコシア州やPEI州と同様に，アメリカへは輸出の約75%を向けているにもかかわらず，アメリカからの輸入は2002年の11.0%を最大に，2003年から2007年にかけては10%未満である．同期間中，最大の輸入相手国はイラクで，2002年の58.1%から2007年の48.5%と4～5割台を占めている．ロシアは，2003年が18.4%，2004年が16.6%，2005年が13.5%，2007年が15.5%で，第2位の輸入相手国である．2007年の順位は，第3位以下はベネズエラ（13.6%），アメリカ（7.8%），ベルギー（1.9%），グリーンランド（1.5%），ドイツ（1.2%）であった．同州も輸入相手先が他州に見られない特色を示している．

10州の輸入についての特徴をまとめてみると，アメリカを第1位の輸入国としているのは7州で，そのうち依存度が高いのがサスカチュワン，マニトバ，アルバータとオンタリオの4州であった．BC州はアメリカへの依存度は4割程度で，ケベックとニュー・ブランズウィックの2州は2007年には3割を切っている．なお，PEI州は2002年から2005年まではアメリカへの依存度が高かった．ノヴァ・スコシアとニューファンドランドの2州はアメリカからの輸入がはるかに少なく，ノヴァ・スコシア州にとってはドイツが，またニューファンドランド州にとってはイラクが2002年以来第1位の輸入相手国として重要性を持っている．

金額的にはアメリカと比較すると1桁から2桁少ないが，中国が5州で第2位の地位に上昇してきていることも特色である．BC州は東アジア諸国からの輸入が多く，ケベック州はヨーロッパ諸国からの輸入が多い．

大西洋カナダのニュー・ブランズウィック，ノヴァ・スコシア，PEIおよびニューファンドランドの4州の輸入相手国は多岐に富んでいることも明らかとなった．

さて，州別の輸出入相手国の特徴が明らかになったが，ここからは2007年の上位3位までの相手国との主な上位5品目[3]を明らかにし，州の商品貿易[4]の特徴を通して，貿易相手国との経済関係を把握したい．

先ず，BC州について見ると，アメリカへの主な輸出品目は木材製品（50.8億ドル），鉱物性燃料[5]（37.3億ドル）で主として天然ガス，紙製品（12.1億ドル），一般機械（10.7億ドル）やパルプ（9.4億ドル）であった．日本への主な輸出品目は銅やモリブデンの鉱石[6]（10.1億ドル），紙製品（10.0億ドル），鉱物性燃料（ほとんどは石炭）（8.4億ドル），アルミニウム（5.1億ドル），パルプ（3.0億ドル）であった．中国へはパルプ（10.3億ドル）が輸出の59.1%を占めた．その他の品目としては銅鉱石が1.8億ドル，木材製品が1.3億ドルであった．

輸入品目については，アメリカから一般機械（19.1億ドル），鉱物性燃料（主として石油）（17.3億ドル），自動車関連製品（16.4億ドル），電気機器（7.9億ドル），亜鉛や鉛鉱石（7.4億ドル）が輸入され，中国からは電気機器（15.0億ドル），一般機械（12.7億ドル），玩具やスポーツ用品（8.9億ドル），家具（6.4億ドル），毛織物（6.0億ドル）が輸入された．日本からは自動車関連製品（22.0億ドル）が主なもので，次いで一般機械（8.1億ドル），鉄鋼製品（2.7億ドル），電気機器（2.4億ドル）が輸入された．

アルバータ州からアメリカへの主な輸出品目は鉱物性燃料で，その大部

---

[3] 小額の場合などは，上位5品目が示されていないこともある．
[4] 以下の出典は全てカナダ産業省のウェブサイトによる．Industry Canada, http://www.ic.gc.ca/sc_mrkti/tdst/tdo/tdo.php（2008年9月12日アクセス）．また，金額は百万ドルの桁で四捨五入をしている．
[5] HSコード27の鉱物性燃料には，原油，天然ガス，石油，石炭，電力などが含まれる．
[6] HSコード26で，ores, slag and ash．

分が原油や天然ガスによって占められている．金額は557.4億ドルで，これはカナダ全体の同品目輸出額の59.8%，アメリカへの同品目輸出額の62.3%に相当する．次に，プラスチック（28.1億ドル），一般機械（19.8億ドル），有機化合物（15.4億ドル），鉄鋼製品（8.1億ドル）である．中国への主な輸出品目は有機化合物（10.7億ドル）のほか，ニッケル（3.2億ドル），塩・硫黄（2.6億ドル），プラスチック（2.6億ドル），油脂（2.1億ドル）であった．日本への主な輸出品目は油脂種子[7]（4.6億ドル），肉類（2.0億ドル），石炭を主とする鉱物性燃料（1.4億ドル），パルプ（1.3億ドル），穀物（1.3億ドル）であった．

輸入品に関しては，アルバータはアメリカから一般機械（26.7億ドル），主として天然ガスの鉱物性燃料（17.1億ドル），自動車関連製品（10.9億ドル），電気機器（7.9億ドル），航空機等（7.2億ドル）を輸入している．中国からは電気機器（2.6億ドル），一般機械（2.5億ドル），鉄鋼製品（1.7億ドル），家具（1.5億ドル）が主な輸入品であった．メキシコからはテレビなどの電気機器（2.1億ドル），自動車関連製品（1.1億ドル），一般機械（冷蔵庫や洗濯機など）（0.9億ドル），鉄鋼製品（0.8億ドル），野菜類（0.5億ドル）が輸入された．

サスカチュワン州のアメリカへの輸出品目は第1位が鉱物性燃料（71.3億ドル）で，そのほとんどが原油であった．次いで肥料（塩化カリウム）（18.3億ドル），穀物（6.1億ドル），家畜（3.5億ドル），一般機械（3.4億ドル）であった．中国へは肥料（塩化カリウム）（4.1億ドル），カノーラを含む油脂種子（1.7億ドル），パルプ（1.3億ドル），野菜類（0.7億ドル），穀物（0.6億ドル）が輸出された．イギリスへの主な輸出品目は無機化学品で，その全てがウラニウム化合物（6.1億ドル）

---

[7] 統計上HSコード6桁では，油脂種子はカノーラとそれ以外とに分けられており，日本にはそれ以外が輸出されていることになっている．しかし，実際には，日本へはカノーラが多く輸出され，カナダからの輸出品目の上位を占めている．また，カノーラとはカナダで育成・栽培されているセイヨウアブラナの一変種で，エルカ酸が少なく，カノーラ油を採る．

であり，以下穀物（0.7億ドル），野菜類（0.1億ドル）であった．

　アメリカからは一般機械（20.1億ドル），自動車関連製品（12.4億ドル），鉄鋼（3.1億ドル），鉄鋼製品（2.9億ドル），電気機器（2.4億ドル）が輸入されている．ドイツからの輸入品は有機化学物（0.8億ドル），一般機械（0.5億ドル），自動車関連製品（0.1億ドル）が主なものであった．中国からの主な輸入品目は化学製品（0.3億ドル），家具（0.3億ドル），一般機械（0.2億ドル），ゴム製品（0.1億ドル）であった．

　マニトバ州からアメリカへは電力[8]と原油の鉱物性燃料（9.8億ドル），自動車関連製品（乗用車ではなく，バスなど大型車）（7.2億ドル），家畜（6.9億ドル），銅製品（6.6億ドル），一般機械（6.3億ドル）が輸出された．中国へはニッケル製品（4.4億ドル），油脂種子（0.5億ドル），一般機械，鉄鋼，穀物（各0.1億ドル）が輸出された．日本へは肉類（2.1億ドル），油脂種子（1.2億ドル），穀物（0.5億ドル），ニッケル製品（0.3億ドル）と，主に食料品が輸出された．

　アメリカからの輸入品は一般機械（28.8億ドル），自動車関連製品（16.2億ドル），電気機器（6.6億ドル），プラスチック（4.9億ドル），鉄鋼製品（4.6億ドル）であった．中国からの輸入品は電気機器（1.3億ドル），一般機械（1.0億ドル），家具（0.4億ドル），毛織物（0.4億ドル），玩具・スポーツ用品（0.3億ドル）であった．メキシコからは，電気機器（0.7億ドル），一般機械（0.5億ドル），家具（0.4億ドル），自動車関連製品（0.2億ドル），タバコ（0.2億ドル）が輸入された．

　貿易額が最大のオンタリオ州からは，アメリカへ自動車関連製品（613.9億ドル）が輸出され，これはカナダからアメリカへの同製品の輸出額の94.8％に相当する．一般機械（148.4億ドル），電気機器（72.2億ドル），プラスチック（52.3億ドル），家具（38.3億ドル）もアメリカへ輸出されている．イギリスへは金と貴金属（35.4億ドル），ニッケ

　8）電力（electrical energy）（HSコード271600）は，鉱物性燃料から作り出されたものがHSコード27に含まれている．

ル製品（15.3億ドル），無機化学品（ウラニウム化合物）（7.4億ドル），電気機器（3.2億ドル），一般機械（3.0億ドル）が輸出されている．ノルウェーにはニッケル製品が主たる輸出品で，その金額30.2億ドルはオンタリオ州からノルウェーへの輸出額の88.0%に当たる．その他に，銅マット（1.8億ドル）やコバルト（1.7億ドル）が輸出された．

　また，オンタリオ州はアメリカから自動車関連製品を428.6億ドル輸入している．この金額はカナダのアメリカからの同製品の輸入額の85.9%に相当する．カナダとアメリカの間の自動車貿易に関しては，そのほとんどがオンタリオ州とアメリカ間でなされていることが明白である．次いで，アメリカからは一般機械（227.7億ドル），電気機器（98.1億ドル），プラスチック（76.3億ドル），天然ガス，原油や石油などの鉱物性燃料（50.0億ドル）が輸入されている．

　オンタリオ州の中国からの輸入品は，電気機器（53.9億ドル），一般機械（48.9億ドル），玩具・スポーツ用品（17.3億ドル），家具（11.8億ドル），プラスチック（5.5億ドル）であった．メキシコからの輸入品は，電気機器（43.4億ドル），自動車関連製品（36.3億ドル），一般機械（19.0億ドル），家具（7.6億ドル），光学機器（5.3億ドル）が主なもので，メキシコから自動車関連製品が輸入されているのはNAFTAの優位性を活かしているものである．

　ケベック州からアメリカへの主な輸出品は，アルミニウム（73.9億ドル），紙製品（48.2億ドル），航空機等（45.1億ドル），一般機械（43.9億ドル），電気機器（28.6億ドル）である．イギリスへは航空機等（3.1億ドル），電気機器（1.8億ドル），一般機械（1.7億ドル），紙製品（主として新聞用紙）（1.6億ドル），鉄鉱石（1.6億ドル）が主に輸出されている．オランダへはアルミニウム（6.6億ドル），鉱物性燃料（石油）（1.1億ドル），鉄鋼（0.9億ドル），航空機等（0.8億ドル），鉄鉱石（0.8億ドル）が輸出されている．前章で記述したように，ケベック州ではアルミニウム生産や航空機製造が盛んで，これらの製品が同州からの特色ある輸出品目となっている．

ケベック州のアメリカからの輸入品は，ターボジェットやその部品などの一般機械（30.2億ドル），電気機器（26.9億ドル），航空機等（15.5億ドル），石油などの鉱物性燃料（15.1億ドル），加工されていない金，金や貴金属のスクラップなど（12.3億ドル）であった．中国からは，織物（8.6億ドル），毛織物（7.2億ドル），電気機器（6.2億ドル），家具（5.4億ドル），一般機械（5.3億ドル）が輸入されている．イギリスからの輸入品は，ほとんどが原油の鉱物性燃料（39.7億ドル），航空機等（5.4億ドル），一般機械（5.1億ドル），医薬品（2.2億ドル），電気機器（0.9億ドル）であった．

ニュー・ブランズウィック州のアメリカへの輸出品の第1位は鉱物性燃料（主として石油）の68.4億ドルで，これは同州からアメリカへの輸出額の69.7％を占めている．以下は，紙製品（6.8億ドル），木材製品（4.8億ドル），ロブスターやサケなどの魚介類（4.4億ドル），パルプ（2.3億ドル）であった．ベルギーへは亜鉛鉱石（0.7億ドル），パルプ（0.2億ドル），真珠・コイン・宝石（0.1億ドル）が主な輸出品であった．イギリスへの輸出額も小さく，新聞用紙（0.4億ドル），木材製品（0.2億ドル），鉛（0.1億ドル）が主だった輸出品であった．

アメリカからの輸入品の上位は一般機械（2.7億ドル），自動車関連製品（2.4億ドル），魚介類（2.0億ドル），ゴム製品（1.7億ドル），木材製品（1.3億ドル）であった．ノルウェーからの輸入品の第1位は鉱物性燃料の原油18.9億ドルで，これは同国からの輸入品の99.5％を占めている．また，サウジアラビアからの輸入品も鉱物性燃料の原油で，18.0億ドルは同国からの輸入品のほぼ100％に当たる．なお，既に指摘したように，ノルウェーとサウジアラビアからの輸入額は，同州の輸入額合計の約半分に相当する．ニュー・ブランズウィック州はアメリカへ石油を輸出している一方，ノルウェーとサウジアラビアから原油を輸入しているのが特徴的である．

ノヴァ・スコシア州からアメリカへは鉱物性燃料（主として天然ガス）（12.6億ドル），ゴム製品（7.5億ドル），ロブスターやカニの魚介類

(5.2億ドル），紙製品（3.6億ドル），プラスチック（1.4億ドル）が輸出されている．イギリスへはパルプ（0.3億ドル），魚介類（0.2億ドル），一般機械（0.1億ドル）が輸出され，フランスへはホタテガイやロブスターなどの魚介類（0.4億ドル），ゴム製品（0.1億ドル），航空機等（0.1億ドル）が輸出されている．

　ドイツからの輸入品の第1位は自動車関連製品（19.0億ドル）で，これはドイツからの輸入品の91.1％に相当する．一般機械（1.1億ドル）や鉄鋼（0.1億ドル）もドイツから輸入している．キューバからの輸入品のほとんどが「その他」に分類される10.3億ドルで，内容は統計上開示されていない．ノルウェーからの輸入品の第1位は原油の鉱物性燃料で，7.0億ドルは同国からの輸入品の94.4％を占めている．魚介類，一般機械，船舶はそれぞれ0.1億ドルであった．

　PEI州からアメリカへの輸出品の第1位は，冷凍フレンチフライを主とした加工食品（1.9億ドル）で，以下ロブスターやムラサキイガイなどの魚介類（1.1億ドル），一般機械（0.4億ドル），ロブスターやカニなどの加工魚介類（0.4億ドル），野菜類（0.4億ドル）である．イギリスへは一般機械（主としてターボプロペラ）（0.1億ドル），日本へはロブスターやムラサキイガイなどの魚介類（0.1億ドル）を輸出している．

　PEI州の輸入額は極めて少ないため，記述が限られる．デンマークから0.2億ドルの電気機器（大部分が発電機の部品），ロシアから0.1億ドルの肥料（アンモニア）を輸入している．アメリカからの肥料の輸入額は347万ドルであった．

　ニューファンドランド州はアメリカへ鉱物性燃料を81.5億ドル輸出している．主として原油で，その他に石油も含まれる．鉱物性燃料は同州からアメリカへの輸出額の92.7％を占める．次いで，カニ，サケ，ロブスターや様々な種類の魚を含む魚介類（2.6億ドル），紙製品（新聞用紙）（1.5億ドル），鉱石（1.0億ドル）が輸出されている．ドイツへは鉱石（5.1億ドル），航空機等（0.3億ドル）が，中国へは主として鉄鉱石（2.2億ドル）や一般機械（データ処理機やコンピュータの部品）（1.3億

ドル)が輸出されている.

　ニューファンドランド州のイラクからの輸入額15.0億ドルは全額鉱物性燃料(原油)であった.さらに,ロシアからの輸入額のほとんどに当たる4.7億ドルも,ベネズエラからの4.2億ドル全額も鉱物性燃料(原油)であった.ニューファンドランド沖で採掘される原油はアメリカへ輸出される一方,イラク,ロシア,ベネズエラから原油を輸入している.

　以上の輸出入品目と貿易相手国からみた各州の特徴をまとめてみる.先ず,金額的にも第1位の鉱物性燃料に着目すると,カナダは原油を輸出するのと同時に輸入しているが,原油の純輸出国である.カナダ天然資源省によると,カナダは現在1日に約250万バレルの原油を産出し,約185万バレル消費している.また,カナダは1日に163万バレル輸出していると同時に93万バレル輸入している.原油は西部カナダとニューファンドランド州で産出され,輸出されている.一方,オンタリオ州の一部,ケベック州,大西洋カナダは必要な原油を輸入している[9].これは地理的な要因と輸送費という経済的要因によるもので,アルバータ州を中心とする西部カナダとアメリカはパイプラインで結ばれ,原油がアメリカへ輸出されている.カナダの原油の輸出先はほぼ100%がアメリカであり,第I部で指摘したようにカナダはアメリカにとって最大の原油輸出国である.一方,ケベック州や大西洋カナダは水運により,原油を輸入しており,輸入先は約44%が石油輸出国機構(OPEC)諸国からで,37%が北海地域からである[10].

　2007年の輸出入品目と州別の貿易相手国を詳細に検討した結果,カナダは主としてアルバータ州やサスカチュワン州,ニューファンドランド州からの原油・天然ガスをアメリカへ輸出している一方,オンタリオ州,ケ

---

[9] Natural Resources Canada, Energy Sector, Energy Sources, Crude Oil Market, Frequently Asked Questions, http://nrcan.gc.ca/eneene/sources/crubru/faq-eng.php (2009年8月25日アクセス).

[10] Natural Resources Canada, Energy Sector, Energy Sources, Crude Oil Market, Trade, http://nrcan.gc.ca/eneene/sources/crubru/tracom-eng.php (2009年8月25日アクセス).

ベック州，沿海州，ニューファンドランド州が原油をアメリカ，ノルウェー，イギリス，イラク，ロシア，ベネズエラから輸入している，という独特の原油の貿易パターンが確認された．

次に，金額的に大きい自動車関連製品についてみると，そのほとんどがオンタリオ州とアメリカとの間で相互に輸出入がなされている．また，自動車関連製品は，ノヴァ・スコシア州を除くと，各州のアメリカからの上位輸入品目になっている．さらに，BC 州では日本からも自動車関連製品が多く輸入されている．NAFTA の根幹をなす米加間の自動車貿易の重要性は実証されたが，自動車製品貿易に関して NAFTA 加盟国のメキシコとの貿易は金額的には些少であることも明白となった．

日本との貿易に関しては，日本への輸出も相対的に減少傾向がみられ，それ以上に日本からの輸入が中国やメキシコに代替されていることも明らかになった．中国からは，主に電気機器，一般機械，玩具・スポーツ用品，家具などが輸入されている．

7.2　自動車産業の落ち込みと原油の高騰
――2008 年の経済不況の影響

この節では，2007 年に比較して上位の貿易相手国との貿易がどのように変化しているかに着目し，2008 年のカナダの州別の貿易の特徴を，貿易額および貿易品目の面から明らかにしたい．表 7-3 は，2007 年と 2008 年の州別の上位 3 輸出入相手国を示したものである．前節では上位 7 ヶ国との貿易について詳細に述べたが，ここでは上位 3 ヶ国に絞って前年との比較で貿易の変化を辿ってみたい．10 州のうち，ケベック州とノヴァ・スコシア州で上位 3 ヶ国からの輸入が輸入額合計の 50% 弱を示すことを除けば，上位 3 ヶ国が各州の輸出額合計・輸入額合計の 7 割以上を占めるため，上位 3 ヶ国で議論をしても差し支えないと判断した．また，比較のためにカナダ全体の上位 3 ヶ国との貿易も掲載してある．

BC 州の貿易は 2008 年に輸出額が 5.1% 伸び，輸入額が 11.1% 増加

第7章　州別の貿易の特徴——171

表7-3　2007年と2008年のカナダ州別上位3輸出入相手国
（商品貿易，通関ベース）

（単位：百万ドル，%）

州名	輸出相手国	2007	2008		輸入相手国	2007	2008	
カナダ	アメリカ	333,257	353,293	77.6	アメリカ	220,512	227,149	52.4
	イギリス	11,387	12,430	2.7	中国	35,305	42,620	9.8
	日本	8,940	10,889	2.4	メキシコ	17,176	17,910	4.1
	輸出総額	420,275	455,427	100.0	輸入総額	406,988	433,519	100.0
ブリティッシュ・コロンビア	アメリカ	19,091	17,601	53.1	アメリカ	15,884	17,978	41.8
	日本	4,135	5,022	15.1	中国	8,661	9,712	22.6
	中国	1,743	2,008	6.1	日本	4,152	4,124	9.6
	輸出額合計	31,560	33,165	100.0	輸入額合計	38,705	42,991	100.0
アルバータ	アメリカ	70,879	96,625	87.9	アメリカ	12,734	15,376	69.5
	中国	2,810	3,095	2.8	中国	1,352	1,633	7.4
	日本	1,459	2,034	1.9	メキシコ	730	850	3.8
	輸出額合計	81,873	109,933	100.0	輸入額合計	18,518	22,121	100.0
サスカチュワン	アメリカ	12,013	18,807	62.9	アメリカ	6,039	7,829	86.7
	中国	840	1,142	3.8	ドイツ	163	234	2.6
	インド	592	1,115	3.7	中国	159	148	1.6
	輸出額合計	19,287	29,923	100.0	輸入額合計	6,961	9,030	100.0
マニトバ	アメリカ	8,348	8,878	69.2	アメリカ	10,523	12,465	81.5
	日本	517	639	5.0	中国	575	692	4.5
	中国	761	615	4.8	メキシコ	291	366	2.4
	輸出額合計	12,192	12,830	100.0	輸入額合計	13,151	15,299	100.0
オンタリオ	アメリカ	148,129	133,745	81.7	アメリカ	151,506	147,498	61.0
	イギリス	7,420	7,662	4.7	中国	20,359	22,511	9.3
	ノルウェー	3,428	2,570	1.6	メキシコ	13,542	13,879	5.7
	輸出額合計	177,387	163,774	100.0	輸入額合計	240,259	241,710	100.0
ケベック	アメリカ	51,351	51,237	73.9	アメリカ	21,053	22,485	28.6
	イギリス	1,445	1,648	2.4	中国	6,928	7,663	9.8
	ドイツ	1,198	1,253	1.8	アルジェリア	5,070	7,067	9.0
	輸出額合計	67,255	69,319	100.0	輸入額合計	71,073	78,573	100.0
ニュー・ブランズウィック	アメリカ	9,850	10,583	82.6	ノルウェー	1,896	3,222	29.7
	オランダ	52	542	4.2	アメリカ	2,091	2,491	22.9
	ベルギー	114	245	1.9	サウジアラビア	1,797	2,014	18.5
	輸出額合計	11,183	12,808	100.0	輸入額合計	7,470	10,864	100.0
ノヴァ・スコシア	アメリカ	4,215	4,537	78.8	ドイツ	2,087	2,528	30.0
	イギリス	115	171	3.0	キューバ	1,027	880	10.5
	フランス	97	101	1.8	イギリス	435	795	9.4
	輸出額合計	5,348	5,756	100.0	輸入額合計	7,466	8,416	100.0
プリンス・エドワード・アイランド	アメリカ	560	637	75.0	デンマーク	24	83	69.7
	イギリス	20	18	2.1	イギリス	6	17	14.3
	オーストリア	10	12	1.4	アメリカ	7	11	9.2
	輸出額合計	767	849	100.0	輸入額合計	54	119	100.0
ニューファンドランド・アンド・ラブラドル	アメリカ	8,795	10,497	71.9	イラク	1,501	1,869	43.9
	ドイツ	552	1,022	7.0	ロシア	478	844	19.8
	中国	359	481	3.3	ベネズエラ	421	683	16.0
	輸出額合計	11,530	14,602	100.0	輸入額合計	3,213	4,256	100.0

注）輸出額は再輸出額を含まない．なお，同じ出典ではあるが，アクセス日が異なるため2007年の値は表7-1および表7-2の値とは若干異なる．

出典）Industry Canada, "Trade Data Online"（http://www.ic.gc.ca/sc_mrkti/tdst/tdo/tdo.php（2009年8月18日アクセス））．

した.具体的には,輸出額は331億6,500万ドル,輸入額は429億9,100万ドルで,その結果,貿易収支は98億2,600万ドルの赤字であった.輸出相手国は順に,アメリカ(53.1%),日本(15.1%),中国(6.1%)であり,輸入相手国は順にアメリカ(41.8%),中国(22.6%),日本(9.6%)で,輸出入の相手国の順位は2007年と同じであった[11].
BC州の場合,前年と比較すると,アメリカへの輸出額が14億9,000万ドル減少し,アメリカからの輸入額が20億9,400万ドル増加した点が注目される.また,前年同様,他州と比較してアメリカとの貿易比率は相対的に小さく,中国や日本といった東アジアとの貿易比率が大きいことが特徴的である.

　アルバータ州の場合前年に比べて貿易額が大幅に伸び,輸出額は1,099億3,300万ドル,輸入額は221億2,100万ドルで,貿易収支は878億1,200万ドルと10州の中では最大の黒字幅を計上した.第1位の輸出相手国アメリカの占める比率も87.9%と10州の中では最大であり,金額も966億2,500万ドルと前年と比べて257億4,600万ドル増加した.第2位は中国(2.8%),第3位は日本(1.9%)であった.上位輸入相手国はアメリカ(69.5%),中国(7.4%),メキシコ(3.8%)であった.2008年のアルバータ州の特色は,アメリカへの輸出額が大幅に増加したことと,BC州同様,中国や日本への輸出額が相対的に大きいことである.

　サスカチュワン州は,前年に比べ2008年の輸出額が106億3,600万ドル増加し299億2,300万ドルに,輸入額は前年より20億6,900万ドル増加し90億3,000万ドルとなった.その結果,貿易収支の黒字は208億9,300万ドルと州のGDPに対して大きな比率となっている.アメリカへの輸出額は188億700万ドル(62.9%)で,前年に比べ67億9,400万ドル増加した.中国へは3.8%,インドへは3.7%が輸出され

---

11) 以下,本文中で特に断わりが無い場合は,2007年と2008年の輸出入相手国の順位は同じである.

た．2007年の第3位の輸出相手国イギリス（2008年には3.1%）は，日本（同3.2%）に次ぐ第5位へと後退した．上位輸入相手国は，アメリカ（86.7%），ドイツ（2.6%），中国（1.6%）であった．サスカチュワン州の2008年の特徴は，アメリカとの貿易が増加し，アメリカからの輸入額の比率が86.7%と10州で最大で，しかも州全体の貿易収支の半分以上の109億7,800万ドルの黒字をアメリカとの2国間貿易で生み出している点にある．

マニトバ州の2008年の輸出額は128億3,000万ドルと前年に比べ若干の増加を示した反面，輸入額が152億9,900万ドルへと増大し，その結果貿易収支は24億6,900万ドルの赤字を計上した．上位輸出相手国はアメリカ（69.2%），日本（5.0%），中国（4.8%）であった．2007年と比較すると，日本と中国の順位が入れ替わった．輸入相手国については，アメリカ（81.5%），中国（4.5%），メキシコ（2.4%）であった．アメリカからの輸入比率はサスカチュワン州に次いで高率である．なお，サスカチュワン州とは反対に，アメリカとの35億7,800万ドルの貿易赤字はマニトバ州全体の貿易赤字の大きな要因になっている．

オンタリオ州の輸出額は2008年には136億ドル余り減少し1,637億7,400万ドル，輸入額は若干増加し2,417億1,000万ドルとなり，その結果貿易収支は10州中最大の779億3,600万ドルの赤字を記録した．アメリカへの輸出額の比率は81.7%と高かったものの，金額的には1,337億4,500万ドルへと前年に比べて143億8,400万ドルも減少した．第2位と第3位の輸出相手国は，イギリス（4.7%）とノルウェー（1.6%）であった．また，輸入についても，アメリカからの輸入額が1,474億9,800万ドル（61.0%）へと40億800万ドル減少したことも注目に値する．上位輸入相手国は，中国（9.3%）とメキシコ（5.7%）であった．2008年の顕著な特徴は，オンタリオ州のアメリカとの貿易が輸出額・輸入額共に大きな減少を示したことである．

ケベック州の輸出額は693億1,900万ドルへと，輸入額も785億7,300万ドルへと増加し，貿易収支は92億5,400万ドルの赤字となっ

た．2008年のケベック州からアメリカへの輸出額は僅かに減少し512億3,700万ドル（73.9%）となった．次はイギリスで2.4%，第3位はドイツの1.8%であった．2007年に第3位の輸出相手国であったオランダは2008年には第4位（1.7%）になった．輸入については，上位3位がアメリカ（28.6%），中国（9.8%），アルジェリア（9.0%）で，この3ヶ国を合計した輸入比率は他州と比較しても低く，輸入額合計の47.4%を占めるのみである．2007年に第3位であったイギリスは2008年には第4位（8.7%）の輸入相手国となった．ケベック州は，アメリカからの輸入比率が3割弱と小さく，輸入相手国が分散している点が特徴的である．

ニュー・ブランズウィック州の2008年の輸出額と輸入額は共に増加し，貿易収支は19億4,400万ドルの黒字であった．アメリカへの輸出額105億8,300万ドルは，州全体の輸出額の82.6%を占め，比率としてはアルバータ州に次ぐものである．第2位，第3位の輸出相手国は，オランダ（4.2%）とベルギー（1.9%）であった．ちなみに，2007年の第2位と第3位の輸出相手国は，ベルギー（1.0%）とイギリス（0.7%）であった．2008年の輸入相手国の順位はノルウェー（29.7%），アメリカ（22.9%），サウジアラビア（18.5%）であった．2007年と比較すると，アメリカの第1位とノルウェーの第2位の地位が入れ替わった．また，ニュー・ブランズウィック州もケベック州と同様に，アメリカからの輸入比率が2割強と小さい．

ノヴァ・スコシア州の貿易額は，輸出額の57億5,600万ドルも輸入額の84億1,600万ドルも前年に比べて伸び，貿易収支は26億6,000万ドルの赤字であった．輸出に関しては，州全体の輸出額の78.8%をアメリカが占め，第2位と第3位の輸出相手国はイギリス（3.0%）とフランス（1.8%）であった．輸入相手国については，ドイツが輸入額の30.0%，キューバが10.5%，イギリスが9.4%で，上位3ヶ国の合計は49.9%で，ケベック州に次いで輸入相手国が分散している．2007年，第3位であったノルウェーは2008年にはアメリカ（7.0%）に次いで第

5位（4.6%）であった．アメリカへの輸出額が多いのに対し，輸入額はかなり少ない．

　PEI州の貿易額は輸出額が8億4,900万ドル，輸入額が1億1,900万ドルで，貿易収支は7億3,000万ドルの黒字であった．2007年の輸入額が少なかったこともあり，2008年には2.2倍に増加した．2008年の上位輸出相手国はアメリカ（75.0%），イギリス（2.1%），オーストリア（1.4%）で，2007年に第3位であった日本は第4位（1.4%）となりオーストリアより若干少なかった．上位輸入相手国は，デンマーク（69.7%），イギリス（14.3%），アメリカ（9.2%）で，2007年第3位のロシアは2008年には第4位（3.4%）になった．PEI州もノヴァ・スコシア州と同様に，アメリカへの輸出額が多い反面，輸入額が極めて少ない．

　ニューファンドランド州の輸出額は2008年に大きく伸び146億200万ドル，輸入額は42億5,600万ドルで，貿易収支は103億4,600万ドルの黒字であった．この黒字幅は，アルバータ州とサスカチュワン州に次いで第3位である．輸出入相手国上位は2007年と同様で，輸出についてはアメリカ（71.9%），ドイツ（7.0%），中国（3.3%）である一方，輸入についてはイラク（43.9%），ロシア（19.8%），ベネズエラ（16.0%）であった．輸出と輸入で上位の相手国が全く異なることが特徴的である．

　以上をまとめてみると，2008年の貿易相手国の特徴として，10州の全てにおいて輸出相手国の第1位をアメリカが占めていることが挙げられる．また，大西洋カナダのノヴァ・スコシアとニューファンドランドの計2州の輸入先の上位3ヶ国にはアメリカが登場して来ないが，それを除くと，ケベック州以西の6州の輸入相手国の第1位はアメリカであり，ニュー・ブランズウィック州とPEI州でも，アメリカが輸入相手国のそれぞれ第2位，第3位であるというように，アメリカが輸入相手国としても重要な存在であることが認められる．

　アメリカ以外の国では，輸出相手国として上位に登場するのは中国（5

州), イギリス (4州), 日本 (3州) であり, 輸入相手国としては中国 (6州), メキシコ (3州) で, 中国との貿易が進展していることが明らかである.

また, これまで見られなかった2008年の特徴は, アメリカとの貿易が密接であったオンタリオ州の貿易が, 輸出額でも輸入額でも減少したことである. さらに, BC州のアメリカへの輸出額も減少した. 逆に, アメリカへの輸出額が大きく伸びたのはアルバータ州であった. オンタリオ州の貿易収支の赤字が779億3,600万ドルで10州中最大であった一方, アルバータ州の貿易黒字が878億1,200万ドルで最大であった.

アメリカとの貿易比率が一部の例外的な州を除いて高いため, 次に, アメリカとの輸出入品目に注目し, 2008年の各州との貿易パターンの特徴を探ってみたい.

BC州のアメリカへの第1位の輸出品目は鉱物性燃料 (42.5億ドル)[12]で主に天然ガス (31.5億ドル), 第2位が木材製品 (33.8億ドル), 第3位がパルプ (12.8億ドル) であった. 2007年と比較すると, 第1位と第2位の品目が入れ替わり, しかも木材製品の輸出額は約17億ドル減少している. アメリカからの輸入品目は, 鉱物性燃料 (37.0億ドル), 一般機械 (18.9億ドル), 自動車関連製品 (15.3億ドル) で, 鉱物性燃料の輸入が前年に比べ約20億ドル増加した. 輸入されている鉱物性燃料は, 石油 (22.8億ドル), 電力 (6.1億ドル), 軽油など (6.1億ドル) である.

アルバータ州からは鉱物性燃料が795.4億ドル輸出され, これは前年に比較しても約240億ドルの増加である. 輸出されている鉱物性燃料は, 主に原油 (477.5億ドル) や天然ガス (281.5億ドル) である. 第2位と第3位の輸出品目は, プラスチック (31.3億ドル) と一般機械 (24.4

---

[12] 以下, 特に断わり書きが無い場合は, Industry Canada (カナダ産業省) のTrade Data Onlineの資料による. http://www.ic.gc.ca/sc_mrkti/tdst/tdo/tdo.php (2009年8月18日アクセス, 2009年10月31日最終アクセス). 輸出入額については百万ドルの桁で四捨五入している.

億ドル）であった．一方，輸入品は鉱物性燃料（35.4億ドル），一般機械（26.7億ドル），自動車関連製品（9.9億ドル）であった．輸入されている鉱物性燃料の主なものは，天然ガス（18.7億ドル）や原油（10.1億ドル）であった．

　サスカチュワン州の輸出品目の第1位も鉱物性燃料（111.9億ドル）で，そのほとんどが原油（108.5億ドル）であった．州の特産の肥料は34.3億ドル，また穀物は10.5億ドル輸出された．輸入品は一般機械（24.5億ドル），自動車関連製品（14.2億ドル）や鉄鋼（5.2億ドル）であった．

　マニトバ州も鉱物性燃料（13.0億ドル）が最大の輸出品目であった．その内訳は，原油（6.9億ドル）や電力（4.8億ドル）が主たるものである．第2位には一般機械（7.7億ドル），第3位には自動車関連製品（6.4億ドル）が輸出されている．輸入品としては一般機械（32.6億ドル），自動車関連製品（19.8億ドル）や電気機器（7.8億ドル）が主なものである．

　オンタリオ州は自動車関連製品が473.8億ドルで第1位の輸出品目であるが，前年に比べると140億ドルの減少である．第2位は一般機械（134.2億ドル）で，第3位は電気機器（69.0億ドル）であった．輸入品の第1位も自動車関連製品で363.5億ドルであったが，前年比で65億ドルの減少であった．輸入品の第2位，第3位もそれぞれ一般機械（215.7億ドル）と電気機器（95.6億ドル）であった．

　ケベック州の主な輸出品はアルミニウム製品（70.8億ドル），紙製品（46.8億ドル），一般機械（45.8億ドル）であった．輸入品は，一般機械（33.8億ドル），電気機器（25.0億ドル），鉱物性燃料（17.3億ドル）であった．

　沿海州の3州とニューファンドランド州ではアメリカが輸出相手国としては第1位になっている．他方，輸入相手国としてアメリカはニュー・ブランズウィック州では第2位，PEI州では第3位に入っているが，ノヴァ・スコシア州とニューファンドランド州ではアメリカは上位3位

に入っていない．また，PEI州のアメリカからの輸入額は些少であるため，ニュー・ブランズウィック州を除く3州についてはアメリカからの輸入についての記述をここでは割愛する．

　ニュー・ブランズウィック州からは鉱物性燃料が77.2億ドル輸出されており，これは軽油（36.8億ドル）や石油（32.7億ドル）によって占められている．第2位は紙製品（5.3億ドル），第3位は魚介類（5.1億ドル）が輸出された．輸入品目としては，自動車関連製品（3.3億ドル），一般機械（3.2億ドル），魚介類（2.1億ドル）であった．

　ノヴァ・スコシア州も鉱物性燃料が第1位で15.6億ドル輸出され，このうち12.8億ドルは天然ガスが占めた．第2位はゴム製品が7.9億ドル，第3位は魚介類が5.0億ドル輸出された．PEI州の輸出品目は前年度同様で，加工食品（2.0億ドル），魚介類（1.2億ドル），一般機械（0.6億ドル）であった．ニューファンドランド州は99.9億ドル鉱物性燃料を輸出し，それらは原油（76.0億ドル），軽油（12.6億ドル），石油（11.3億ドル）であった．鉱物性燃料以外では，魚介類（2.2億ドル）や紙製品（1.4億ドル）が主な輸出品であった．

　アメリカが最上位の輸入相手国にならなかった諸州について補足してみたい．ニュー・ブランズウィック州の第1位と第3位の輸入相手国はノルウェーとサウジアラビアで，共に輸入額のほとんどが原油で占められている．ノヴァ・スコシア州の第1位の輸入相手国はドイツで，輸入額の89.5％に当たる22.6億ドルが自動車関連製品であった．PEI州は輸入相手国第1位のデンマークから0.8億ドルの電気機器を輸入しており，そのほとんどが発電機であった．ニューファンドランド州の場合，輸入相手国第1位のイラクと第3位のベネズエラからは全部が原油輸入で，第2位のロシアからも輸入額のほとんどが原油で占められている．

　2008年の州別の上位3位の貿易相手国と貿易品目の特徴を総括してみると，アメリカは10州全ての最大の輸出相手国に当たり，また，沿海州とニューファンドランド州を除く他の6州にとって最大の輸入相手国でもある．アメリカの経済不況の影響を大きく受けた貿易品目は自動車関連

製品と木材製品であった．これらはオンタリオ州やBC州において貿易額の減少として明白に反映されている．

　また，鉱物性燃料がカナダとアメリカの間での貿易品目としては最重要品目になってきている．前節で記述したように，カナダからの原油輸出のほとんどはアメリカ向けであり，アメリカにとってカナダは原油の安定供給国としての重要性がますます増大してきている．2008年夏の原油価格の高騰によって，特にアルバータ州の原油の輸出額が大きく伸び，サスカチュワン州，マニトバ州やニューファンドランド州からも原油がアメリカへ輸出される一方，アメリカからも石油，軽油，原油がカナダへ輸入され，さらに北海（イギリス，ノルウェー），中東（サウジアラビア，イラク），ロシア，南米（ベネズエラ）と言ったように世界各国からの原油がカナダへ輸入されている．

　第II部では，10州の産業別GDP，経済成長率，産業別就業構造，失業率といった指標を基に，経済規模や基幹産業が州によって大きく異なり，しかも主な輸出入相手国や主たる貿易品目によりアメリカや他の貿易相手国との結び付きも様々であることが実証された．また，この結び付きの強弱によって，2008年度の各州が被った経済不況の影響も多様であったことが判明した．具体的には，人口や経済規模が小さく財政力が脆弱な沿海州から，潤沢なエネルギー資源を有するアルバータ州まで，経済や財政面での格差が大きい．特に，オンタリオ州は今回のアメリカの不況の影響を大きく被った．

　さて，こうした中で経済格差やそれを反映した財政格差の是正に関する連邦政府や各州政府の取り組みを紹介したい．先ず，連邦政府には1957年からの「平衡交付金制度」(Equalization Program) がある[13]．連邦政府は，地域間経済格差の是正は地域経済振興開発として別の補助金で行なう一方，州間の財政不均衡を是正するために平衡交付金制度を導入した．

---

13) http://www.fin.gc.ca/budget04/bp/bpa6-eng.asp (2009年1月9日アクセス)．

この制度はどの州に住んでいようともカナダ国民は妥当な水準の課税で妥当な水準の公共サービスを受けられる，という理念に基づいて創設された．長年にわたって，サスカチュワン州，マニトバ州，ケベック州，ニュー・ブランズウィック州，ノヴァ・スコシア州，PEI州，ニューファンドランド州の7州が持たざる州（have-not provinces）として平衡交付金受領州であり，BC州，アルバータ州，オンタリオ州の3州が持てる州（have provinces）として平衡交付金非受領州であった[14]．

また，従来は，州・地方税について人口1人当たりの財政力が基準額に達しない州に対して，その基準額との差に人口を乗じた額を平衡交付金として交付してきたが，2007年に基準額の算定方式を変更し，複数の算定方式の中から各州が選択することになった．

新しい算定方式では，基準となる平均値が，従来の「中位5州」（オンタリオ，ケベック，BC，マニトバ，サスカチュワンの5州）[15]の平均値から10州全ての平均値へと変更された．また，天然資源収入（鉱物資源の採掘権収入）については，天然資源収入の全てを財源調達力（fiscal capacity）から除外するか，または天然資源収入の50%を除外するかのどちらかを選択することで，各州はより多くの交付金を得られることになる．また，新しい算定方式には財源調達力の上限（a fiscal capacity cap）が導入された．この上限は，平衡交付金を含めた受領州の全収入額が非受領州の全収入額を超えることがないように，公平性の観点から設定されたものである[16]．

ノヴァ・スコシア州とニューファンドランド州は，2005年に連邦政府

---

14) 岩崎美紀子，『行政改革と財政再建：カナダはなぜ改革に成功したのか』，御茶の水書房，2002年，pp. 112-113, 152.

15) Department of Finance Canada, "Budget Plan, Annex 6 (Budget 2004)," http://www.fin.gc.ca/budget04/bp/bpa6-eng.asp（2009年1月9日アクセス）．

16) Department of Finance Canada, "Equalization Program," http://www.fin.gc.ca/fedprov/enp-eng.asp（2009年1月9日アクセス），および池上岳彦，「第5章 財政連邦主義の変容」，『多文化主義社会の福祉国家：カナダの実験』新川敏光編，ミネルヴァ書房，2008年，pp. 144-146.

と海底油田収入を最低8年間，財源調達力から外す協定（Atlantic Accords）を締結し[17]，2007年の算定方法の改定に伴ない，従来の算定方法または新しい算定方法のどちらかを選択する権限が与えられた．ノヴァ・スコシア州は新方式の方を選択し，ニューファンドランド州は従来の算定方式を選択している[18]．

さらに，新しい算定方式では，従来33の税基盤[19]から，個人所得税，法人所得税，消費税，固定資産税と天然資源収入の5つを用いることに変更された．この変更によって，BC州が固定資産税による影響を大きく受けるため，居住用固定資産税の評価については3年間の猶予期間が与えられ，既存の方式を用いて調整を図ることとなった[20]．

平衡交付金は無条件であり，受領した州が必要と判断した財源に充てることができる[21]．2009〜10年の連邦政府の予算では，オンタリオ州がこの平衡交付金制度が出来て以来初めて3億4,700万ドルを受領することになった[22]．BC州は2009〜10年は受領しないが，1999〜2000年以降

---

17) カナダ財務省の説明ではAtlantic Accordsと一括して記述されているが，正式にはCanada-Newfoundland Atlantic AccordならびにCanada-Nova Scotia Offshore Petroleum Resources Accordである．Department of Finance Canada, http://www.fin.gc.ca/n05/2005-007-eng.asp（2010年12月8日アクセス），http://www.collectionscanada.gc.ca/webarchives/20071119210726/http://www.fin.gc.ca/fedprov/nae.html（2010年12月19日アクセス），http://www.collectionscanada.gc.ca/webarchives/20071119210844/http://www.fin.gc.ca/fedprov/nsae.html（2010年12月19日アクセス）．

18) Department of Finance Canada, "Equalization Program," http://www.fin.gc.ca/fedprov/enp-eng.asp（2010年12月8日アクセス）．ウェブサイトは注16と同じであるが，2009年1月9日アクセス時の内容とは異なった内容が掲載されている．

19) Department of Finance Canada, "Budget Plan, Annex 6 (Budget 2004)," http://www.fin.gc.ca/budget04/bp/bpa6-eng.asp（2009年1月9日アクセス）．

20) Department of Finance Canada, "Equalization Program," http://www.fin.gc.ca/fedprov/enp-eng.asp（2009年1月9日アクセス）．

21) http://www.fin.gc.ca/fedprov/eqp-eng.asp（2009年1月9日アクセス）．

22) Department of Finance Canada, *Canada's Economic Action Plan: Budget 2009*, (Ottawa: Public Works and Government Services Canada, 2009), p.

に受領を数回経験している．従って，「持てる州」のうち近年において平衡交付金を受け取っていないのは，アルバータ州のみである．

一方，大西洋カナダの各州は経済規模も小さいため，規模の経済が活かせるよう 4 州全体として経済発展や投資誘致の促進を図るために設置された連邦政府機関 Atlantic Canada Opportunities Agency（ACOA）が現在でも重要な役割を果たしている[23]．2003 年の ACOA の主要なプログラムには，製品を輸出している地元製造業者へ無利子で最大 50 万ドルを融資するものがあった[24][25]．

ノヴァ・スコシア州では，2003 年に地元の企業に 1 年間当たり 4,000 万ドルを貸付するプログラムがあったが，これは主に知識集約型産業やエネルギー部門の発展を図ることを狙いとしている．漁業，鉱業，林業，エネルギー産業といった資源産業を基礎に，これらから派生する産業の育成が目標となっており，こうした関連産業にはマリン・バイオロジー，ライフ・サイエンス，プラスチック製造業や魚介類加工業が含まれる．また，州都ハリファックスには海軍基地があり，地元大学との連携で航空宇宙産業を発展させることも目標の一環である[26]．

人口規模でも経済規模でも最小の PEI 州は，日本人にとっては『赤毛のアン』で知られており，農業と観光業が発達している．2003 年にはSARS（重症急性呼吸器症候群）の影響を受け，カナダへの日本人旅行者

190.

23) http://www.acoa-apeca.gc.ca/English/WhoWeAre/OurRole/Pages/Home.aspx（2009 年 10 月 15 日アクセス）．

24) Interviews with Mr. John R. Fanning, Development Officer, Atlantic Canada Opportunities Agency (ACOA), 5 August 2003, Halifax, with Mr. Mike Howley, Account Manager, ACOA, and with Mr. Paul Rose, Trade Commissioner, Industry Canada, 15 August 2003, St. John's.

25) 本段落を含む次の 4 段落は，栗原武美子，「日本からの対加直接投資の州別の特徴」，『カナダにおける日本の海外直接投資と地域通貨』（平成 14 年度～平成 16 年度科学研究費補助金研究成果報告書・丸山真人研究代表），2006 年，pp. 33-34 を基に加筆修正したものである．

26) Interview with Mr. Mark G. Campbell, Director, Business Development, Nova Scotia Business Inc., 5 August 2003, Halifax.

が激減し，同州の観光業に大きな影響が出た．同州の人口予測によると，2011年の14万2,000人をピークとして，2030年には13万2,000人に減少する見込みである[27]．PEI州へは外国からの移民も国内からの移住者も少ない．こうした状況の中で，2003年時点で同州には，次の条件を満たした外国籍の者を，永住権を持つカナダ移民として推薦するプログラムが存在した．これには2つのカテゴリーが存在し，同州に20万ドル以上を投資して新規事業を開始する企業家であるか，あるいは20万ドル以上を優先株に投資し，その投資企業の重役を務めるかである．このどちらかの条件を満たし，4年間同州に居住した場合，選択的に州政府により推薦される[28]というものである．

また，ニュー・ブランズウィック州でも同様に，投資と移民とが密接に結び付いたプログラムが存在し，企業家や特に情報通信技術産業の熟練労働者は優先的に永住権を持つ移民として推薦される[29]．こうした政策によって，PEI州もニュー・ブランズウィック州も，人口の増加を図ると同時に投資を誘致することによって州の経済発展に結び付けようとしている．

沿海州3州とニューファンドランド州における州の経済発展政策には，特に積極的な海外からの投資の導入と結び付いた移民政策が顕著に見られる．これはとりも直さずカナダがこれまで辿ってきた経済発展の軌跡そのものであると言えよう．

---

27) Interview with Mr. Hank Spierenburg, Economist, Economics, Statistics and Federal Fiscal Relations, Provincial Treasury, Prince Edward Island, 11 August 2003, Charlottetown.
28) Interview with Ms. M. K. (Kim) Jay, Executive Director, Strategy and Issues Management, Development and Technology, Prince Edward Island, 11 August 2003, Charlottetown.
29) Interview with Mr. John J. Thompson, Executive Director, Investment and Immigration, New Brunswick, 19 August 2003, Fredericton.

第 III 部

自動車産業における多国籍企業の投資活動

第8章　ビッグ・スリーの隆盛
――1980年代前半まで

8.1 自動車産業の意義

　自動車産業は，コンドラチェフの第4波としてフォーディズムに代表される大量生産の波の中で，20世紀を牽引してきた代表的な製造業である．この産業の重要性は，自動車の製造に当たり，鉄鋼業，アルミニウムなどの非鉄金属工業，ゴム工業，電気電子工業，プラスチックなどの石油化学工業，ガラス工業，繊維工業など生産連鎖において多くの他の工業の経済活動に影響を与えることである．また，燃料のガソリンの精製において石油化学工業にも影響がある．自動車やガソリンの販売を通して小売業，自動車購入時のローンを組む際には金融業，レンタカー業，自動車整備業，とサービス業にも影響を与える．さらに，自動車貿易を通して，運輸・倉庫業，保険業にも影響を与えるばかりでなく，貿易を通して双方の国の経済にも大きな影響を与える．裏返せば，自動車工業の衰退はドミノ倒しの効果を持つため，各国の政府は自国の自動車工業の保護育成を図るばかりでなく，その救済措置をも採ってきた．

　第III部では，こうした重要性を持つ自動車産業について，1980年代前半までのビッグ・スリーの時代，1980年代後半以降のデトロイト・スリーと日系自動車メーカー時代，そして世界的不況期の2008年と3つの時代に区分し[1]，カナダにおけるデトロイト・スリーと日系自動車メー

---

[1] アメリカにおける自動車産業の歴史的展開を，1910年までの産業の創世期，1910年から20年までのフォードT型の大量生産開始とGMの創立による産業形成期，1920年以降の独占の形成期，1930年代のビッグ・スリーによる寡占体制の確立期，第二次世界大戦後のGM主導の寡占体制の強化と自動車市場の拡大が

ーの，カナダ経済に対して持つ意義を自動車生産や貿易を通して分析したい．

8.2 ビッグ・スリーのカナダ進出

この章では，ビッグ・スリーの台頭とそのカナダ進出，第Ⅰ部第4章で述べた1965年の米加自動車製品協定，1970年代の2度にわたる石油危機と日米間の自動車摩擦問題について順に述べたい．

自動車を走らす内燃機関はヨーロッパで発達したため，自動車はヨーロッパで生まれアメリカで育ったと言われている．アメリカでの自動車の創始者はデュリエ兄弟で，第1号車を1893年に完成している．揺籃期のアメリカの主要な自動車メーカーは自転車メーカー，馬車メーカー，各種機械メーカーを中心としていた．1895年から1900年の間に設立された自動車メーカーは，東部ニューイングランド地方に立地し，蒸気車や電気車を生産していた．ガソリン車に重点が移行することによって，中西部地方のミシガン州，特にデトロイト周辺に多くのメーカーが出現した．1899年に設立されたオールズモービル社，1900年のパッカード社，1903年のフォード社やキャデラック社などが次々と誕生した[2]．ガソリン車が徐々に優位となって行った1つの大きな要因は，1901年にテキサス州ボーモント（Beaumont）の近くで巨大な油田が発見されたことである[3]．

自動車産業の中心がニューイングランドからミシガン州へと移動した理由には，いくつかの要因がある．先ず，五大湖の心臓部に位置するデトロイトは，水陸交通の要衝であり，水運業や造船業ならびに機械工業が発達

みられる戦後期，の5期に区分する見解もある（下川浩一，『米国自動車産業経営史研究』，東洋経済新報社，1977年，pp. 4-6）．しかし，本書ではカナダにおける現在の自動車産業の特徴に焦点を当てて分析を試みるため，大きく3つの時期区分にした．

2) 同上，pp. 13-26．

3) http://www.gm.ca/inm/gmcanada/english/about/OverviewHist/hist_auto.html（2009年8月28日アクセス）．

していた．実際，ミシガン州やオハイオ州には機械部品製造メーカーが数多く存在し，自動車産業の発展に不可欠な関連産業が存在した．また，ミシガン州やインディアナ州には硬木の森林があり，デトロイトが馬車や荷車製造の中心地であった．高度に発達した馬車製造技術は，自動車のボディー製作に利用できた．さらに，保守的な東部の銀行家よりも西部の銀行家の方が，リスクの多い新自動車工業に好意的であった．ミシガン州一帯には，今日で言うベンチャー企業に資本を提供する事業家が多かった[4]．

今日のビッグ・スリーのカナダへの進出は20世紀初頭から始まった．1903年に設立されたデトロイトに本拠地を置くフォード社は，早くも翌年の1904年にデトロイト川の対岸のオンタリオ州ウィンザーにフォード・カナダ社を設立した[5]．1908年にはフォードT型車が登場し，それを契機に生産の標準化と互換性部品生産システムによる大量生産，いわゆるフォードシステムが形成された．フォードは機械によって作動するコンベアーを用い流れ作業を導入し，生産プロセスの改良を続けた．1909年には，フォード社はT型車を1万台以上も販売し，T型車は1914年には約25万台も売れた．価格は950米ドルから490米ドルへと，さらに1925年までには290米ドルまで下げられた．やがて，人々の関心はよりよいデザインの車へと移り，T型車の製造は1927年で打ち切られた[6]．

一方，ゼネラル・モーターズ（GM）社は1908年9月16日にデュラントによって，既存のビュイック社を基に創設された．GM社は，フォード社とは異なり，既存の会社を買収・合併することで規模が拡大された．1908年11月にはオールズモービル社を統合し，1909年1月，今日ポンティアックで知られるオークランド社の株式を半分購入し，1909年7月にはキャデラック社を550万米ドルで買収した[7]．

---

4) 前掲，下川，pp. 27-29．但し，下川は「ベンチャー企業」という用語を使用していない．
5) http://media.ford.com/newsroom/release_display.cfm?release=1678
6) http://www.gm.ca/inm/gmcanada/english/about/OverviewHist/hist_auto.html（2009年8月28日アクセス）．
7) http://www.gm.com/corporate/about/history/history/PopUp.jsp?0（2009年

経営に危機感を抱いた銀行家はデュラントを GM 社から追放し，デュラントは 1911 年に新たにシボレー社を設立した．シボレーの成功により，1915 年までにデュラントは GM 社の経営者に返り咲いた．このシボレー社も 1918 年までに GM 社に統合された．

カナダでは，ロバート・マクローリンが 1870 年代からオシャワでマクローリン・キャリッジ社を経営し，馬車を製造していた．20 世紀に入ると，共同経営者の息子達（サムとジョージ）は自動車製造を志すようになり，最終的には父親の承諾を得てマクローリン・モーターカー社 (McLaughlin Motor Car Company) を設立するに至った．そして，1908 年にはサムの古くからの友人デュラントの支援により，ビュイックのエンジンを搭載したマクローリン＝ビュイック車の生産を開始した．その後，同社はシボレー車の製造も行なうようになり，マクローリン＝ビュイック車と並んでカナダで大成功を収めた．しかも，これらカナダ産シボレー車とマクローリン＝ビュイック車のボディはサムの独自のデザインによるもので，アメリカでも好評を博した．1918 年にはマクローリン・モーターカー社は GM 社に買収され，GM カナダ社となったが，サムとジョージは後者の社長と副社長としてその後も経営に携わった[8]．

1919 年には自社の車やトラックを販売する時に融資を行なう GM アクセプタンス社 (GM Acceptance Corp., GMAC) が設立された．その後，スローンが経営者になって以降も，1925 年にはイギリスのボクソール社 (Vauxhall Motors Ltd.) を，1926 年にはドイツのオペル社 (Adam Opel AG) を買収し[9]，規模を拡大していった．

9月5日アクセス）．

8) http://www.gm.ca/inm/gmcanada/english/about/OverviewHist/hist_auto.html (2009 年 8 月 28 日アクセス)．この経緯については，榎本悟（『海外子会社研究序説：カナダにおける日・米企業』，御茶の水書房，2004 年，pp. 63-84）が詳細に記述しているが，GM 社のホームページの記述と相違する箇所もあり，その場合には GM 社の記述に従った．

9) http://www.gm.com/corporate/about/history/history/PopUp.jsp?0 (2009 年 9 月 5 日アクセス)．

クライスラー社は1925年にクライスラーによって設立された．同年，オンタリオ州ウィンザーでマックスウェル・チャルマーズ（Maxwell-Chalmers）工場を買収することでクライスラー・カナダ社が設立された[10]．1920年代末までに，アメリカの3大自動車メーカーはカナダ進出を果たした．

カナダでの自動車生産はカナダ市場向けであると同時に，カナダは英連邦の一員であるため，かなりの部分は英帝国特恵関税を利用して英連邦の国々へ低い関税で輸出され，特にフォード社はその独占権を有していた（第Ⅰ部第3章参照）．カナダの自動車産業は，カナダ資本の企業がビッグ・スリーによって吸収・合併され，一時的にヨーロッパ系のボルボなどが生産を行なっていたものの，1980年代後半に日系メーカーや韓国の現代が進出するまでは，ほぼビッグ・スリーの独壇場であった．

8.3 米加自動車製品協定の影響

カナダのビッグ・スリーの子会社は当初から「分工場」の位置を占め，自動車産業は構造的問題を抱えていた．カナダの3子会社は，カナダ人消費者の要求に応えるべく，アメリカの親会社同様に全車種生産を行なっていた．しかし，市場規模の小さいカナダ側で全ての完成車や多くの部品を作ることはできず，常にアメリカから輸入した．この結果，1950年代末までにカナダの自動車工業は毎年3億ドル以上の貿易赤字を構造的に生み出すことになった[11]．

表8-1は1960年から2008年までのカナダの世界に対する自動車および自動車部品貿易を示している．1960年，カナダの全世界への自動車の輸出額が2,800万ドル，自動車の輸入額が2億4,700万ドルで，収支

---

10) http://www2.daimlerchrysler.com/history/epoche3_c/history1925_c_e.htm
11) Dimitry Anastakis, *Auto Pact: Creating a Borderless North American Auto Industry, 1960–1971*, (Toronto: University of Toronto Press, 2005), pp. 23-25.

192──第 III 部　自動車産業における多国籍企業の投資活動

表 8-1　1960 年から 2008 年までのカナダの世界に対する自動車および自動車部品貿易

(単位：百万ドル)

	輸出額 自動車	輸出額 自動車部品	輸出額 合計	輸入額 自動車	輸入額 自動車部品	輸入額 合計	貿易収支 自動車	貿易収支 自動車部品	貿易収支 合計
1960	28	24	52	247	332	579	-219	-308	-528
1961	21	29	50	183	343	527	-163	-314	-477
1962	29	34	62	179	463	642	-150	-430	-580
1963	37	60	97	117	575	692	-80	-516	-595
1964	82	105	187	164	673	836	-82	-567	-649
1965	183	182	364	285	868	1,154	-103	-687	-789
1966	603	402	1,005	507	1,124	1,631	96	-722	-626
1967	1,205	541	1,745	912	1,346	2,259	293	-806	-513
1968	1,833	816	2,650	1,269	1,849	3,118	564	-1,033	-469
1969	2,488	1,035	3,523	1,398	2,399	3,797	1,091	-1,364	-273
1970	2,268	1,244	3,512	1,174	2,280	3,454	1,094	-1,036	58
1971	2,650	1,593	4,243	1,695	2,681	4,376	955	-1,088	-133
1972	2,869	1,892	4,761	2,015	3,190	5,205	854	-1,298	-444
1973	3,186	2,364	5,550	2,459	3,889	6,348	727	-1,525	-798
1974	3,612	2,174	5,786	2,967	4,440	7,407	645	-2,266	-1,621
1975	4,211	2,298	6,509	3,535	4,887	8,422	676	-2,589	-1,913
1976	5,201	3,284	8,485	3,809	5,898	9,707	1,392	-2,614	-1,222
1977	6,610	4,067	10,677	4,544	7,346	11,890	2,066	-3,279	-1,213
1978	7,759	5,269	13,028	5,254	8,630	13,884	2,505	-3,361	-856
1979	7,267	5,179	12,446	6,426	9,388	15,814	841	-4,209	-3,368
1980	7,304	4,087	11,391	5,764	8,309	14,073	1,540	-4,222	-2,682
1981	8,943	5,038	13,981	6,665	9,924	16,589	2,278	-4,886	-2,608
1982	11,556	5,738	17,294	5,161	10,317	15,478	6,395	-4,579	1,816
1983	13,691	7,747	21,438	7,641	12,325	19,966	6,050	-4,578	1,472
1984	19,311	11,189	30,500	10,300	17,326	27,626	9,011	-6,137	2,874
1985	21,915	12,456	34,371	13,659	19,418	33,077	8,256	-6,962	1,294
1986	22,454	12,712	35,166	15,406	19,843	35,249	7,048	-7,131	-83
1987	20,530	12,654	33,184	16,053	18,799	34,852	4,477	-6,145	-1,668
1988	23,992	12,651	36,643	15,617	22,180	37,797	8,375	-9,529	-1,154
1989	23,882	12,499	36,381	14,866	20,558	35,424	9,016	-8,059	957
1990	24,395	11,201	35,596	13,725	19,850	33,575	10,670	-8,649	2,021
1991	24,273	9,909	34,182	14,886	19,196	34,082	9,387	-9,287	100
1992	27,979	10,025	38,004	15,104	19,324	34,428	12,874	-9,298	3,576
1993	35,519	11,924	47,443	16,229	24,413	40,642	19,290	-12,488	6,801
1994	42,774	13,772	56,546	19,784	30,251	50,034	22,990	-16,478	6,512
1995	45,797	13,932	59,729	19,716	31,565	51,281	26,081	-17,633	8,448
1996	45,460	15,387	60,847	20,150	32,149	52,298	25,311	-16,762	8,549
1997	49,592	17,035	66,628	25,876	36,440	62,316	23,716	-19,404	4,312
1998	54,953	19,276	74,229	26,924	41,269	68,193	28,029	-21,994	6,036
1999	69,373	22,285	91,658	29,848	47,410	77,257	39,526	-25,124	14,401

第8章 ビッグ・スリーの隆盛──193

(表8-1)

	輸出額			輸入額			貿易収支		
	自動車	自動車部品	合計	自動車	自動車部品	合計	自動車	自動車部品	合計
2000	68,305	23,120	91,425	31,781	47,374	79,156	36,524	-24,254	12,269
2001	64,246	22,041	86,286	31,044	43,618	74,662	33,202	-21,578	11,624
2002	65,392	24,026	89,418	37,176	46,545	83,721	28,216	-22,519	5,698
2003	57,801	23,245	81,046	36,559	41,650	78,209	21,241	-18,405	2,837
2004	61,507	23,447	84,954	35,419	43,030	78,449	26,088	-19,584	6,505
2005	60,058	23,099	83,157	37,368	41,360	78,728	22,691	-18,261	4,429
2006	56,630	20,994	77,624	39,856	39,491	79,347	16,773	-18,497	-1,724
2007	52,092	20,484	72,576	40,540	39,365	79,905	11,552	-18,882	-7,329
2008	40,217	16,255	56,472	37,523	34,143	71,665	2,694	-17,888	-15,193
2008年前年比	-22.8%	-20.6%	-22.2%	-7.4%	-13.3%	-10.3%			

注) 1992年以降の輸出額に再輸出額は含まれない。また、1992年以降の数字は、十万ドルの位で四捨五入をしている。

出典) 1960年から1991年のデータは、DesRosiers Automotive Consultants Inc., *DesRosiers Automotive Yearbook, 2000 Edition*, 2000, p. 189, 1992年から1997年のデータは、DesRosiers Automotive Consultants Inc., *DesRosiers Automotive Yearbook, 2005 Edition*, 2005, p. 197, 1998年から2008年からのデータは、DesRosiers Automotive Consultants Inc., *DesRosiers Automotive Yearbook, 2009 Edition*, 2009, p. 169.

(原典) DesRosiers Automotive Consultants Inc., Statitstics Canada, and Industry Canada.

は2億1,900万ドルの赤字であった．自動車部品についても，2,400万ドルの輸出額に対し，3億3,200万ドルの輸入額で，貿易収支は3億800万ドルの赤字であった．完成車と自動車部品の貿易収支の赤字の合計は5億2,800万ドルであった．

また，表4-2（第4章）は1960年から2008年までのカナダのアメリカに対する自動車および自動車部品貿易を表わしている．1960年，カナダからアメリカへの自動車の輸出額はゼロ，アメリカからの輸入額は9,000万ドルで，貿易収支は9,000万ドルの赤字であった．自動車部品についても，カナダからアメリカへの輸出額は400万ドル，アメリカからの輸入額は3億1,700万ドルで，貿易収支は3億1,300万ドルの赤字であった．自動車とその部品におけるアメリカとの貿易収支の赤字額は4億300万ドルで，これはカナダと全世界の自動車および自動車部品の貿易収支の赤字の76.3%に相当した．

こうした状況を打開するために，カナダ側のイニシアティヴで交渉が開始され，自動車部門に限定した自由貿易協定，すなわち米加自動車製品協定が1965年に結ばれた．これによって，ある一定の条件の下に乗用車，トラック，バス，タイヤ，部品などの関税が米加間で撤廃され，第三国からも無関税で部品を輸入することができるようになった．優遇措置を受けたメーカーは，ビッグ・スリーとその在カナダ子会社であった．カナダのビッグ・スリー子会社は，車種を絞って大量生産に転じ，カナダからアメリカへの自動車の輸出が促進されるようになった．表4-2によれば，1965年には自動車とその部品を合わせた貿易収支は7億8,500万ドルの赤字を記録したが，協定締結後，自動車輸出額が増大し，対米貿易赤字も徐々に改善された．その結果，米加間の自動車貿易全体に関して，1970年にはカナダ側は2億400万ドルの貿易黒字となった．より詳細に表4-2を検討すると，第Ⅰ部第4章で指摘したように，自動車に関しては1966年から2008年までカナダ側の黒字，自動車部品に関しては1960年から2008年まで一貫してカナダ側の赤字が続いている．

カナダのアメリカに対する自動車と自動車部品を合わせた貿易収支は，一旦1970年に黒字を記録したが，1973年の第1次石油危機と1979年の第2次石油危機でアメリカとカナダの両国の経済が不況であった時期，つまり1973年から1981年までの貿易収支は赤字であった．1982年以降は再びカナダ側の黒字に転じ，1999年の263億7,800万ドルを最高値とし，その後は徐々に黒字幅が低下した．2007年から始まったアメリカの不況により，カナダからの自動車輸出は伸び悩み，2008年には貿易収支の黒字が46億9,000万ドルにまで急減した．

図8-1は1960年から2008年までの北米における自動車の生産台数を表わしている．1965年の自動車製品協定が締結された年，中・大型トラックを含む自動車生産台数は，アメリカが1,111万4,213台で，カナダが85万3,931台であった．当時のメキシコの生産台数は9万7,395台であった．メキシコを含めた北米の自動車生産台数の比率は，アメリカが92.1％，カナダが7.1％，メキシコが0.8％であった．その後，カナ

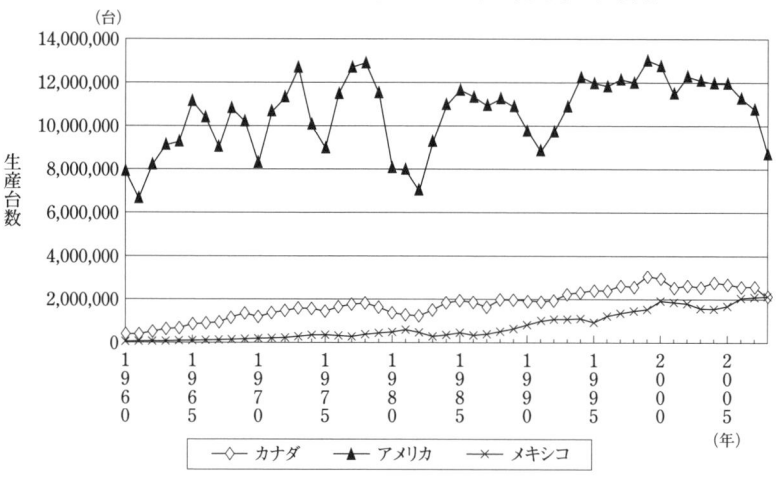

図8-1 1960年から2008年までの北米の自動車生産台数

注) 中・大型トラックを含む．
出典) 1960年から1998年のデータは，DesRosiers Automotive Consultants Inc., *DesRosiers Automotive Yearbook, 2000 Edition*, 2000, p. 112, 1999年から2008年のデータは，DesRosiers Automotive Consultants Inc., *DesRosiers Automotive Yearbook, 2009 Edition*, 2009, p. 98.
(原典) DesRosiers Automotive Consultants Inc., and Ward's Automotive Reports.

ダでの自動車生産台数は徐々に増え，1968年に初めて100万台に到達し，1969年に初めて北米における生産台数比率が2桁の11.5％になった．1969年のアメリカの自動車生産台数比率は87.0％で，メキシコは1.4％であった．その後もアメリカの自動車生産台数比率は年々徐々に低下し，1960年代には9割を占めていたものが，2007年には7割を割るようになった．その分，カナダとメキシコでの自動車生産台数が増加したが，この点については次の節でも述べたい．

自動車製品協定がカナダの雇用に与えた影響については，自動車業界コンサルタントのデロジェが1969年の論文で言及している．それによると，同協定締結の結果，カナダでは自動車部品部門の雇用が大幅に減少し，約2万2,000人から1万人以下となった．しかし，5年以内に，この喪失した雇用数以上を獲得した．同様のことが，1979年の第2次石油危機と1990年代の不況時にも起こったが，毎回，生き残った会社は以前より競

争力をつけ，2001年には自動車部品部門の雇用はピークの約10万人に達した[12]．

1965年の米加自動車製品協定は，自動車分野に限定されていたものの，カナダとアメリカの間の自由貿易の第一歩であった．協定がカナダの自動車貿易，生産台数，雇用の面ではプラスに作用したことが立証された．しかし，1968年からのトルドー政権下では経済的ナショナリズムが台頭し，外国人（主としてアメリカ人）支配の比率が大きかった製造業，石油・天然ガス事業，鉱業，とりわけ製造業の中では石油・石炭製品，ゴム工業，輸送機器について，その状況を是正する試みがなされた（第Ⅰ部第4章参照）．トルドー政権下でも米加自動車製品協定は継続されていたが，さらなるアメリカとの経済的統合への路線変更は1984年のマルルーニー政権の登場まで待たなければならなかった．

8.4　石油危機の自動車産業への影響

さて，日本の自動車メーカーは，オーストラリアやいくつかの発展途上国において，輸入部品一式を組み合わせて完成車を作る現地組み立て事業を行なっていたが，1982年以前には，海外に日本車の生産工場は1つも存在しなかった．日本の自動車メーカーは，日本からの輸出だけで北米や欧州の市場を満たす能力を有していた．また，世界の主要市場から離れているため生じる輸送費分も，効率的な生産によってコスト面で相殺する力を持ち合わせていた[13]．

しかし，1970年代の2回の石油危機によって，アメリカ市場で燃費効率の良い小型の日本車への需要が大いに高まった．1970年代の北米市場では，アメリカ製大型車と日本製小型車の棲み分けが成立していた．しか

---

12) デニス・デロジェ，「米国市場の衰退がカナダの自動車雇用に与える影響」，*JAMA Canada Report*, Vol. 10 No. 1, 2009年1月, p. 7.

13) P. ディッケン，『グローバル・シフト：変容する世界経済地図　下』，古今書院，2001年, pp. 436-437.

し，第2次石油危機でアメリカ製大型車の売れ行きが落ち込み，アメリカ企業が小型車分野への進出を本格的に計画し始めた段階で，日米間で自動車の貿易摩擦が激化した[14]．ビッグ・スリーはいずれも売上高利益率が落ち込み，その中でもとりわけクライスラーの経営が行き詰まり，ほとんど倒産寸前にまで至った．それを当時の社長であるアイアコッカの政治的手腕により，アメリカ政府から1980年5月に15億米ドルの救済保証融資を受けることで，経営危機を乗り切った[15]．

こうした状況の下で，1981年日米両国間で自動車協定が結ばれ，日本側が輸出自主規制を行なった[16]．1981年から168万台を輸出の上限として，企業別に輸出数量の割り当てが行なわれた．その後も日本の対米輸出自主規制は継続して行なわれ，1984年には総枠が185万台，1986年からは230万台となった[17]．このためカナダ側は，対米輸出規制によって，アメリカに輸出されるはずの日本車がカナダに流入することを憂慮した．日加間でも政府間協議が行なわれ，カナダ向けの輸出台数も規制されることになった．

こうした状況下で，1982年ホンダはアメリカのオハイオ州メアリーズヴィルに日本企業としては初めての現地生産工場を設立し，自動車の製造を開始した．翌1983年には日産自動車株式会社（日産）がテネシー州のスマーナに現地生産工場を設立した．トヨタは，1984年にカリフォルニア州フリーモントにGMと出資比率が50％ずつの合弁会社 New United Motor Manufacturing, Inc. (NUMMI) を立ち上げ，1988年には100％

---

14) 藤本隆宏，『能力構築競争：日本の自動車産業はなぜ強いのか』，中公新書1700，中央公論新社，2003年，pp. 161-162.

15) 公文溥，「自動車産業」『アメリカ経済の再工業化：生産システムの転換と情報革命』法政大学比較経済研究所・萩原進・公文溥編，法政大学出版局，1999年，pp. 55-56．なお，アイアコッカはクライスラー社の社長になる以前はフォード社の社長であった．リー・アイアコッカ，『アイアコッカ：わが闘魂の経営』（徳岡孝夫訳，ゴマ文庫，ゴマブックス，2009年）を参照．

16) 詳細な日米自動車貿易摩擦の経緯については，前掲，藤本，pp. 226-234を参照のこと．

17) 前掲，公文，p. 56.

出資の生産工場をケンタッキー州ジョージタウンとカナダ・オンタリオ州ケンブリッジに設立した．この他にもマツダ株式会社（マツダ），三菱自動車工業株式会社（三菱自動車），富士重工業株式会社（スバル）がアメリカで生産を開始した．

　日本の自動車輸出自主規制の影響により，日本の自動車メーカーは輸出の台数規制がかかったため，高級車の輸出へと方向転換することになった．一方，日本車の現地生産が本格化していないため，日本車の供給不足が深刻化する事態も生じた．こうした中で，景気回復とともに自動車に対する需要が高まり，市場での自動車価格が上昇すると，ビッグ・スリーはこの趨勢を利用して，価格引き上げを行ない高収益をあげた[18]．結局，自動車貿易摩擦の政治的解決によるツケは，最終的にはアメリカの消費者に回されることになった．

18）同上．

第9章　日系自動車メーカーの台頭と
デトロイト・スリー
—— 1980年代後半以降

9.1　日系自動車メーカーのカナダ進出

　この章では，日系自動車メーカーのカナダへの進出，米加自由貿易協定とNAFTA締結による北米におけるカナダの自動車産業の相対的地位の変化，オンタリオ州の立地条件と政府の政策に焦点を当てて論述したい．

　カナダへの日系自動車メーカーの進出はアメリカと比較して数年遅れて開始された．日系自動車メーカーがオンタリオ州に立地した際，NAFTAが締結される以前から既に北米を一つの統合された生産ネットワークとみなし，カナダで製造した自動車をアメリカへ輸出することを，当初から念頭に置いて進出したことが指摘されている[1]．このことはトヨタもホンダもカナダ自動車市場だけではなく，北米市場全体を対象とした新車種の生産をオンタリオで行なっていることからも裏付けられている．

　ホンダのモットーは「顧客の近くで製品を生産する」である．日本の自動車メーカーとしては他社に先駆けて，1982年にアメリカに四輪車の自動車組立工場を設立したが，既に1979年にはアメリカで二輪車の組立工場を持ち生産を開始していた．カナダへの進出は，1969年にCanadian Honda社を設立し二輪車の輸入販売を開始したのが最初である．生産については，日本のメーカーとしてカナダへ最初に進出して，オンタリオ州

---

[1] David W. Edgington and W. Mark Fruin, "NAFTA and Japanese Investment," in *Foreign Investment and NAFTA*, ed. by Alan M. Rugman, (Columbia, S. C.: University of South Carolina, 1994), p. 254.

アリストン市に1984年にHonda of Canada Manufacturing (HCM) 社を設立し，1986年11月からアコードの製造を開始した．その後，1990年に税制上の理由から，Canadian Honda社とHCM社は経営統合され，Honda Canada Inc.（以下，ホンダ・カナダと表記）として現在に至っている．HCMで製造された車はホンダ・カナダによって一手に販売されている．

トヨタは，2007年に世界生産台数で第1位の座を誇っていたGMを追い越し，また，アメリカ市場における新車販売台数でもGM (378万台) に次いで第2位（262万台）となった[2]．前章で述べた通り，トヨタの自動車を現地生産することによる世界進出は慎重に進められた．トヨタは1983年にBC州デルタにCanadian Autoparts Toyota Inc. (CAPTIN) を設立し，1985年2月からアルミ・ホイールを生産した．1986年1月にはToyota Motor Manufacturing Canada Inc. (TMMC) がオンタリオ州ケンブリッジ市に設立され，1988年11月からカローラの製造が開始されたが，この年の製造台数はわずか200台であった．

トヨタも製造会社設立以前の1964年に，カナダに自動車の販売会社を設立している．三井物産とトヨタ自動車の合弁により設立されたトヨタ・カナダ社（Toyota Canada Inc.）で，当初は日本から輸入されるトヨタ車の販売を手掛けていた．現在は，日本からの輸入車およびTMMCで生産された自動車の販売を一手に引き受けている．このトヨタ・カナダ社の資本は三井物産とトヨタ自動車が50％ずつ出資しており，同社の売上高が三井カナダ社の売上高に大きく貢献している[3]．

日系の3番目の自動車メーカーは，スズキとGMカナダ社の合弁会社

---

[2]「トヨタ，米新車販売で2位」『日本経済新聞夕刊』，2008年1月4日，1面，および「トヨタ，生産世界一」『日本経済新聞夕刊』，2008年1月4日，3面．

[3] Tamiko Kurihara, "A Comparative Study of Economic Activities by *Sogo Shosha* in the United States and Canada in the late 1990s," in *Understanding Japan: Essays Inspired by Frank Langdon*, ed. by Lawrence T. Woods, (Vancouver: Centre of International Relations, University of British Columbia, 2004), p. 196.

表9-1 1986年から2008年までのカナダの日系自動車メーカーの軽量自動車年間生産台数

(単位：台)

	ホンダ	トヨタ	CAMI	合計
1986	443			443
1987	15,685			15,685
1988	50,430	200		50,630
1989	86,447	20,859	660	107,966
1990	104,572	60,804	44,606	209,982
1991	99,150	67,834	160,000	326,984
1992	104,123	68,092	147,000	319,215
1993	100,996	79,219	162,000	342,215
1994	108,308	85,870	170,000	364,178
1995	106,133	90,136	184,000	380,269
1996	144,482	97,344	124,000	365,826
1997	165,181	108,252	110,000	383,433
1998	179,751	171,739	45,000	396,490
1999	274,908	211,081	113,400	599,389
2000	326,804	183,740	110,444	620,988
2001	370,994	166,131	79,961	617,086
2002	361,018	218,011	62,746	641,775
2003	392,230	227,543	51,475	671,248
2004	392,528	287,859	131,190	811,577
2005	385,491	305,966	189,997	881,454
2006	387,078	317,433	196,598	901,109
2007	390,580	302,749	178,141	871,470
2008	383,011	287,394	125,454	795,859

出典) http://www.jama.ca/jamastats/annual/index.asp?t=0 (2009年10月10日アクセス).

のCAMIである．1986年にオンタリオ州インガソール[4]に折半で設立され，1989年4月より生産が開始された．合弁会社であるCAMIはスズキとGMの両方の車種を生産している[5]．

表9-1は，1986年から2008年までのカナダにおける日系自動車メーカーの軽量自動車（light vehicles）の年間生産台数を示している．軽

---

[4] インガソールは市（City）ではなくTownである．
[5] CAMI, http://www.cami.ca/aboutCami/aboutCami.shtml （2009年8月26日アクセス）.

量自動車には，乗用車と小型トラックが含まれ，また小型トラックには，小型ピックアップ・トラック，ミニバン，スポーツ用多目的車（SUV）が含まれる[6]．ホンダは，1986年のアコード443台[7]を皮切りに，1987年にはアコードを1万5,685台生産した．1989年にはアコードの他，シビックの生産を開始した．そして同年中には，アコード生産をアメリカの工場へ移管し，シビックの生産に特化した．1989年には8万6,447台であったが，1991年を除き1990年から1995年にかけてシビックを年間10万台強製造した．1998年には，第2ラインで生産が開始されたため，同年は17万9,751台だった生産が，翌1999年には27万4,908台となり，2000年代には年間30万台から40万台弱の生産が行なわれている．車種についても，シビックを中心としながらも，アキュラ，オデッセー，パイロット，リッジラインなど多様化している．2008年の世界的な新車需要不振の中で，HCMはシビックの生産を増加させ，パイロットの生産をアメリカのアラバマ州に移管させた[8]．このため，2008年の生産台数は38万3,011台で，トヨタと比較すると生産台数の減少幅は小さい．

アリストン組立工場の隣接地に新規投資1億5,400万ドルでエンジン工場が建設されていたが，2008年に完成し秋から生産を開始した．シビ

---

6) 第Ⅲ部第10章で述べるように，小型トラックは中・大型トラックと共に商用車に含まれる．しかし，商用車の約9割を小型トラックが占めているため，軽量自動車の生産台数を分析することによって，自動車生産全体のおおよその動向を明らかにすることができる．

7) Japan Automobile Manufacturers Association of Canada（日本自動車工業会カナダ，以下JAMA Canadaと略記），Annual Production, http://www.jama.ca/jamastats/annual/（2009年7月27日アクセス）のデータによる．しかし，本田技研工業・第一業務室・四輪北米課主幹，坂元尚文氏，ならびに本田技研工業・渉外部主幹，村岡直人氏に，2007年7月31日，東京で聞き取り調査を行なった際の資料では526台であった．本書では主として日系企業についてはJAMA Canadaのデータを用いており，貿易や販売台数などとの整合性を図るため，ここでもJAMA Canadaのデータを採用した．

8) 「カナダでの販売低迷，米国需要減退がオンタリオの生産に打撃」，*JAMA Canada Report*, Vol. 10 No.1, 2009年1月, pp. 1-2.

ック用エンジンの年間生産能力は20万台である．HCMにはこれまで累積投資26億ドルがなされ，2009年時点で自動車組立工場とエンジン工場の両方を合わせて4,940人が雇用されている[9]．

　HCMで生産される車の75%が北米市場，主としてアメリカ市場へ輸出されている．カナダで販売されているホンダとアキュラの50%はHCMで製造された車である．1992年，HCMで製造されたシビックがアメリカ財務省関税局により現地調達率を達成していないとして問題にされたが，カナダ政府はホンダを支持し，監査方法に問題があるとして反論した．この問題の解決は，NAFTAのルールを遡及して適用することにより，シビックの現地調達率は満たされている，ということで決着した．現在，ホンダはホンダ車の北米調達率を95%以上達成し，名実共に北米産の車を生産している[10]．

　同じく表9-1が示すように，TMMCの初年度の生産台数は200台であったが，翌1989年の2万859台から，1990年の6万804台と徐々に生産台数が増え，1997年には10万8,252台となった．トヨタも1997年に4億ドルをかけてTMMC工場を増設した結果，1998年の生産台数は前年比59%増の17万1,739台となった．1998年から2002年まではソラーラも生産され，2002年からマトリックスの製造も開始された．さらに，スポーツ用多目的車（SUV）のレクサスRX350を年間6万台生産するために，6億5,000万ドルの追加投資がなされ，2003年からレクサスの製造が開始された．ケンブリッジ工場は海外で唯一レクサスを生産している拠点で，カナダ工場への信頼の厚さと現地では受け止められている．レクサスの生産も2004年から軌道に乗り，2004年のTMMCの総生産台数は28万7,859台，2006年の総生産台数は31万7,433台となっている．その後は，不況の影響を受け，2008年には28万7,394台へと減少している．

---

9) JAMA Canada,「カナダの日系自動車産業：実績と実数，2009年」（この小冊子にはページが記載されていない）による．
10) 聞き取り調査および資料，前掲，本田技研工業，坂元氏および村岡氏による．

2008年の秋口はちょうどアメリカでの新車販売が落ち込み始めた時期で、新しく設立されたホンダのエンジン工場もトヨタの第2組立工場も、逆風の中での出発を余儀なくされた。トヨタはケンブリッジ市から約50km離れたウッドストック市（オンタリオ州）に第2組立工場（サテライト工場）を建設した。このため11億ドルの新規投資がなされ、年間15万台のSUVのRAV4を製造する予定であった。しかし、2008年時点では、1交代で1,000名が働き、生産能力の半分に当たる年間7万5,000台の水準で稼動されている。最初のRAV4は2008年11月3日に完成した[11]。トヨタによるケンブリッジとウッドストック工場への累積投資額は56億ドルで、両工場では5,700人が雇用されている[12]。

TMMCで生産されたカローラの80%が、またレクサスの95%がアメリカへ輸出されている。カナダと比較すると、アメリカの方が大型で高価な車がよりよく売れる[13]。従って、アメリカの不況による自動車新車販売の低迷の影響を受けやすいのは、高級車をホンダよりも多く輸出しているトヨタの方である。TMMCで生産された自動車はすべて前述のトヨタ・カナダ社によって販売されている。

オンタリオ州とケベック州には約500社の自動車部品のサプライヤーがある。TMMCは中でも日系の部品メーカーのTrim Master（レクサスのシート）、TG Minto（プラスチック・インテリア）、Aisin（ベルト・モールディングズ）など13社から部品を購入しているが、多くの部品はアメリカから調達されている[14]。第Ⅰ部第5章で触れたように2003年から為替相場はカナダドル高基調となっていたが、為替については、車の販売および部品調達の両面にわたり、2007年の時点では大きな影響は出ていなかった。トヨタには、GMとの合弁企業NUMMIを含めて、自動車

---

11) Toyota Motor Manufacturing Canada Inc., Fact Sheet による。
12) JAMA Canada,「カナダの日系自動車産業：実績と実数、2009年」による。
13) 聞き取り調査、前掲、本田技研工業、坂元氏および村岡氏、ならびに安藤和明氏, Senior Coordinator, Human Resources and General Affairs, TMMC, August 20 2007, Cambridge, Canada による。
14) 聞き取り調査、前掲、安藤氏による。

の製造工場がアメリカに合計6ヶ所ある．アメリカで製造された車はアメリカ・トヨタ・モーター・セールス社（Toyota Motor Sales, USA., Inc.）を通じて販売されている．販売面では，トヨタのアメリカとカナダの販売子会社間で為替の影響が生じるが，両社を合わせた北米全体のトヨタ社への影響としては出ていない．さらに，部品調達面では，トヨタ北米統括管理会社（Toyota Motor Engineering & Manufacturing North America, Inc., TEMA）が部品を集中購買するため，部品購入への為替の影響もみられていなかった[15]．しかし，カナダドル高が続けば，販売価格の見直しという形でいずれは消費者への影響が出てくると，TMMCの方では予想していたが，その前に，金融危機を契機に新車に対する需要は大きく落ち込んだ．

　スズキとGMカナダの合弁会社CAMIは，前述のように1989年4月から生産を開始した．車種はスズキとGMのものであるが，比重はGM車の方にあった．年間の生産能力は26万台であるが，表9-1が示すように設立以来20万台を超えたことが無く，2006年の19万6,598台が最大の生産台数である．2008年には12万5,454台へと生産台数が減少している．12万5,454台の内訳は，GM社のシボレー・エクイノックスが8万2,242台，同じくトレントが3万815台で，スズキのXL7は1万2,397台であった．スズキのCAMI全体における生産比率は，2008年には9.9％でしかない．CAMIは2009年1月には生産を休止し，2月からは2交代を1交代に削減して生産を再開し，ワーク・シェアリングを行なっている．CAMIはGMとの合弁会社であるため，カナダ自動車労働組合（Canadian Auto Workers Union, CAW）の組合員も雇用されている．また，JAMA Canada[16]のデータによると，CAMIの雇用者数は1,900人である[17]．JAMA Canadaに所属している日系企業は，生産の

---

15) 聞き取り調査，草川克之氏, Corporate Secretary and Treasurer, General Manager of Finance, TMMC, August 20 2007, Cambridge, Canadaによる．
16) JAMA Canadaに関しては，本章の注7を参照のこと．
17) CAMIのホームページのデータによると，年間の生産能力台数は25万台，現

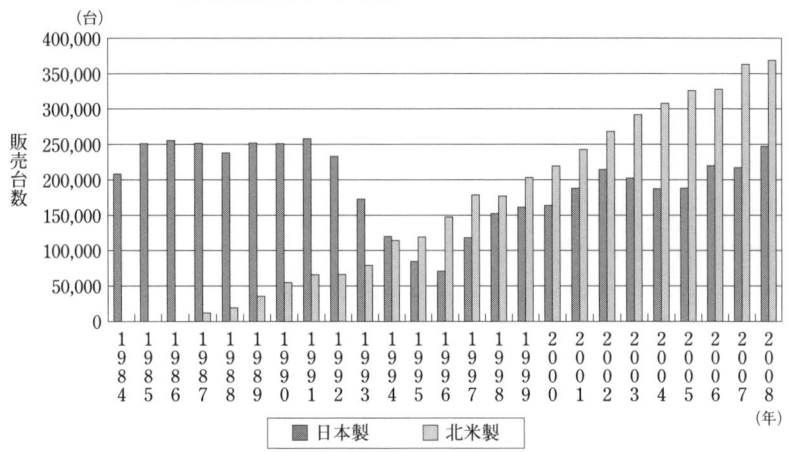

図9-1 1984年から2008年までのカナダの日系自動車メーカーの年間軽量自動車販売台数

出典）http://www.jama.ca/jamastats/annual/index.asp?t=3&c=7（2009年10月10日アクセス）．

削減やパートタイム労働者の一時解雇などを行ない，正規雇用者の一時解雇を行なわない方針を採っている[18]．

図9-1は，1984年から2008年までのカナダにおける日系自動車メーカーの軽量自動車の年間販売台数を示したものである．現地生産が開始される以前は，すべて日本からの輸入車が販売されていた．1984年には20万8,411台で，1986年には25万5,337台であった．1986年からは北米で生産が開始され，1987年の現地生産の自動車の販売は1万1,985台と全体の4.5％を占めた．北米における現地生産が軌道に乗るにつれて，北米製の自動車台数およびその比率も徐々に増えてきた．

　　在の雇用者数は1,700人となっている（http://www.cami.ca/aboutCami/aboutCami.shtml（2009年8月26日アクセス））．
18）聞き取り調査および資料，Mr. David P. Worts, Executive Director, JAMA Canada, 13 February 2009, Torontoによる．なお，スズキは2009年12月14日，CAMIの保有株式50％のすべてをGMカナダ社へ売却することで合意した（http://www.suzuki.co.jp/release/d/2009/1204/index.html（2009年12月4日アクセス））．この結果，CAMIは100％GMカナダの子会社となった．

ところで，1993年は，北米で製造した日本の自動車の販売が日本からの輸入車を上回るようになった[19]記念すべき年である．カナダでも1994年，日本からの輸入車販売台数は12万312台（51.3%）で，北米製の自動車販売台数は11万4,064台（48.7%）であったが，1995年からは北米製の自動車の販売が日本からの輸入車を上回るようになった．2008年は新車に対する需要減退が世界各国でみられたが，カナダにおける日系の自動車メーカーの販売台数は新記録の61万5,914台を達成した．これは市場の37.6%を占め[20]，内訳は北米製の自動車が36万8,873台（全体の59.9%）で，日本からの輸入車は24万7,041台（40.1%）であった．

9.2　米加自由貿易協定とNAFTAの自動車産業への影響

この節では2つの自由貿易協定の自動車産業への影響と，カナダの自動車産業の北米での位置付けや特徴を，自動車の生産台数と貿易に焦点を当てながら明らかにしたい．

1965年の米加自動車製品協定によって自動車の製造部門はカナダとアメリカ間で一体化し，完成車や自動車部品は，米加貿易の最大の品目であった．第I部で指摘したように，カナダからの輸出品目では，2005年に原油などの鉱物性燃料に抜かれ，またカナダへの輸入品目でも，2008年に一般機械に抜かれて，自動車とその部品は輸出品目でも輸入品目でも第2位に後退している．しかし，自動車とその部品が米加間の貿易面で重要な位置を占めていることに変わりはない．

1989年に締結された米加自由貿易協定の下でも，先の1965年の米加自動車製品協定が存続し，第I部で述べたように，一定の条件を満たせば完成車や部品を無関税で輸入できる協定加盟企業（ビッグ・スリー，GM

---

19)　前掲，公文，p. 57.
20)　JAMA Canada,「カナダの日系自動車産業：実績と実数，2009年」．

とスズキの合弁企業 CAMI, ボルボ) と, 最恵国輸入関税が賦課される日本や韓国のメーカー (ホンダ, トヨタ, 現代) の2つのグループが存在した. しかも, 自動車貿易は米加自由貿易協定の原産地規定が適用されるため, 関税が免除されるためには, 北米産 50% 以上の現地調達率を達成しなければならなかった.

1994 年発効のより包括的な NAFTA でも, 自動車産業は中核的な位置を占めている[21]. NAFTA の下で, 繊維・衣料と自動車に関しては特別な規定が適用されている. 自動車が北米産と認定されるには, 現地調達率が当初は 50% 以上, 2002 年 1 月からは 62.5% 以上を達成しなければならず, 達成した自動車は NAFTA 内で関税が免除される. 米加自動車製品協定の存続により, NAFTA 発効後も協定加盟企業は, NAFTA 域外で生産された完成車や部品の輸入について課税されない優遇措置を受けていたが, 2001 年 2 月の米加自動車製品協定の失効により, 2 つのグループは解消した (第 I 部第 4 章を参照).

2007 年時点で, 自動車産業はカナダの製造業の中では最大部門であり, GDP では製造業部門の 14% を占め, 自動車組み立ておよび部品工場では 15 万 2,588 人, 販売やアフター・サービス部門では 34 万 3,306 人を雇用している[22]. カナダは日本とアメリカに次ぐ世界第 3 位の自動車製品輸出国で, カナダで製造された自動車の 84% が輸出され, その主な輸出先はアメリカである[23].

次に, カナダで最大部門の自動車産業について, NAFTA 内での生産台数における相対的な位置, NAFTA 内での貿易, ならびにカナダ国内での

---

21) Sidney Weintraub and Christopher Sands, eds., *The North American Auto Industry Under NAFTA*, (Washington, D. C.: Center for Strategic and International Studies Press, 1998), p. 1.
22) 資料提供, Mr. Brian Sundue, Senior Sector Development Officer, Automotive and Transportation Industries Branch, Industry Canada, 5 Feburay 2009, "Canada's Automotive Inudstry 2008."
23) 資料提供, 前掲, Mr. Brian Sundue, "Cars on the Brain: The Canadian Automotive Sector," A presentation by Industry Canada, November 2008, p. 5.

デトロイト・スリーと日系自動車メーカーの生産台数を指標とする相対的な位置関係を検討してみよう．

図8-1（第8章）によれば，1965年の米加自動車製品協定ができた年の北米における生産台数は，前述の通りアメリカが1,111.4万台（92.1％），カナダが85.4万台（7.1％），メキシコが9.7万台（0.8％）であった．その後，カナダとメキシコでの自動車生産が徐々に増加し，NAFTA発効年の1994年には，生産台数は，アメリカが1,225.0万台（78.1％），カナダが232.0万台（14.8％），メキシコが110.9万台（7.1％）へと変化し，カナダとメキシコでの生産台数が非常に伸びてきた．1999年にはアメリカは1,302.4万台，カナダは305.7万台とピークを迎えたが，メキシコは153.4万台でまだ北米全体の8.7％であった．2000年にメキシコは192.3万台（10.9％）と，初めて生産台数比率が2桁となった．2007年にはアメリカの生産台数が1075.8万台（69.7％），カナダの生産台数は257.9万台（16.7％）へと減少したが，一方メキシコは209.6万台（13.6％）へと増加した．2008年にはこの傾向が一層強まり，アメリカの生産台数は868.4万台（67.4％），カナダの生産台数は207.8万台（16.1％）とさらに減少した．その反面で，メキシコの生産台数は213.1万台（16.5％）と過去最高を記録した．さらに，メキシコの生産台数は初めてカナダの生産台数を上回った．

メキシコの躍進は，何よりもNAFTA締結により，デトロイト・スリーや日産，ホンダの日系の自動車メーカー，またフォルクス・ワーゲンやルノーといったヨーロッパの自動車メーカーがメキシコに組立工場を設立し，アメリカやカナダに比較すると相対的に賃金の安いメキシコで自動車生産を活発に行なっている[24]こと，が主たる要因と言えよう．

カナダは1990年以降，NAFTA内で14.8％から17.4％の生産比率を保ってきた．次章で述べるデトロイト・スリーの中のGMとクライス

---

24) Peter Dicken, *Global Shift: Mapping the Chaning Contours of the World Economy*, 5th ed., (London: Sage Publication, and New York: Guilford Press, 2007), pp. 309-310.

表9-2 1992年から2008年までのカナダの対メキシコ自動車および自動車部品貿易

(単位:百万ドル)

	輸出額			輸入額			貿易収支		
	自動車	自動車部品	合計	自動車	自動車部品	合計	自動車	自動車部品	合計
1992	0	160	161	603	968	1,571	-603	-808	-1,411
1993	5	139	145	963	1,252	2,215	-958	-1,113	-2,070
1994	61	100	161	1,163	1,546	2,709	-1,102	-1,446	-2,548
1995	44	214	258	1,574	1,211	2,784	-1,530	-996	-2,526
1996	64	217	282	1,673	1,306	2,979	-1,608	-1,089	-2,697
1997	37	244	281	1,748	1,470	3,218	-1,711	-1,226	-2,938
1998	20	230	250	1,432	1,793	3,225	-1,412	-1,563	-2,975
1999	82	298	379	1,690	2,162	3,852	-1,609	-1,864	-3,473
2000	113	421	534	2,759	2,204	4,963	-2,647	-1,783	-4,430
2001	118	711	829	2,929	1,929	4,858	-2,811	-1,218	-4,029
2002	95	439	534	2,842	2,278	5,121	-2,747	-1,839	-4,587
2003	48	378	426	2,738	2,088	4,826	-2,689	-1,711	-4,400
2004	177	372	550	2,082	2,603	4,686	-1,905	-2,231	-4,136
2005	488	457	945	2,369	2,720	5,089	-1,881	-2,263	-4,144
2006	484	506	990	2,585	2,700	5,284	-2,101	-2,194	-4,295
2007	415	563	979	2,626	3,030	5,656	-2,210	-2,467	-4,677
2008	390	532	922	2,848	2,586	5,434	-2,459	-2,054	-4,512
2008年前年比	-6.2%	-5.5%	-5.8%	8.5%	-14.7%	-3.9%			

注) 輸出額に再輸出額は含まれない.また,資料の数字を十万ドルの位で四捨五入をしている.このため,1992年のカナダからメキシコへの輸出額は0.2百万ドルであったが,表では0になっている.なお,2008年前年比の数字は,百万ドル未満までの数値に基づいて算出されて出典に掲載されているため,表中の数字から得られる計算結果とは必ずしも一致しない.

出典) 1992年から1997年のデータは,DesRosiers Automotive Consultants Inc., *DesRosiers Automotive Yearbook, 2005 Edition*, 2005, p. 199, 1998年から2008年のデータは,DesRosiers Automotive Consultants Inc., *DesRosiers Automotive Yearbook, 2009 Edition*, 2009, p. 171.

(原典) DesRosiers Automotive Consultants Inc., and Industry Canada.

ラーへの支援の条件として,カナダ連邦政府とオンタリオ州政府は,カナダでの自動車生産比率を従来通り16%から17%に維持することを挙げ,大規模な工場閉鎖には憂慮を示してきた.

貿易面では,先に述べたように(第8章第2節),アメリカとカナダの間の貿易は米加自動車製品協定を締結以来1966年から2008年まで,完成車の貿易収支はカナダ側の黒字,部品についてはカナダ側の赤字が継続

第9章　日系自動車メーカーの台頭とデトロイト・スリー――211

表9-3　1992年から2008年までのカナダの対日本自動車および自動車部品貿易

（単位：百万ドル）

	輸出額			輸入額			貿易収支		
	自動車	自動車部品	合計	自動車	自動車部品	合計	自動車	自動車部品	合計
1992	2	51	53	3,439	1,448	4,886	-3,437	-1,397	-4,834
1993	31	65	96	2,448	1,693	4,141	-2,417	-1,628	-4,045
1994	50	67	117	1,701	2,048	3,749	-1,651	-1,981	-3,632
1995	50	40	90	1,407	2,121	3,528	-1,357	-2,081	-3,438
1996	65	44	109	1,270	1,829	3,098	-1,205	-1,784	-2,989
1997	50	58	107	2,564	1,648	4,213	-2,515	-1,591	-4,106
1998	35	32	67	2,700	1,657	4,357	-2,665	-1,625	-4,289
1999	132	24	156	3,129	2,054	5,183	-2,998	-2,030	-5,027
2000	133	25	158	3,416	2,092	5,508	-3,283	-2,067	-5,350
2001	113	20	133	3,649	1,691	5,340	-3,536	-1,671	-5,206
2002	81	66	147	4,784	1,779	6,563	-4,703	-1,713	-6,416
2003	59	55	113	4,071	1,679	5,750	-4,012	-1,625	-5,637
2004	21	49	70	3,453	1,824	5,277	-3,432	-1,775	-5,207
2005	29	72	101	3,837	2,063	5,899	-3,808	-1,991	-5,799
2006	11	39	50	4,389	2,304	6,693	-4,378	-2,265	-6,643
2007	4	47	51	4,703	1,978	6,681	-4,699	-1,931	-6,630
2008	3	38	41	4,663	1,813	6,476	-4,660	-1,775	-6,435
2008年前年比	-24.5%	-19.2%	-19.6%	-0.9%	-8.3%	-3.1%			

注）　輸出額に再輸出額は含まれない．また，資料の数字を十万ドルの位で四捨五入をしている．なお，2008年前年比の数字は，百万ドル未満までの数値に基づいて算出されて出典に掲載されているため，表中の数字から得られる計算結果とは必ずしも一致しない．
出典　1992年から1997年のデータは，DesRosiers Automotive Consultants Inc., *DesRosiers Automotive Yearbook, 2005 Edition*, 2005, p.199, 1998年から2008年のデータは，DesRosiers Automotive Consultants Inc., *DesRosiers Automotive Yearbook, 2009 Edition*, 2009, p.171.
（原典）DesRosiers Automotive Consultants Inc., and Industry Canada.

していることが特徴として挙げられた．表9-2は1992年から2008年までのカナダのメキシコに対する自動車貿易を表わしたものである．NAFTA発効後，カナダとメキシコの貿易は，輸出額および輸入額共に増大している．両国間の自動車貿易の特徴は，自動車についても自動車部品についてもカナダ側が大幅な入超になっていることである．この結果，1994年の自動車と部品の貿易収支の赤字は25億4,800万ドルであったが，2007年には46億7,700万ドルまで拡大している．また，カナダの

メキシコからの自動車の輸入額とその部品の輸入額についてみると，年度によって異なるが，両者の間にはさほど大きな隔たりはない．

表9-3は，1992年から2008年までのカナダの日本に対する自動車貿易の金額を表わしたものである．同期間中，カナダから日本への自動車およびその部品の輸出額は些少である．一方，カナダの日本からの自動車およびその部品の輸入額は大きく，自動車の貿易収支は1992年から2008年までカナダ側の赤字が継続している．1992年では48億3,400万ドルの赤字で，その内34億3,700万ドルは自動車，13億9,700万ドルは自動車部品の赤字であった．2006年には，自動車貿易の赤字額は43億7,800万ドル，自動車部品の赤字額も22億6,500万ドルへと拡大し，自動車貿易全体の貿易収支は66億4,300万ドルの赤字を記録した．カナダと日本の間の自動車貿易の特徴は，圧倒的にカナダが日本から完成車を輸入しているという点にある．

図9-2は1993年から2008年までのカナダにおける企業別の軽量自動車生産台数を示したものである．1993年にはカナダでは8社が軽量自動車を生産していた．年間総生産台数は220万4,335台であった．GMは74万7,471台（全体の33.9%），クライスラーは64万3,371台（29.2%），フォードは45万4,165台（20.6%）で，デトロイト・スリーは全体の83.7%を占めていた．一方，ホンダは10万621台（4.6%），トヨタは7万9,219台（3.6%）で，日系自動車メーカー2社の生産台数は，合計でわずか8.2%であった．CAMIはGMとスズキの両車種を生産し，15万9,399台は全体の7.2%であった．後発の韓国のメーカー現代は1万4,585台（0.7%），ボルボは5,504台（0.2%）で，当時は圧倒的にデトロイト・スリーの独壇場であった．

現代は1993年でカナダでの生産を中止し，ボルボも1998年に生産を中止した．そのため，カナダにおける自動車メーカーは，デトロイト・スリー，ホンダ，トヨタ，CAMIの6社となった．2000年にホンダの生産台数比率が11.2%と2桁に，また2004年にトヨタの生産台数比率が10.8%と2桁になった．デトロイト・スリーの中では，フォードが

第9章　日系自動車メーカーの台頭とデトロイト・スリー——213

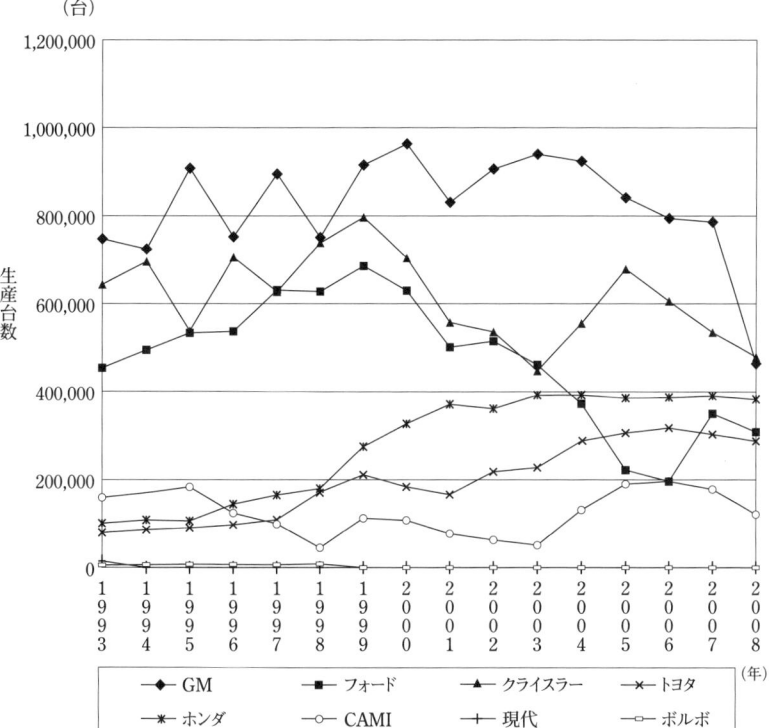

図9-2　1993年から2008年までのカナダにおける企業別軽量自動車生産台数

出典）Industry Canada, Automotive Industry Statistics, 2000 Edition, Table 2.7（http://www.ic.gc.ca/epic/site/auto-auto.nsf/en/am01349e.html），Statistical Review of the Canadian Automotive Industry, 2006 Edition, Table 2.7（http://www.ic.gc.ca/epic/site/auto-auto.nsf/eng/am02195.html）（共に2008年9月5日アクセス），DesRosiers Automotive Consultants Inc., *DesRosiers Automotive Yearbook, 2009 Edition*, 2009, p. 108より．

2005年と2006年にそれぞれ8.5％と7.9％と1桁台になったが，2007年には2桁に復帰した．

　カナダにおける軽量自動車生産台数は1999年の299万6,073台がピークで，その後は減少している．車種によっても異なるが，生産台数の約8割がアメリカ市場向けであったため，アメリカの2007年からの不況で新車に対する需要が急速に下落し，2008年の総生産台数は204万2,619台となった．内訳は，クライスラーが47万9,046台（23.5％），

214──第 III 部　自動車産業における多国籍企業の投資活動

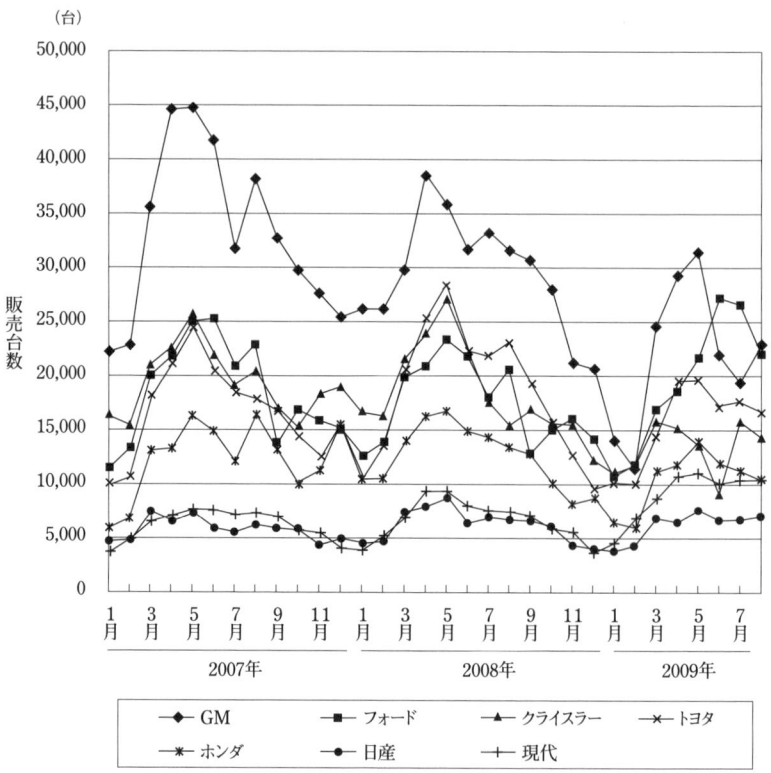

図 9-3　2007 年 1 月から 2009 年 8 月までのカナダでの企業別新車軽量自動車販売台数

注）　通常とは異なり，ここでは，サーブは GM に，レクサスはトヨタに，アキュラはホンダに，インフィニティは日産にそれぞれ含まれていない．
出典）　DesRosiers Automotive Reports, Total Light Vehicles in Canada（毎月 Web 上で発表）より作成．

GM が 46 万 3,869 台（22.7％），フォードが 30 万 8,248 台（15.1％）で，デトロイト・スリーの生産台数比率は全体の 61.3％ へと減少した．一方，ホンダは 38 万 3,011 台（18.8％），トヨタは 28 万 7,394 台（14.1％）で，日系メーカーの合計生産台数比率は 32.9％ までを占めるようになった．CAMI は 12 万 1,051 台で，5.9％ であった．ホンダとトヨタが 15 年間で，カナダにおける生産台数比率を 8.2％ から 32.8％

まで伸ばしたことは驚異的である．

　図9-3は2007年1月から2009年8月までの月ごとのカナダでの主な企業別新車軽量自動車販売台数を示している．図9-3の注にも記したように，ここでは高級車であるサーブ，レクサス，アキュラ，インフィニティは別ブランドとして記載され，それぞれGM，トヨタ，ホンダ，日産の生産台数には含まれていない．図5-9（第Ⅰ部第5章）で示されているように，例年1月と2月の新車（軽量自動車）の販売台数は他の月に比較すると少なくなっている．前述の通り，全体としての新車販売台数は2007年5月の18万5,471台と2008年5月の18万4,467台がピークとなっている．

　主な企業を個別にみると，同期間中において，GMは2007年4月から6月にかけて4万4,651台，4万4,815台，4万1,860台と月間販売台数が4万台を超え，2007年5月には最大の販売台数を記録した．その後，月間新車販売台数は3万台規模から2万台規模へと減少した．例年自動車業界全体として販売台数が減少する1月と2月および，2009年7月には1万台規模にまで減少した．2009年7月の販売台数が1万台規模にまで低下したことの原因の1つとして，前月の6月にGMがアメリカ連邦破産法11条を適用申請したことが挙げられる．

　クライスラーの月間販売台数は，同期間中，2008年5月の2万7,201台が最多となっている．2007年3月から6月および8月，ならびに2008年3月から6月にかけて2万台の売り上げを維持し，それ以外の月は1万台規模の販売台数であった．しかし，GMより先の2009年4月にアメリカ連邦破産法11条を適用申請したことにより，2009年6月には9,161台にまで販売台数が落ち込んだ．

　デトロイト・スリーの中で上記2社が連邦破産法11条を適用申請する以前，フォードの販売台数は2007年6月の2万5,439台が最多であった．しかし，2社が連邦破産法適用申請後，2009年6月と7月には販売台数がそれぞれ2万7,373台と2万6,765台となり，GMを抜きカナダでの月間新車販売台数が第1位となった．

トヨタもホンダも毎年5月にその年の販売台数のピークを迎えている．2007年5月，トヨタは2万3,091台，ホンダは1万6,477台の新車を販売し，2008年5月にはトヨタは2万6,664台，ホンダは1万6,898台へと販売台数は増加した．しかし，2009年5月には，トヨタが1万9,729台，ホンダは1万4,046台へと両社共に台数が減少した．これはカナダで景気後退の影響が出て来ているからであるが，GMやクライスラーに比較すれば，新車販売の落ち込みの程度は小さい．

デトロイト・スリー，トヨタ，ホンダに次いで，従来は日産と韓国の現代がカナダにおける新車販売台数で第6位を競っていた．しかし，2009年1月に現代が日産を販売台数で追い越し，同年4月からは毎月1万台規模の新車販売台数を維持している．カナダでは今後，デトロイト・スリー，トヨタ，ホンダ，現代が熾烈な市場占有競争を繰り広げるのであろう．

9.3　オンタリオ州の立地条件と政府の自動車産業政策

この節では，オンタリオ州の自動車産業からみた立地条件と，連邦政府ならびにオンタリオ州政府の自動車産業に対する政策を明らかにしたい．

カナダ国内ではオンタリオ州以外にも製造工場は設立されたが，後発の現代のケベック州からの1993年の撤退，ボルボのノヴァ・スコシア州での1998年の生産中止，2002年のGMのケベック州の工場閉鎖によって，乗用車や小型トラック部門の自動車生産はオンタリオ州に徐々に集約されている．

先の第2節では日系自動車メーカーのオンタリオ州への進出について述べた．20世紀初頭からカナダで自動車生産を開始したデトロイト・スリーも，2007年時点でそれぞれ2つずつの生産工場をオンタリオ州に持っている（図9-4）．GMはオシャワの乗用車工場（生産能力53.5万台）でシボレー，ビュイック，ポンティアックを製造し，オシャワのトラック工場（生産能力27.5万台）ではシボレーなどを生産している．フォード社はオークヴィル工場（生産能力29万台）でフォード，リンカーン，

217

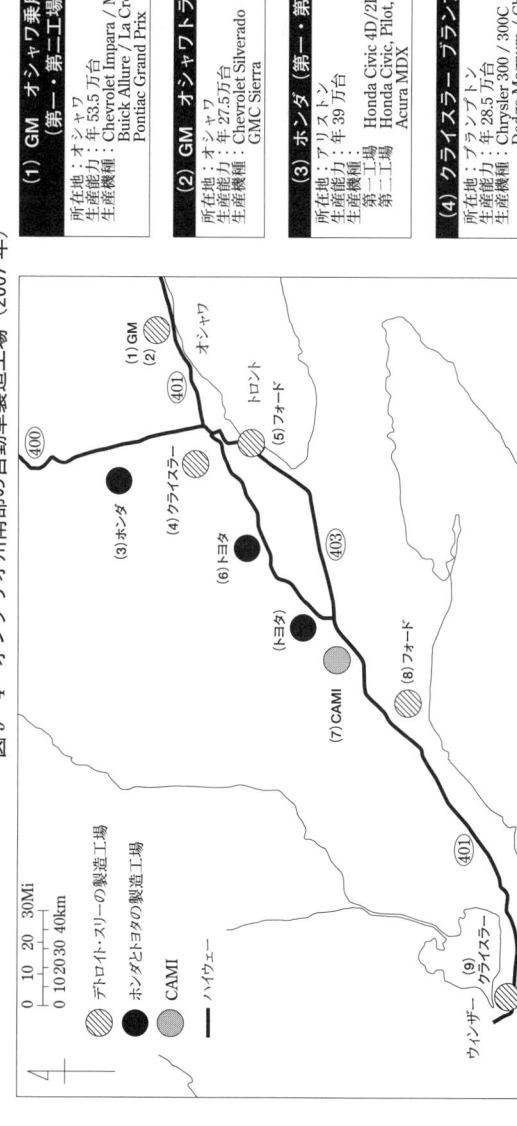

図 9-4 オンタリオ州南部の自動車製造工場 (2007年)

(1) GM オシャワ乗用車工場（第一・第二工場）
所在地：オシャワ
生産能力：年 53.5 万台
生産機種：Chevrolet Impara / Monte Carlo
Buick Allure / La Crosse
Pontiac Grand Prix

(2) GM オシャワトラック工場
所在地：オシャワ
生産能力：年 27.5 万台
生産機種：Chevrolet Silverado
GMC Sierra

(3) ホンダ（第一・第二工場）
所在地：アリストン
生産能力：年 39 万台
生産機種：第一工場：Honda Civic 4D/2D, Acura CSX
第二工場：Honda Civic, Pilot, Ridgeline, Acura MDX

(4) クライスラー ブランプトン工場
所在地：ブランプトン
生産能力：年 28.5 万台
生産機種：Chrysler 300 / 300C
Dodge Magnum / Charger

(5) フォード オークヴィル工場
所在地：オークヴィル
生産能力：年 29 万台
生産機種：Ford Edge / Freestar
Lincoln MKX / Mercury Monterey

(6) トヨタ ケンブリッジ工場
所在地：ケンブリッジ
生産能力：年 30 万台
生産機種：Toyota Corolla / Matrix, Lexus RX

(7) CAMI インガソール工場
所在地：インガソール
生産能力：年 20 万台
生産機種：Chevrolet Equinox/Pontiac Torrent
Suzuki XL7

(8) フォード セント・トーマス工場
所在地：セント・トーマス
生産能力：年 23 万台
生産機種：Ford Crown Victoria/Mercury Grand Marquis

(9) クライスラー ウィンザー工場
所在地：ウィンザー
生産能力：年 35 万台
生産機種：Dodge Caravan/Chrysler Town & Country
Chrysler Pacifica

注）クライスラーは 2007 年当時はダイムラー・クライスラーであった。トヨタのウッドストック工場は 2008 年から稼動した。
出典）2007 年本田技研工業での聞き取り調査。

マーキュリーを，セント・トーマス工場（生産能力23万台）でフォード，マーキュリーを製造している．クライスラー社は，ウィンザー工場（生産能力35万台）でドッジ・キャラバンやクライスラーを，ブランプトン工場（生産能力28.5万台）ではクライスラー300・300Cやドッジ・マグナムを生産している[25]．

　自動車産業におけるオンタリオ州南西部の優れた立地条件として，いくつもの要因が挙げられる．先ず，アメリカの自動車産業の中心であるデトロイトに地理的に近接しており，アメリカ企業のカナダへの進出という点で，この地理的近接性は当初大きな意味を持っていた．現在でも，リーン生産を行なう上でカナダの組立工場がアメリカの自動車工場に近接性を持つことは，決定的に有利であることが証明されている[26]．

　また，オンタリオ州南西部は高度に発達した交通網でアメリカの主要な市場と結びついており，ここからはアメリカの市場のほぼ半分が車で24時間圏内に収まる[27]．さらに，オンタリオにはかつて農業機械産業をリードしたマッシー・ファーガソンなどの機械産業の伝統もあり，金属加工業の技術集積がみられ金属加工部品企業も多い．産業集積による関連産業の発達がみられ[28]，部品調達にも有利である．

　オンタリオ州は人口規模でもGDPに示される経済規模でもカナダ最大の州で，両者において共に第2位の隣接するケベック州と合わせると，それぞれカナダ全体の約6割を占めていることは前述の通りである．このことは，カナダ国内でオンタリオ州とケベック州が最大の市場を形成していることを意味している．また，ウィンザーからケベック・シティまでの回廊地帯は，カナダで最も都市化した人口稠密な地域で，豊富な労働力が存在する．しかも，大学や研究機関も多くあり，教育水準が高い良質の

---

25) 聞き取り調査および資料，前掲，本田技研工業，坂元氏，ならびに村岡氏による．
26) 前掲，Weinstraub and Sands, p. 9, および前掲，Kumar and Holmes, pp. 145-148.
27) オンタリオ州政府，「オンタリオの自動車産業」，2006年．
28) 栗原武美子，「最近の日本の対加直接投資の特徴」，『カナダ研究年報』，第21号，2001年b, pp. 11-12.

労働力が存在すると共に，この地では優れた製品開発や技術が生み出されている[29]．

連邦政府は5年間にわたる総額2億5,000万ドルの自動車革新基金（Automotive Innovation Fund）の予算を組み，2008年夏から応募を受け付けている．既に，ウィンザーのフォード社による7億3,000万ドルのルネッサンス・プロジェクトが支援を受けている[30]．

さらに，オンタリオ州政府の積極的な投資促進政策も近年の自動車産業の発展に貢献している．州政府は総額5億ドルを投じてオンタリオ自動車投資戦略（Ontario Automotive Investment Strategy, OAIS）を実施し，革新的技術の開発投資や技能訓練，産業基盤の整備などを行なった．2008年にはOAISが終了したため，同年にこれをモデルとして5年間の総額11億5,000万ドルの次世代事業基金（Next Generation of Jobs Fund）が設立され，環境にやさしい技術開発や革新的技術開発に努める企業を支援することになった．基金に応募できる基準は2,500万ドル以上の投資，ないしは100人以上の雇用の創出と維持である[31]．

その他2007年からは，州政府の総額5億ドルの先進的製造業投資戦略（Advanced Manufacturing Investment Strategies, AMIS）の融資プログラムが開始されている．これは最先端の技術開発や技術革新に取り組むメーカーを対象として，1,000万ドル以上の投資，または50人以上の雇用を創出し維持する場合に10年間融資するもので，最初の5年間は無利子，次の5年間は州政府の借入金利に1％上乗せした金利を支払うもの

---

29) 聞き取り調査，Mr. Real (Ray) Tanguay, President, Toyota Motor Manufacturing Canada, 20 August 2007, Cambridge, Canadaによる．
30) 資料提供，前掲，Mr. Brian Sundue, "Cars on the Brain," p. 20．
31) 聞き取り調査および資料，Mr. John Langley, Director, Investment Branch, Investment & Trade Division, and Ms. Maureen Enge, Senior Business Consultant, Manufacturing Investment, Ministry of Economic Development and Trade, Ontario, 14 August 2007, Toronto，および Mr. John Langley, Director, Investment Branch, Investment & Trade Division, Ministry of Economic Development and Trade, Ontario, 17 February 2009, Toronto．

である．その上，科学研究および実験開発に対する研究開発費の 20％ が税額控除の対象となっている．既に，トヨテツ・カナダ（豊田鉄工・カナダ）が 715 万ドル，トヨダ紡織が 870 万ドルの融資を受けている[32]．

　オンタリオ州南西部が自動車産業にとって立地の卓越性を持つことを述べたが，ここでホンダとトヨタの工場立地選択要因について詳しくみておこう．オンタリオ州の中でも，ホンダはトロントの北 100 km のアリストン市（基幹ハイウェー 400 号線から 89 号線に少し入った地点）に，またトヨタはトロントの南西 100 km のケンブリッジ市（ウィンザーに向かう大動脈の 401 号線沿い）と，ケンブリッジからさらに西に 50 km のウッドストック市（401 号と 403 号の交差している場所）に工場が立地している．これらの場所に共通している点として，ハイウェー沿いで極めて交通の便の良いこと，また，デトロイト・スリーの工場が付近にないことが挙げられる．デトロイト・スリーの工場から離れた場所を選択するのは，労働力確保に関して他社と競合することを避け，優れた労働力を確保するためである[33]．また，両社とも労働組合 CAW は存在していない．

　さらに，アリストン市は冬の積雪を考慮すると，工場を立地させることのできる北限であろう．カナダでもジャスト・イン・タイム方式で部品が配達されるが，そのためには交通の便の良さのみならず，冬季に道路が雪のため閉鎖されないところが選好される[34]．アリストン市は立地条件が優れているだけでなく，技術革新も進んでいる．ホンダのアリストン工場では，パール・ホワイトと呼ばれる真珠のような白色に仕上がる塗装技術が開発された[35]．

　一方，ケンブリッジ市は，キッチナー市やウォータールー市と隣接して

---

32) 同上．
33) 聞き取り調査，ホンダ・カナダの各氏（16 August 2007, Alliston, Ontario, Canada）および TMMC の各氏（20 August 2007, Cambridge, Canada）によるプレゼンテーションによる．
34) 聞き取り調査，ホンダ・カナダの各氏（16 August 2007, Alliston, Ontario, Canada）による．
35) 聞き取り調査，前掲，坂元氏と村岡氏による．

いる．キッチナー市は第一次世界大戦勃発後，1916年に旧名ベルリン (Berlin) からキッチナーへと地名を変更した都市で，19世紀から特にドイツ系移民の多い都市であった[36]．この地域はカナダでも優れた製品開発や技術が生み出されている地域の1つである．トヨタのケンブリッジ工場でも，コンピューターを使用した電子カンバンシステムが開発され，今では全世界のトヨタ工場でこのシステムが採用されている[37]．カナダの子会社で開発された技術が世界に向けて伝播している．

オンタリオ州政府は鉄道や道路網といった産業基盤の整備に投資および補助金の拠出をしているだけでなく，工業団地も造成し，広大な工場用地も提供している[38]．トヨタのケンブリッジ工場はまさしくこの工業団地の一角に存在している．近年，オンタリオ州政府は前述のOAISを通じ，ホンダのエンジン工場の追加投資の10%に当たる1,500万ドル，またトヨタには7,000万ドルの産業基盤整備の投資を行なった[39]．

ホンダやトヨタの生産規模の拡大に伴ない，日系自動車部品メーカーの進出も相次いでいる．進出当初は，1985年のプラザ合意に伴なう円高の影響を回避することが主な目的であったが，NAFTA発効後は，北米産自動車と認定されるために50%以上（最終的には62.5%以上）の現地調達率を達成する必要から，日系部品メーカーの北米進出がますます不可欠となった．現在では，北米での日系部品メーカーの中で，日本での系列取引を中心にしながらも，系列以外の日系企業やデトロイト・スリーと取引するところも多い．

2008年時点で，カナダで操業している日系の自動車部品メーカーは

---

36) 聞き取り調査，Mr. Louis Boisvert, Director, Invest in Canada Bureau, Foreign Affairs and International Trade Canada, 24 August 2007, Ottawa，ならびにCity of Kitchenerのホームページによる．
37) 聞き取り調査，前掲，安藤氏による．
38) 聞き取り調査，トヨタ自動車・グローバル渉外広報企画部部長，鶴澤孝志氏，ならびにトヨタ自動車・米州本部・米州事業部主査，福井弘之氏，2007年9月10日，東京による．
39) 聞き取り調査および資料，前掲，Mr. Langley and Ms. Enge, 2007年による．

42社（44工場），ならびに日系の自動車資材・機械関連企業は15社である（共に，技術ライセンス生産企業を除き合弁を含む）．なお，これらの日系部品メーカーの中には，操業を停止したり，売り出されている企業，買収された2つの企業の合計4社も含まれている[40]．

これらの企業のうちBC州の1社，ケベック州の3社を除く全てが，日系自動車製造工場のあるオンタリオ州に立地している[41]．前に述べたように，BC州にある企業はトヨタのアルミ・ホイールを製造するCAPTINで，ヴァンクーヴァー市の南東30km弱のフレーザー川の河口に位置するデルタに1983年設立された．同社が自動車工場の集積しているオンタリオ州ないしはアルミニウム製造で名高いケベック州に立地しなかった理由は，当時の日本との貿易摩擦解消の一環として設立され，当初，製品は日本へ輸出されていたためである．現在では北米での現地生産工場向けに出荷されている[42]．

さらに，2008年に操業開始を予定していた日系自動車部品メーカーは7社あり，全社ともオンタリオ州への進出を計画していた．そのうち5社は，2006年から稼動し中型トラックを製造している日野カナダ社とトヨタの第2工場進出先のウッドストックを立地先としていた[43]．

オンタリオ州南西部には様々な有利な条件が重なって，自動車産業が集積している．この結果，カナダのオンタリオ州は2004年にこれまで自動車生産地区としては首位であったアメリカのミシガン州を抜き，北米地域で自動車生産州として第1位となった．表9-4は2003年から2009年にかけての北米における軽量自動車生産台数の上位10州を示している．2003年には，ミシガン州が約276万台を生産し，生産台数では北米地域で第1位であったが，この年はミシガン州が首位を占めた最後の年とな

---

40) 聞き取り調査および資料，前掲，Mr. Worts, 2009年による．
41) JAMA Canada, Japanese Automotive-Related Investment and Joint Ventures in Canada, Auto Parts, Machine Tools, Materials (http://www.jama.ca/industry/manufacturing/parts/ (2009年2月13日アクセス))．
42) 聞き取り調査，前掲，鶴澤氏による．
43) 聞き取り調査，前掲，Mr. Worts, 2009年による．

表9-4 2003年から2009年までの北米地域における軽量自動車生産の上位10州

2003年

国名	州名	生産台数
アメリカ	ミシガン	2,755,953
カナダ	オンタリオ	2,519,736
アメリカ	オハイオ	1,884,877
アメリカ	ミズーリ	1,297,647
アメリカ	ケンタッキー	1,129,321
アメリカ	インディアナ	719,044
アメリカ	テネシー	691,373
アメリカ	イリノイ	500,698
アメリカ	カリフォルニア	395,083
アメリカ	ジョージア	380,281

2004年

国名	州名	生産台数
カナダ	オンタリオ	2,662,958
アメリカ	ミシガン	2,553,413
アメリカ	オハイオ	1,740,631
アメリカ	ミズーリ	1,226,300
アメリカ	ケンタッキー	1,123,878
アメリカ	インディアナ	772,592
アメリカ	テネシー	698,517
アメリカ	イリノイ	396,828
アメリカ	ジョージア	395,690
アメリカ	カリフォルニア	380,678

2005年

国名	州名	生産台数
カナダ	オンタリオ	2,622,880
アメリカ	ミシガン	2,467,321
アメリカ	オハイオ	1,794,589
アメリカ	ミズーリ	1,147,977
アメリカ	ケンタッキー	1,109,744
アメリカ	インディアナ	772,971
アメリカ	テネシー	693,200
アメリカ	アラバマ	479,465
アメリカ	イリノイ	455,262
アメリカ	カリフォルニア	417,369

2006年

国名	州名	生産台数
カナダ	オンタリオ	2,497,367
アメリカ	ミシガン	2,227,251
アメリカ	オハイオ	1,669,741
アメリカ	ケンタッキー	1,031,235
アメリカ	ミズーリ	984,353
アメリカ	テネシー	699,352
アメリカ	アラバマ	698,086
アメリカ	インディアナ	657,535
アメリカ	イリノイ	470,252
アメリカ	カリフォルニア	428,633

2007年

国名	州名	生産台数
カナダ	オンタリオ	2,542,150
アメリカ	ミシガン	2,295,335
アメリカ	オハイオ	1,748,335
アメリカ	ケンタッキー	994,486
アメリカ	ミズーリ	906,270
アメリカ	アラバマ	739,019
アメリカ	インディアナ	693,257
アメリカ	イリノイ	542,368
アメリカ	テネシー	455,422
メキシコ	プエブラ	409,566

2008年

国名	州名	生産台数
カナダ	オンタリオ	2,047,022
アメリカ	ミシガン	1,826,674
アメリカ	オハイオ	1,484,086
アメリカ	ケンタッキー	749,915
アメリカ	ミズーリ	680,424
アメリカ	アラバマ	672,338
アメリカ	インディアナ	595,252
メキシコ	プエブラ	449,096
アメリカ	イリノイ	425,817
アメリカ	テネシー	353,696

2009年

国名	州名	生産台数
カナダ	オンタリオ	1,479,161
アメリカ	ミシガン	1,139,975
アメリカ	オハイオ	783,462
アメリカ	ケンタッキー	621,806
アメリカ	インディアナ	536,591
アメリカ	アラバマ	467,783
アメリカ	ミズーリ	466,722
メキシコ	プエブラ	319,743
アメリカ	テネシー	288,311
アメリカ	カリフォルニア	268,872

注) 乗用車と小型トラックの生産台数で，中・大型トラックは含まない．
出典) オンタリオ州政府資料．
　(原典) Ward's AutoInfoBank．

った．同年，カナダのオンタリオ州は約252万台の生産で，北米地域で第2位を占めた．

　2004年にはオンタリオ州の約266万台の生産台数が，「自動車生産地」の代名詞とも言えるミシガン州の約255万台を上回り，北米地区で最大の軽量自動車生産州となった．デトロイト・スリーの子会社と日系自動車メーカーの生産台数が，デトロイト・スリーの親会社の生産台数を上回ったのである．その後も，2009年まで6年間にわたり，オンタリオ州はミシガン州よりも軽量自動車生産台数が多く，首位を占め続けている．

　また，この表によれば，2003年から2007年までは，オンタリオ州とミシガン州の軽量自動車生産台数は年間200万台以上であった．この2州に次いで，2003年から2005年には，オハイオ州，ミズーリ州，ケンタッキー州の3州の生産台数が年間100万台を超えたが，2006年にはオハイオ州とケンタッキー州の2州が，2007年にはオハイオ州1州のみが100万台以上の生産を行なうなど，徐々に各州の軽量自動車生産台数は減少してきた．

　2007年12月以降の不況が深刻化するにつれて，2008年にはオンタリオ州は約205万台の軽量自動車生産を行なったが，ミシガン州は約183万台，オハイオ州は約148万台と，ミシガン州の生産台数は200万台を下回った．さらに，2009年になると，オンタリオ州は約148万台，ミシガン州は約114万台と，両州とも150万台を下回るほど生産台数が減少した．2004年と比較すると，両州とも100万台以上の生産縮小となっている．2007年のアメリカの不況による新車販売の落ち込みやデトロイト・スリーの経営不振は，カナダがアメリカ市場に大きく依存しているため，特にオンタリオ州の経済に大きな打撃を与えた．

　一方，表9-4は別の観点から興味深い事実を示している．生産台数は少ないものの，メキシコのプエブラ州が2007年に初めて上位10州入りし，2008年と2009年には北米における第8位の軽量自動車生産州になったことである．このことは，カナダ同様にメキシコもNAFTAに自動車生産面で統合化されつつあることを立証している．

第10章　デトロイト・スリーの凋落と財政難
――2008年の経済不況

10.1　GMとクライスラーの経営危機

　この章では，金融危機を引き金とするアメリカの経済不況の影響について，GMとクライスラーの経営危機とそのカナダとオンタリオ経済への影響を具体的に取り上げて論述したい．先ず，第1節ではGMとクライスラーが経営危機に陥った原因を，GM系金融会社の問題と本業の自動車販売の不振の両面から捉えてみたい．

　GMの金融会社GMAC[1]は，主としてGMのディーラーや顧客向けに融資を担っており，GMACが先ずサブプライム・ローンによる金融危機の影響を受けた．クライスラーの金融子会社のクライスラー・ファイナンシャルの廃業によって，アメリカ政府はGMACがクライスラーのディーラーや顧客向けにも自動車ローンを提供するよう調整を図った[2]．アメリカ政府が大手金融機関19社の健全性を審査した資産査定によって，GMACは115億米ドルの資本増強が求められていた．この結果を受けて，2009年5月にアメリカ財務省はGMACに対して75億米ドルの資本注入を実施すると発表した．資本注入には金融安定化法案で定めた公的資金を用い，75億米ドルのうち40億米ドルはクライスラー関連の融資拡大に充てられ，35億米ドルはGMACの優先株を引き受ける形で資本増強さ

---

[1]　GMAC (General Motors Acceptance Corporation) Inc. は，2010年に社名をAlly Financial Inc. に変更した（http://www.ally.com/about/company-structure/history/index.html（2010年7月8日アクセス））．

[2]　ジェトロ，「クライスラー，チャプター11を申請：フィアットとの提携効果の即効性には疑問も」，『通商弘報』，2009年5月13日．

226——第 III 部　自動車産業における多国籍企業の投資活動

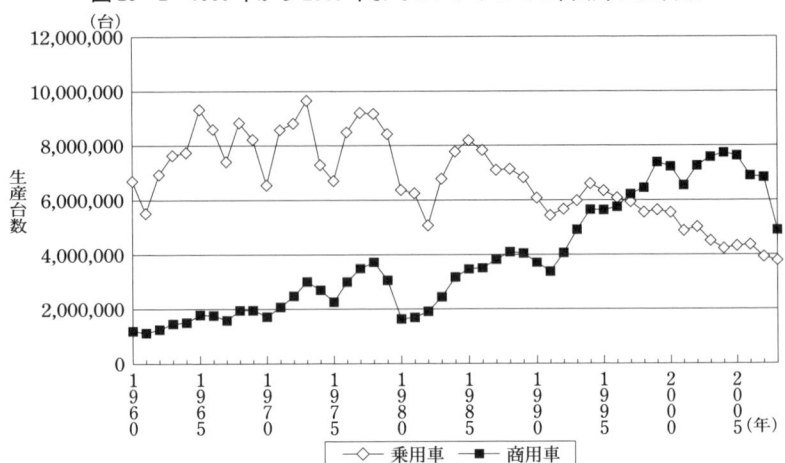

図 10-1　1960 年から 2008 年までのアメリカでの自動車生産台数

注)　商用車は小型トラックおよび中・大型トラックを含む.
出典)　1960 年から 1998 年のデータは, DesRosiers Automotive Consultants Inc., *DesRosiers Automotive Yearbook, 2000 Edition*, 2000, p. 115, 1999 年からのデータは, DesRosiers Automotive Consultants Inc., *DesRosiers Automotive Yearbook, 2009 Edition*, 2009, p. 114.
(原典)　DesRosiers Automotive Consultants Inc., CVMA and Ward's Automotive Reports.

れることになった[3]．GMAC の経営不振は，親会社 GM の経営不振に拍車を掛けることになった．

　さて，図 10-1 は 1960 年から 2008 年までの中・大型トラックを含むアメリカでの年間自動車生産台数を表わしている．商用車の中には，小型トラックと中・大型トラックが含まれているが，後者の生産台数は少なく，商用車の約 9 割が小型トラックで占められる．小型トラックには，小型ピックアップ・トラック，ミニバン，SUV が含まれることは先に述べた通りである．この図が示すように，アメリカの 1960 年の乗用車の生産台数は 669.6 万台で，他方商用車の生産台数は 119.8 万台であった．2007 年には乗用車の生産台数は 392.4 万台となり，一方商用車の生産

---

[3]　日経速報ニュース,「GM 系金融会社に追加資本注入 7,000 億円, 米財務省発表」, 2009 年 5 月 22 日（日経テレコン 21 による）．

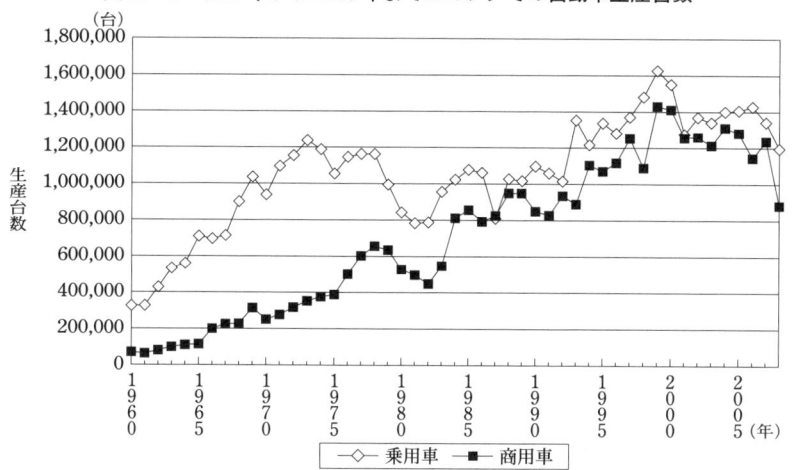

図10-2 1960年から2008年までのカナダでの自動車生産台数

注) 商用車は小型トラックおよび中・大型トラックを含む．
出典) 1960年から1998年のデータは，DesRosiers Automotive Consultants Inc., *DesRosiers Automotive Yearbook, 2000 Edition*, 2000, p. 114, 1999年からのデータは，DesRosiers Automotive Consultants Inc., *DesRosiers Automotive Yearbook, 2009 Edition*, 2009, p. 107.
(原典) DesRosiers Automotive Consultants Inc., CVMA and Ward's Automotive Reports.

台数は683.3万台となった．これを乗用車対商用車の比率で表わすと，1960年には84.8%対15.2%であったのが，2007年には36.5%対63.5%に大きく変化した．アメリカでは年々商用車生産に比重が置かれるようになった．

図10-2も1960年から2008年までの中・大型トラックを含むカナダでの年間自動車生産台数を示したものであり，カナダの1960年の乗用車の生産台数は32.5万台（全体の82.2%）で，一方商用車の生産台数は7.1万台（同17.8%）であった．2007年には乗用車の生産台数は134.2万台（52.0%）で，商用車の生産台数は123.7万台（48.0%）であった．アメリカ同様に，カナダでも1960年から2007年にかけ乗用車の比率が82.2%から52.0%へと減少し，商用車の比率が17.8%から48.0%へと上昇したが，アメリカほど商用車の比率は高くない．アメリカ市場とカナダ市場を比較すると，アメリカは大型車で高価な車種が主

力である反面，カナダは小型車で廉価車が中心である．

　サブプライム・ローン問題を契機に住宅価格が低下し，株価も低迷し，結果としてアメリカ人の個人資産は減少した．金融危機が実体経済に影響を与え，失業が増大し，個人消費が大きく冷え込んだ．こうした中で，大型で高価な新車に対する需要は急速に落ち込んだ．大型車や高級車は小型車に比べて1台当たりの販売利益が大きいため，日系メーカーと比較するとデトロイト・スリーは小型車製造に力を入れて来なかった．また，2008年7月には1バレル当たり147米ドルをピークとする原油価格の高騰によりガソリン価格が1ガロン当たり約4米ドルへと上昇し，アメリカの消費者需要はSUVなどの大型車から燃費効率の良い小型車へ変化してきていた．このため，デトロイト・スリーの方が日系メーカーよりも不況や燃料価格の高騰の影響を大きく受けた．

　さらに，デトロイト・スリーの労働者は全米自動車労働組合（United Auto Workers Union, UAW）[4]に属しており，従業員の賃金は日系メーカーより高く，またレガシー・コストと呼ばれる退職者への医療保険や年金などの手厚い福利厚生費はデトロイト・スリーの業績を圧迫してきた．日系メーカーは後発のため，今のところ退職者に対するレガシー・コストの問題に遭遇していない．

　こうした商用車中心の生産という構造上の問題，高騰した燃料費，手厚い福利厚生費によりデトロイト・スリーは業績不振に陥り，GMとクライスラーは本業のみならず金融子会社の問題も抱えたため，両社は自力での経営の建て直しが困難となり，アメリカ政府およびカナダ連邦政府やオンタリオ州政府に資金援助を求め，両政府は数回にわたり短期的資金供与を

4）　カナダのCAWは，1985年にアメリカのUAWから独立した．北米の場合，日本のような企業別組合ではなく，産業別組合が主流である．そのため，デトロイト・スリーの労働者はCAWもしくはUAWに所属している．しかも，萩原によれば，UAWは「世界で最強とも言える強力な産業別組合」と位置付けられている．（萩原進，「自動車産業労使関係の変容」，『アメリカ経済の再工業化：生産システムの転換と情報革命』法政大学比較経済研究所・萩原進・公文溥編，法政大学出版局，1999年，p. 82）．

行なった.

　前述の通り，クライスラーは，第2次石油危機の後，倒産寸前にまで至った．当時の社長であるアイアコッカの政治力と指導力により経営危機を乗り切ったクライスラーだが（第8章参照），その後も経営不振に陥り1998年にはドイツのダイムラー＝ベンツ社に吸収合併されダイムラー＝クライスラー社となった．しかし，2007年5月，クライスラー社の株式の80.1%（72億米ドル）[5]がアメリカのサーベラス・キャピタル・マネイジメント社に売却された．自力再建が不可能となったクライスラー社は，2009年4月30日アメリカ連邦破産法11条（日本の民事再生法に相当）に基づく会社更生手続きの申請を行なった．

　アメリカのオバマ政権やカナダのハーパー政権は，自動車産業の持つ負の波及効果を認識し，抜本的な再建案の提示を求めつつ，クライスラー支援を決定した．この決定に従い，アメリカとカナダ両連邦政府とオンタリオ州政府は総額で105億米ドルの支援を行なった．その内訳は，アメリカ政府が80.8億米ドル，カナダ政府とオンタリオ州政府が24.2億米ドル（29億ドル）であった．その結果，新生クライスラー社の株式をアメリカ政府が8%，カナダの連邦と州政府が合わせて2%持つことになった．政府以外の新株主は，全米自動車労働組合（UAW）によって運営されるクライスラーの退職者向け医療保険基金（Voluntary Employee Beneficiary Association, VEBA）[6]が55%，イタリアのフィアット・グループが20%となる．クライスラー社の再生にはフィアットとの提携が不可欠

---

[5] ダイムラー社は，2009年6月4日までに，残りの19.9%の株式もサーベラス・キャピタル・マネイジメント社に譲渡した（"Separation of Chrysler," http://www.daimler.com/docom/0-5-873849-1-873855-1-0-0-0-0-0-36-7164-0-0-0-0-0-0-0.html（2010年11月11日アクセス））．

[6] VEBAについては「任意従業員福利厚生基金」という訳語も散見されるが，本書では日本のアメリカ大使館のウェブサイトで掲載されている「退職者向け医療保険基金」を採用している（「オバマ政権の自動車業界再建イニシアチブ：ゼネラル・モーターズ社再建計画」http://japan.usembassy.gov/j/p/tpj-20090531-74.html（2010年9月23日アクセス））．

で，当初は 20% の株式をフィアットが持つが，将来的には 35% まで持ち株比率を引き上げることが可能である[7]．

また，販売台数で 1913 年以来 2008 年にトヨタに抜かれるまでは世界第 1 位であった GM も，創業 100 周年の翌年の 2009 年 6 月 1 日アメリカ連邦破産法 11 条に基づく会社更生手続きの申請を行なった．新生 GM の再建計画によると，株主構成は，アメリカ政府が 60%，カナダ政府とオンタリオ州政府が合わせて 12%，UAW の既存の退職者向け医療保険基金（VEBA）に代わり，新設される VEBA が 17.5%，債権者が 10% である．既にアメリカ政府は 195 億米ドルを GM に支援しており，またカナダ政府とオンタリオ州政府はカナダ GM 社に 5 億ドル[8]を融資している．アメリカ政府は 301 億米ドルの追加支援により，総支援額が約 500 億米ドルとなり，カナダ政府とオンタリオ州政府が追加の 95 億米ドルを融資することになる[9]．

GM に残るブランドはシボレー，キャデラック，ビュイック，GMC で，GM から消えるブランドはポンティアック，オペル，サーブ，ハマー，ボクソールなどであるが，既に売却が決まったブランドもある[10]．GM の再生計画は，北米における 14 の工場閉鎖と 2 万 1,000 人の解雇を含むものである．但し，この縮小計画にはカナダは含まれていない．カナダでは既に 2010 年ウィンザーのトランスミッション工場の閉鎖が決定済みで

---

7) "Canada, U. S. offer more than $10B as Chrysler files for creditor protection," http://www.cbc.ca.canada/ottawa/story/2009/04/30/chrysler-canada-stake.html（2009 年 7 月 19 日アクセス），「クライスラー破綻：／上（その 1）提携交渉，次々不調に」，http://mainichi.jp/select/world/news/20090502ddm001020013000c.html（2009 年 5 月 10 日アクセス），およびジェトロ，「クライスラー，チャプター 11 を申請：フィアットとの提携効果の即効性には疑問も（米国）」，『通商弘報』，2009 年 5 月 13 日．

8) カナダドルである．

9) "GM set for Bankruptcy Protection, Canadian Governments to Own 12%," *Globe and Mail*, June 1, 2009，および「日本企業，影響を注視」，『日本経済新聞（夕刊）』，2009 年 6 月 1 日，2 面．

10) 「GM 破産法申請　新会社に」，『朝日新聞』，2009 年 6 月 2 日，1 面．

あり、またオシャワのピックアップ・トラック工場は2009年5月に閉鎖されている[11]。

アメリカ政府は自動車産業を立て直す政策の1つとして2009年6月に新車買い替え支援制度を導入し、大型車からより燃費効率のよい小型車に買い替えた場合1台につき3,500米ドルから4,500米ドルを補助するCARS（Car Allowance Rebate System）プログラム[12]を導入した。7月27日から実質的な運用が開始されたが、当初の10億米ドルの予算がわずか1週間で枯渇し、8月6日に追加の20億米ドルの予算が上院でも可決された。そして締め切りの8月25日までに、69万114件、28億7,790万米ドルの申請が提出された[13]。

燃費の良い小型車への買い替えが促進されたため、カローラ（トヨタ）、シビック（ホンダ）、カムリ（トヨタ）、と日本車が上位3位を占めた。また、メーカー別の販売台数シェアでみると、トヨタ（19.4％）、GM（17.6％）、フォード（14.4％）、ホンダ（13.0％）、日産（8.7％）、現代（7.2％）、クライスラー（6.6％）、起亜（4.3％）、スバル（2.5％）、マツダ（2.4％）であった。アメリカ運輸省のラッド長官はCARSプログラムが大成功であったことを強調した[14]。

新車買い替え支援制度を利用して小型トラックから乗用車に切り替えた消費者が多かったため、2009年8月のアメリカにおける新車販売台数は2007年10月以来22ヶ月ぶりに前年同月を上回った[15]。図5-8（第Ⅰ部第5章）は2007年1月から2009年8月までのアメリカにおける月ご

---

11) "GM set for Bankruptcy Protection, Canadian Governments to Own 12％," *Globe and Mail*, June 1, 2009.
12) CARSプログラムは "Cash for Clunkers Program" として知られた。
13) United States, Department of Transportation（アメリカ運輸省）, Press release 133-09, http://www.dot.gov/affairs/2009/dot13309.htm.
14) アメリカ運輸省、前掲、Press release 133-09, http://www.dot.gov/affairs/2009/dot13309.htm.
15) ジェトロ、「8月の新車販売、22ヶ月ぶりに前年同月上回る」、『通商弘報』、2009年9月8日。

との新車（軽量自動車）販売台数を示したものである．2007年1月から2008年8月までは毎月の新車販売台数は100万台以上を維持していたが，9月以降は100万台以下となり2009年1月には65.5万台となった．その後，新車買い替え支援制度により，2009年8月は125.9万台へと販売台数は上昇したが，支援制度の終了により今後どの程度新車販売が維持されるかは未知数である．

　図10-3は2007年1月から2009年8月までの月ごとのアメリカでの主な企業別新車軽量自動車販売台数を示したものである．GMは2007年には1月と11月を除いて月間30万台以上の販売台数を維持したが，2008年では8月を除いて1月から9月までの月間販売台数は23.3万台から28.3万台の間にとどまった．しかも，例年販売台数が減少する1月と2月の前に，早くも2008年10月には16.9万台，11月には15.3万台に減少した．2009年1月から7月までの月間販売台数は12.6万台から19.1万台で推移し，新車買い替え支援制度によって8月に24.6万台まで持ち直した．

　クライスラーは2007年3月にはピークの20.6万台の販売台数を記録したが，その他の月は月間10万台から20万台の間で推移した．GMよりも早く，クライスラーは2008年7月に10万台を割り，その後一時的に販売台数の増加をみたが，2009年1月と6月には6万台規模にまで減少した．但し，8月には新車買い替え支援制度のお陰で，9.3万台にまで回復した．GMとクライスラーの販売台数の落ち込みは，アメリカの景気後退と共に両社が連邦破産法の適用を申請したことに対する消費需要の減少によるものである．

　フォードは2007年3月に最多の25.8万台を販売したが，その後は景気後退の影響を受け，月間販売台数が20万台規模から10万台規模へと減少した．2009年1月と2月には9万台規模の販売台数を記録しているが，これは毎年1月と2月が新車販売の低迷する時期であるためと推測できる．それを証明するように，3月からは再び10万台規模へと販売台数が増加し，8月には18.0万台まで達した．販売台数が減少しているも

第 10 章　デトロイト・スリーの凋落と財政難——233

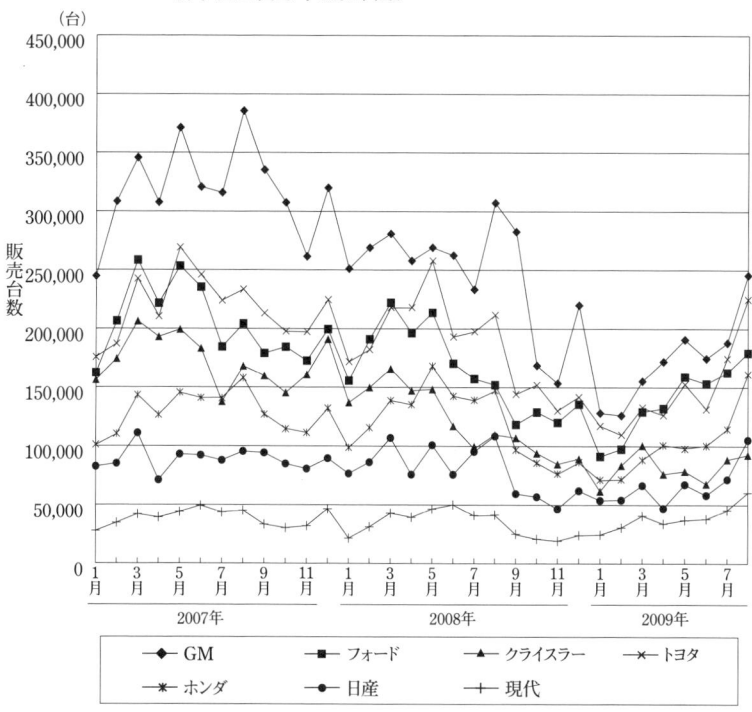

図 10-3　2007 年 1 月から 2009 年 8 月までのアメリカでの企業別新車軽量自動車販売台数

出典）　Ward's U. S. Light Vehicle Sales Summary（毎月 Web 上で発表）より作成.

のの，デトロイト・スリーの中ではフォードが健闘している．

　日本のメーカーでは 2007 年から 2009 年 8 月にかけて，トヨタが 2007 年 5 月の 26.9 万台，ホンダが 2008 年 5 月の 16.8 万台，日産は 2007 年 3 月の 11.1 万台が最多の月間販売台数であった．また，韓国の現代は 2008 年 6 月には 5.0 万台の販売台数があった．日本と韓国のメーカーも，新車買い替え支援制度の恩恵に与かり，2009 年 8 月の月間販売台数が大きく増加した．2009 年 7 月から 8 月にかけて各社の販売台数は，トヨタが 17.5 万台から 22.5 万台へ，ホンダが 11.5 万台から 16.1 万台へ，日産が 7.2 万台から 10.5 万台へ，現代が 4.6 万台から 6.0 万台へ増加した．今後，各社がどのような自動車を開発するか，GM

とクライスラーの再建がうまく行くかなど，いくつかの要因に各社の販売台数の増減は依存している．

10.2 カナダおよびオンタリオ州における新車販売不振の影響

アメリカ経済の低迷と自動車メーカー2社の経営危機が，カナダとオンタリオ州にどのような影響を与えたかについて見てみたい．

先ず，カナダの2008年の産業別実質GDP成長率で製造業が－5.2%であることは第II部第6章第2節で指摘した．その中でも，2桁台でのマイナスを記録した製造業は，繊維・衣服・皮革製品（－16.8%），木材製品（－17.3%），輸送機器（－12.7%）であった．輸送機器製造業でも，自動車（－21.6%），自動車車体・トレーラー（－23.0%），自動車部品（－21.4%）は－20%台であったが，航空機とその部品（10.8%）の伸びで，自動車関連製品の減少を相殺した[16]．

同様に，オンタリオ州の産業別実質GDP成長率でも自動車（－21.8%），自動車の車体・トレーラー（－36.5%），自動車部品（－23.0%），プラスチック製品（－14.3%）がマイナスであったことは，第6章第2節で指摘した．オンタリオ州のこれらの実質GDPの減少率は，カナダ全体よりも大きいものであった．

また，同じく第6章第2節で指摘したように，2009年6月の失業率でもカナダ全体では8.6%であったが，オンタリオ州はそれを上回る9.6%であった．2008年の産業別就業者数についても，カナダ全体では製造業の就業者数が前年比で－3.6%，特に耐久消費財製造業ではそれが－4.6%であったが，オンタリオ州では製造業の就業者数が前年比で－5.2%，耐久消費財製造業では－7.2%と，両者ともカナダ全体の数値を上回った．

---

16) Statistics Canada, CANSIM Table 379-0027（2009年10月15日アクセス）による．

次に，カナダと世界の貿易ならびにカナダとアメリカの貿易は，2008年には輸出額，輸入額共に増加した．しかし，貿易内容を品目別でみると，自動車関連製品の金額が輸出額と輸入額共に減少し，輸出額は526億4,500万ドルで，輸入額は632億5,400万ドルとなった．前年に比べ，輸出入金額ならびに比率が低下していることは第Ⅰ部第5章第2節で述べた通りである．自動車関連製品は，2005年に原油を主とする鉱物性燃料に輸出額第1位の座を譲り，2008年には一般機械に輸入額で第1位の座を譲った．自動車関連製品がカナダの貿易品目で長らく首位であったのは過去のこととなってしまった．

表8-1（第8章）はカナダと世界の自動車と自動車部品貿易をより詳細に示している．1989年以来自動車と自動車部品を合わせた貿易収支は黒字で，それも1999年まではほぼ年々増加していた．しかし，2006年からは赤字となり，2008年の自動車と自動車部品を合計した赤字額は151億9,300万ドルと1960年以降過去最大になっている．

表4-2（第Ⅰ部第4章）によると，カナダとアメリカの自動車および自動車製品貿易は，2008年にはカナダから自動車が395億8,100万ドルと自動車部品が151億8,400万ドルアメリカへ輸出された．一方，カナダは自動車を246億500万ドルと自動車部品を254億7,000万ドルアメリカから輸入した．その結果，貿易収支をみると，自動車についてはカナダ側の149億7,600万ドルの黒字であったが，同部品については102億8,600万ドルの赤字で，全体では46億9,000万ドルの黒字となった．この黒字幅は1989年以来，最小となった．

産業別実質GDP成長率，失業率，産業別就業者数，貿易統計から総合的にみると，自動車産業の不振はオンタリオ州経済にマイナスに作用していることがわかる．

NAFTAによって最大の恩恵を受けているのはオンタリオ州とケベック州であることが指摘されていた[17]．特に自動車産業はオンタリオ州に

---

17) Wulong Gu and Gary Sawchuk, "How Are Canadian Regions Adjusting to

徐々に集約され，NAFTA の中核をなす分野の1つであったため，アメリカ市場の冷え込みはオンタリオ州に大きな打撃を与えた．デトロイト・スリーのうちの2社の経営危機に伴なう生産の縮小，工場閉鎖[18]によって，失業者が増大し失業率が上がった．自動車組立工場だけでなく，自動車部品工場にも減産の影響が出た．州の製造業出荷額は減少し，GDP も減少した．

　自動車産業に経済基盤を置くオンタリオ州政府は，失業者を抱え，失業手当を支払う一方，個人所得税および法人所得税の減少によって財政難となった．しかも，同州政府は GM やクライスラーへの資金融資をすることで，財政が一層悪化した．その結果，カナダ経済の牽引の役割を果たし経済的に豊かな州として連邦政府に税金を納めてきたオンタリオ州が，州間格差是正策としての連邦政府の平衡交付金を，制度が始まって以来初めて受け取る州（have-not）となった．これはオンタリオ州にとって心理的にとてもショックな出来事であった．

　日本は第Ⅰ部で指摘したように，ヨーロッパ諸国のような大型の企業買収を行なって来なかったため，直接投資の面では小額で，投資国としても順位が後退した．しかし，その直接投資が，日本と北米間の貿易摩擦を解消する一環として自動車産業というカナダの製造業の中で最も重要な部門に投資されていたこと，およびデトロイト・スリーのうち2社の今回の経営危機という現実によって，カナダの日系自動車メーカーの存在が相対的に重要になると推測できる．結果論として，日本の直接投資は僅少ながら戦略的な分野へ投資されていたことになる．

　GM は，トヨタと50％ずつ出資したカリフォルニア州の合弁会社

---

　　　a Larger and More Integrated North American Markets?," Economic Analysis Research Paper Series, No. 39, (Ottawa: Statistics Canada, 2006).
18) GM はオシャワのトラック工場の閉鎖による2,600人の解雇やウィンザーのトランスミッション工場の2010年までの閉鎖による1,400人の解雇，フォードもクライスラーも新聞等で工場閉鎖や人員解雇を発表しているが，2009年時点で2社は再建中ということもあり，カナダ産業省でもオンタリオ州政府でも正確な解雇人数や現在の雇用人数の把握ができない状態である．

NUMMI から撤退することを再建計画で発表していた．NUMMI はトヨタが初めてアメリカの現地生産に乗り出した記念すべき第1号工場であった．しかし，トヨタ単独での工場運営は難しく，2009年8月28日に2010年3月をもって生産を打ち切ることを発表した．ここで製造されているトヨタのカローラとタコマの2車種については，カローラをカナダの工場と日本の高岡工場へ，タコマをテキサスの工場へ移管する予定である．日本へ移管した分については，将来，北米に生産を戻すことを検討するとのことである[19]．GM との25年間にわたる合弁事業に幕を閉じ，カナダへカローラの生産が移管されることは，カナダの自動車産業における日本企業の相対的重要性が高まることの一例である．

---

19) トヨタ自動車,「トヨタ自動車, NUMMI への生産発注打ち切りを決定」, http://www2.toyota.c.jp/jp/news/09/08/nt09_0811.html.

終　章

　カナダは世界から移民と資本を受け入れ，経済を発展させてきた国家である．広大な国土面積に比して人口は少なく，2008年の経済不況の中，先進国の中でもカナダの金融部門は比較的健全で，ハーパー保守党政権は他の国と協調を図りながら公共投資を中心とする財政出動で経済の建て直しに努めている．

　建国当時から恵まれた豊かな鉱物資源やエネルギー資源を持ち，現在でもこうした資源を輸出し，高い生活水準を保っている．鉱業やエネルギー産業がカナダ経済に極めて重要な役割を果たしている．2008年第3四半期で実質GDPに占める鉱業や石油・天然ガス産業の比率は4.5%でしかなかった．しかし，これらの産業が金融業，不動産業，建設業，貿易やサービス業に与える影響は大きい．この点は具体的には，トロント株式市場の時価総額の50%が鉱業やエネルギー産業に帰属し，世界の鉱山会社の57%がトロント株式市場に上場している事実[1]からも再確認できる．

　エネルギー資源の中でも特に原油は，輸出と輸入を同時に行なっている．そして，その原油の輸出先はほとんどが隣国のアメリカである．但し，原油を精製し，付加価値を付けて石油製品として輸出しているのではない点を問題として指摘しておこう．この問題は，カナダのエネルギー資源部門に対して，アメリカによる巨額の直接投資がなされ，同部門がアメリカ資本によって支配されてきた長い歴史と無関係ではない．多国籍企業は一般的に資本，技術，経営のノウハウなどをパッケージとして投資先に導入す

---

1) 聞き取り調査および資料，樽谷範哉氏，JETRO Toronto, Director, 2009年2月4日，トロントによる．

る一方，研究開発や経営に関する重要な意思決定を本社で行なっていることは周知の事実である．カナダの天然資源は州に帰属し，従って採掘の権益を持つ州はロイヤルティーの収入が入れば良いというのも1つの見解ではあろう．

　しかし，他方で，一旦構築されたインフラストラクチャーであるカナダとアメリカを結ぶ原油のパイプラインは，新規の計画によってますます補強され，延長されつつある．また，アルバータ州で採掘される原油，特にオイルサンドは，ニューファンドランド沖で採掘される硫黄分の少ない原油と異なり，石油に精製するのにこれまで以上に環境に負荷がかかる．温室効果ガスの排出規制が強化されつつある現在，各州はこれまで以上に天然資源の運用について慎重に検討する時期に来ているのではないだろうか．

　外資比率がこれもまた高いカナダの自動車産業は，規模の経済を得るために1965年からアメリカと自由貿易協定を結んできた．確かに自国の10倍の市場に統合されることによるメリットはこれまで十分に証明されてきた．但し，今回のようにアメリカの不況が深刻化することによって，NAFTAを通じて統合度が深まれば深まるほどその負の影響もまた大であることが実証された．

　本書ではカナダの10州について，それぞれの経済規模や経済基盤の相違や多様性を指摘した．これまでカナダ経済の牽引車的役割を担ってきたオンタリオ州は，自動車産業の危機的な状況により，大きな打撃を受けた．また，原油価格の高騰やそれに引き続いての下落，原油に対する需要の変化によってアルバータ州の経済も大きな影響を受けた．州間経済格差が大きいため，連邦政府はそれを是正する政策の1つとして平衡交付金制度による税収の移転を行なってきた．2009年，制度開始以来，税金を納める州の地位にあったオンタリオ州が，初めて平衡交付金を受け取る州になった．

　「はじめに」で記述したように，本書の分析の枠組みはディッケンのグローバル・シフト，すなわち「多国籍企業と国家および統合された経済圏は，技術革新の下で相互作用をしつつ地球規模の経済変容をもたらす」で

ある．分析を通じて，この枠組みが多国籍企業の代表例としての自動車産業の分析に大変有用であることを再確認した．1960年に世界の自動車の半分以上を生産していたアメリカが，第二次世界大戦の敗戦国日本に自動車生産で追い越されるとは誰が予想しただろうか．また，自動車生産の本拠地ミシガン州が，ビッグ・スリーと日本の自動車メーカーの子会社が立地するカナダのオンタリオ州に生産台数で追い越されることも誰が想像しただろうか．

カナダ，アメリカ，メキシコから構成されるNAFTAの中で，10州の中ではケベック州と共に恩恵を受けていたオンタリオ州は，自動車産業を通してアメリカ市場への参入の度合いが強かったがゆえに，今回の景気後退でマイナスの影響も大きく出てしまった．自動車産業に限定すれば，技術革新はフォード式生産方式からトヨタのリーン生産方式へと移行しつつある．また，環境問題との関連で，自動車産業においては，環境への負荷が相対的に小さいハイブリッド・カーなどいわゆるエコ・カーの開発に向けて各社の競争が激化しつつある．

日本はカナダにとって，1970年代前半から2000年代前半まで貿易相手国としてはアメリカに次ぐ第2位の国であり，また1980年代から1990年代前半まではアメリカとイギリスに次ぐ第3位の直接投資国であった．日米自動車摩擦問題を起点として，日本からアメリカやカナダの自動車産業へ直接投資を行なう必然性があった．日本の直接投資は金額は少ないが，自動車産業という基幹産業へ投資していた．その結果，2008年の不況によるデトロイト・スリーの地盤沈下で，日本の自動車メーカーのカナダにおける存在感が相対的に高まり，カナダ経済への貢献が明白な形で現われるようになった．

なお，本書ではほとんど触れる機会がなかったが，カナダにはハイテク産業が育つ余地が大いにあり，かつては世界にその名を馳せたノーテル・ネットワークス（旧名ノーザンテレコム）社が存在した[2]．同社は2002

---

2) 栗原武美子，「カナダの情報通信産業と最近の日本の対加直接投資の動向」『東

年のICT産業のバブルが崩壊する中で経営不振に陥った．北米最大手の通信機器メーカーである同社は，2009年1月にはカナダ企業債権者調整法およびアメリカ連邦破産法11条に基づく資産保全を申請し，事実上破綻した[3]．しかし，ケンブリッジ工場から世界のトヨタ工場に広まった電子カンバンや，北米では多くの人に愛用されているブラック・ベリー[4]などもあるように，カナダにはまだまだハイテク産業の素地がある．また，映画などでも大いに用いられているコンピュータ・グラフィックスなども優れている．政府も力を入れている知識集約型産業に活路を見出すことはできる．

さらに，NAFTAを通じて北米経済の統合が一層深化しているが，その一方でカナダ政府は他の国々との経済関係をも密にしようとしている．カナダは既にイスラエル，チリ，コスタリカと2国間自由貿易協定を締結している．2004年にはカナダ-ヨーロッパ連合（EU）貿易促進協定の基本的枠組みに合意し[5]，2009年5月にはハーパー首相はEUとの間で包括的な経済連携協定（Economic Partnership Agreement, EPA）に向けて交渉を開始することを公表した[6]．

このように，カナダは産業面では天然資源産業や自動車産業に大きく依存してはいるが，それ以外の分野にも力を入れて多角化を図る努力を行なっている．また，貿易や投資の相手国もアメリカ一辺倒ではなしに，経済圏の拡大による自国経済の活性化に努めている．カナダ経済の動向は，貿

洋大学経済論集』，第27巻第1/2号，2002年，pp. 102-103．
3) 日本貿易振興機構（ジェトロ），『調査レポート：米国発金融危機の経済・ビジネスへの影響　各国・地域編（2010年3月30日改訂版）』，2010年，p. 65．
4) BlackBerryはResearch in Motion（RIM）社の商標で，スマートフォン（多機能携帯電話）の1つである．北米では官民を問わずビジネスに従事する人々に大人気で，アメリカのオバマ大統領も就任以前から使用していることで有名である．
5) http://www.mofa.go.jp/mofaj/area/canada/keizai.html（2009年5月21日アクセス）．
6) http://www.international.gc.ca/consultations/active/index.aspx?lang=eng（2009年6月4日アクセス），およびジェトロ，「2年以内の締結を目指しEPA交渉開始：EU・カナダ首脳会議（EU・カナダ）」，『通商弘報』，2009年5月11日．

易立国日本の経済の将来を考える上で，必ずや興味深い参照事例となることであろう．

参考文献

参考文献(英文)

Alberta, Minister of Employment and Immigration. (2008) "Economic Outlook for Alberta, Spring Update." Edmonton: Alberta.

Alberta, Minister of Finance and Enterprise. (2008) "Highlights of the Alberta Economy." Edmonton: Alberta.

Alberta, Minister of Finance and Enterprise. (2009) *Budget 2009: Building on Our Strength*. Edmonton: Alberta.

Alexandroff, Alan S., Gary Clyde Hufbauer, and Krista Lucenti. (2008) "Still Amigos: A Fresh Canada-US Approach to Reviving NAFTA," *C. D. Howe Commentary 274*. Toronto: C. D. Howe Institute.

Anastakis, Dimitry. (2005) *Auto Pact: Creating a Borderless North American Auto Industry, 1960–1971*. Toronto: University of Toronto Press.

Azzi, Stephen. (1999) *Walter Gordon and the Rise of Canadian Nationalism*. Montreal and Kingston: McGill-Queen's University Press.

Baer, M. Delal, and Sidney Weintraub, eds. (1994) *The NAFTA Debate: Grappling with Unconventional Trade Issues*. Boulder, Colo.: Lynne Rienner Publishers.

Banting, Keith, George Hoberg, and Richard Simeon, eds. (1997) *Degree of Freedom: Canada and the United States in a Changing World*. Montreal and Kingston: McGill-Queen's University Press.

Barrett, Charles A., Christopher C. Beckman, and Duncan McDowall. (1985) *Foreign Investment in Canada III, The Future of Foreign Investment in Canada*. Study No. 85. Ottawa: Conference Board of Canada.

Beckman, Christopher C. (1984) *Foreign Investment in Canada II, The Foreign Investment Review Agency: Images and Realities*. Study

No. 84. Ottawa: Conference Board of Canada.

Beigie, Carl E. (1970) *The Canada-U.S. Automotive Agreement: An Evaluation*. Washington, D.C. and Montreal: Canadian-American Committee.

Belous, Richard S., and Jonathan Lemco, eds. (1995) *NAFTA as a Model of Development: The Benefits and Costs of Merging High- and Low-Wage Areas*. Alberny, N.Y.: State University of New York Press.

Bognanno, Mario F., and Kathryn J. Ready, eds. (1993) *The North American Free Trade Agreement: Labor, Industry, and Government Perspectives*. Westport, Conn.: Praeger.

Bone, Robert M. (2005) *The Regional Geography of Canada*. 3rd ed. Don Mills, Ontario: Oxford University Press.

Bonomo, Vittorio, and J. Ernest Tanner. (1972) "Canadian Sensitivity to Economic Cycles in the United States." *The Review of Economics and Statistics*, Vol. 54, No. 1, pp. 1–8.

British Columbia, Ministry of Finance. (2003) *2003 British Columbia Financial and Economic Review*. 63rd ed.

British Columbia, Ministry of Finance. (2008) *Budget and Fiscal Plan 2008/9–2010/11*.

British Columbia, Ministry of Finance. (2009) *Budget and Fiscal Plan 2009/10–2011/12*.

Britton, John N. H., ed. (1996) *Canada and the Global Economy: The Geography of Structural and Technological Change*. Montreal and Kingston: McGill-Queen's University Press.

Buckley, Peter J., and Mark Casson, eds. (1992) *Multinational Enterprises in the World Economy: Essays in Honour of John Dunning*. Hants, England: Edward Elgar.

Bunting, Trudi, and Pierre Filion, eds. (2006) *Canadian Cities in Transition: Local Through Global Perspectives*. 3rd ed. Don Mills, Ontario: Oxford University Press.

Cameron, Duncan, and Mel Watkins, eds. (1993) *Canada under Free Trade*. Toronto: J. Lorimer and Company, Publishers.

Campbell, Bruce. (1993) "A Canadian Labor Perspective on a North American Free Trade Agreement," in *The North American Free Trade Agreement*, ed. by Mario F. Bognanno and Kathryn J. Ready, pp. 61–68. Westport, Conn.: Praeger.

Canada. (1992) *North American Free Trade Agreement: Between the Government of Canada, the Government of the United Mexican States and the Government of the United States of America*. Ottawa: Minister of Supply and Services Canada.

Canada. Parliament. House of Commons. Standing Committee on External Affairs and National Defence. (1970) *Eleventh Report of the Canada House of Commons Standing Committee on External Affairs and National Defence Respecting Canada-U.S. Relations*. Ottawa: Queen's Printer for Canada.

Carroll, William K. (1986) *Corporate Power and Canadian Capitalism*. Vancouver: University of British Columbia Press.

Chambers, Edward J. (1958) "Canadian Business Cycles Since 1919: A Progress Report." *The Canadian Journal of Economics and Political Science*, Vol. 24, No. 2, pp. 166–189.

Chambers, Edward J. (1958) Notes and Memoranda, "Canadian Business Cycles and Merchandise Exports." *The Canadian Journal of Economics and Political Science*, Vol. 24, No. 3, pp. 406–410.

Chambers, Edward J., and Peter H. Smith, eds. (2002) *NAFTA in the New Millennium*. La Jolla, Calif.: University of California, San Diego, and Edmonton: University of Alberta Press.

Chaundy, David, ed. (2001) *Atlantic Canada's International Trade in the Post-FTA Era*. Halifax: Atlantic Provinces Economic Council.

Clarkson, Stephen. (2002) *Uncle Sam and Us: Globalization, Neoconservatism, and the Canadian State*. Toronto and Washington D.C.: University of Toronto Press and Woodrow Wilson Center Press.

Clarkson, Stephen. (2008) *Does North America Exist?: Governing the Continent After NAFTA and 9/11*. Toronto: University of Toronto Press.

Clement, Norris C., et al. (1999) *North American Economic Integra-*

tion: Theory and Practice. Cheltenham, U. K. and Northampton, Mass.: Edward Elgar.

Clement, Wallace, and Leah F. Vosko, eds. (2003) *Changing Canada: Political Economy as Transformation.* Montreal and Kingston: McGill-Queen's University Press.

Clement, Wallace, and Glen Williams, eds. (1989) *The New Canadian Political Economy.* Montreal and Kingston: McGill-Queen's University Press.

Coffey, Peter, J. Colin Dodds, Enrique Lazcano and Robert Riley. (1999) *NAFTA: Past, Present and Future.* Norwell, Mass.: Kluwer Academic Publisher.

Conference Board of Canada. (2004) *Open for Business?: Canada's Foreign Direct Investment Challenge.* Ottawa: Conference Board of Canada.

Conference Board of Canada. (2006) *The NAFTA Effect: Multinational Enterprises in Canada.* Ottawa: Conference Board of Canada.

Conference Board of Canada. (2007-2008) *How Canada Performs: A Report Card on Canada.* Ottawa: Conference Board of Canada.

Conference Board of Canada. (2008) *Trends in Foreign Direct Investment and Mergers and Acquisitions: International and Canadian Performance and Implications.* Ottawa: Conference Board of Canada.

Courchene, Thomas J. with Colin R. Telmer. (1998) *From Heartland to North American Region State: The Social, Fiscal and Federal Evolution of Ontario.* Monograph Series on Public Policy and Public Administration, No. 6. Faculty of Management, University of Toronto.

Curtis, John M. and Aaron Sydor. (2006) *NAFTA@10.* Ottawa: Minister of Public Works and Government Services Canada.

d'Aquino, Thomas. (1993) "Economics of NAFTA: A Canadian Business Perspective," in *Beyond NAFTA: An Economic, Political and Sociological Perspective*, ed. by A. R. Riggs and Tom Velk, pp. 113-123. Vancouver: Fraser Institute.

Deloitte. (2009) *Province of Nova Scotia Financial Review: Interim Report*.

Department of Finance Canada. (1996) *Economic Reference Tables*. Ottawa: Department of Finance.

Department of Finance Canada. Tabled in the House of Commons by the Honourable James M. Flaherty, P. C., M. P., Minister of Finance. (2009) *Canada's Economic Action Plan: Budget 2009*. Ottawa: Public Works and Government Services Canada.

Department of Finance Canada. (2009) *Canada's Economic Action Plan: A Second Report to Canadians, June 2009*. Ottawa: Public Works and Government Services Canada.

Department of Finance Canada. (2009) *Canada's Economic Action Plan: A Third Report to Canadians, September 2009*. Ottawa: Public Works and Government Services Canada.

Department of Finance Canada. (2009) *Canada's Economic Action Plan: A Fourth Report to Canadians, December, 2009*. Ottawa: Public Works and Government Services Canada.

Department of Finance Canada. (2010) *Canada's Economic Action Plan Year 2, Budget 2010: Leading the Way on the Jobs and Growth*. Ottawa: Public Works and Government Services Canada.

DesRosiers Automotive Consultants. (2000–2009) *Automotive Yearbook. 2000 ed.–2009 ed*. Richmond Hill, Ontario: DesRosiers Automotive Consultants.

Dicken, Peter. (2007) *Global Shift: Mapping the Changing Contours of the World Economy. 5th ed*. London: Sage Publications, and New York: Guilford Press.

Dickinson, John and Brian Young. (2008) *A Short History of Quebec. 4th ed*. Montreal and Kingston: McGill-Queen's University Press.

Dobson, Wendy, ed. (1987) *Canadian-Japanese Economic Relations in a Triangular Perspective*. Toronto: C. D. Howe Institute.

Dobson, Wendy. (2002) "Shaping the Future of the North American Economic Space: A Framework for Action," C. D. *Howe Institute Commentary 162*. Toronto: C. D. Howe Institute.

Doern, G. Bruce, ed. (2007) *How Ottawa Spends, 2007–2008: The Harper Conservatives—Climate of Change*. Montreal and Kingston: McGill-Queen's University Press.

Dorey, Steve. (1989) *Free Trade on the Prairies: The Implications of the Canada-U. S. Trade Pact for the Three Prairies Provinces*. Canadian Plains Reports 7. Regina, Saskatchewan: Canadian Plains Research Center, University of Regina.

Drache, Daniel, and Meric S. Gertler, eds. (1991) *The New Era of Global Competition: State Policy and Market Power*. Montreal and Kingston: McGill-Queen's University Press.

Dunning, John H., ed. (1998) *Globalization, Trade and Foreign Direct Investment*. Kidlington, Oxford: Elsevier Science.

Easterbrook, W. T., and M. H. Watkins, eds. (2003) *Approaches to Canadian Economic History*. Montreal and Kingston: McGill-Queen's University Press. First published Toronto: McClelland and Steward, 1967.

Eden, Lorraine. (1994a) Multinationals as Agents of Change: Setting A New Canadian Policy of Foreign Direct Investment. Discussion Paper No. 1. Ottawa: Industry Canada.

Eden, Lorraine, ed. (1994b) *Multinationals in North America*. The Industry Canada Research Series. Calgary: University of Calgary Press.

Eden, Lorraine, and Maureen Appel Molot. (1993) "Continentalizing the North American Auto Industry," in *The Political Economy of North American Free Trade*, ed. by Ricardo Grinspun and Maxwell A. Cameron, pp. 297–313. Montreal and Kingston: McGill-Queen's University Press.

Eden, Lorraine, and Maureen Apple Molot. (1994) Made in America?: The Auto Industry in the 1990s. Occasional Papers No. 31. Ottawa: Centre for Trade Policy and Law, Carleton University.

Eden, Larraine, and Wendy Dobson, eds. (2005) *Governance, Multinationals and Growth*. Cheltenham, U. K. and Northampton, Mass.: Edward Elgar.

Edgington, David W., and W. Mark Fruin. (1994) "NAFTA and Japanese Investment," in *Foreign Investment and NAFTA*, ed. by Alan M. Rugman, pp. 253–275. Columbia, S. C.: University of South Carolina Press.

Fatemi, Khosrow, and Dominick Salvatore, eds. (1994) *The North American Free Trade Agreement*. Oxford: Elsevier Science.

Fayerweather, John. (1973) *Foreign Investment in Canada: Prospects for National Policy*. White Plains, N. Y.: International Arts and Sciences Press.

Firestone, O. J. (1953) Canada's Economic Development, 1867–1952, With Special Reference to Changes in the Country's National Product and National Wealth. Paper prepared for the Third Conference of the International Association for Research in Income and Wealth, Castelgandolfo, Italy, September 1–6, 1953.

Firestone, O. J. (1958) *Canada's Economic Development, 1867–1953*. With Special Reference to Changes in the Country's National Product and National Wealth. London: Bowes and Bowes Publishers.

Firestone, O. J. (1960) "Development of Canada's Economy, 1850–1900," in *Trends in the American Economy in the Nineteenth Century*, Studies in Income and Wealth Vol. 24, by the Conference on Research in Income and Wealth, pp. 217–252. Princeton: Princeton University Press.

Fry, Michael, John Kirton, and Mitsuru Kurosawa, eds. (1998) *The North Pacific Triangle: The United States, Japan, and Canada at Century's End*. Toronto: University of Toronto Press.

Fujimoto, Takahiro. (2007) *Competing to Be Really, Really Good: The Behind-the-Scenes Drama of Capability-Building Competition in the Automobile Industry*. Translated by Brian Miller. Tokyo: International House of Japan.

Garber, Peter M., ed. (1993) *The Mexico-U. S. Free Trade Agreement*. Cambridge, Mass.: MIT Press.

Globerman, Steven, and Michael Walker, eds. (1993) *Assessing NAFTA: A Trinational Analysis*. Vancouver: Fraser Institute.

Gordon, Walter L. (1966) *A Choice for Canada: Independence or Colonial Status*. Toronto: McClelland and Stewart.

Government of Canada. (1972) *Foreign Direct Investment in Canada*. Ottawa: Information Canada.

Grant, Hugh, and David Wolfe, eds. (2006) *Stapes and Beyond: Selected Writings of Mel Watkins*. Carleton Library Series 210. Montreal and Kingston: McGill-Queen's University Press.

Grinspun, Ricardo, and Maxwell A. Cameron, eds. (1993) *The Political Economy of North American Free Trade*. Montreal and Kingston: McGill-Queen's University Press.

Grinspun, Ricardo, and Yasmine Shamsie, eds. (2007) *Whose Canada?: Continental Integration, Fortress North America and the Corporate Agenda*. Montreal and Kingston: McGill-Queen's University Press.

Gu, Wulong, and Gary D. Sawchuk. (2006) How are Canadian Regions Adjusting to a Larger and More Integrated North American Market? Economic Analysis Research Paper Series, No. 39. Ottawa: Statistics Canada.

Harris, Richard G., ed. (2003) *North American Linkages: Opportunities and Challenges for Canada*. The Industry Canada Research Series. Calgary: University of Calgary Press.

Hart, Michael M. (1990) *A North American Free Trade Agreement: The Strategic Implications for Canada*. Ottawa: Centre for Trade Policy and Law, Carlton University, and Halifax: Institute for Research on Public Policy.

Hart, Michael. (1998) *Fifty Years of Canadian Tradecraft: Canada at the GATT 1947–1997*. Ottawa: Centre for Trade Policy and Law, Carlton University.

Hart, Michael. (2002) *A Trading Nation: Canadian Trade Policy from Colonialism to Globalization*. Vancouver: UBC Press.

Haufbauer, Gary Clyde, and Jeffrey J. Schott. (1992) *North American Free Trade: Issues and Recommendations*. Washington, D. C.: Institute for International Economics.

Haufbauer, Gary Clyde, and Jeffrey J. Schott. (1993) *NAFTA: An Assessment, Revised ed.* Washington, D. C.: Institute for International Economics.

Haufbauer, Gary Clyde, and Jeffrey J. Schott. (2005) *NAFTA Revisited: Achievements and Challenges.* Washington, D. C.: Institute for International Economics.

Hay, A. J. Keith. (1966) "Early Twentieth Century Business Cycles in Canada." *The Canadian Journal of Economics and Political Science*, Vol. 32, No. 3, pp. 354–365.

Hill, Roderick, and Ronald J. Wonnacott. (1991) "Free Trade with Mexico: What Form Should It Take?" *C. D. Howe Institute Commentary 28.* Toronto: C. D. Howe Institute.

Hodgett, Susan, David Johnson, and Stephen A. Royle, eds. (2007) *Doing Development Differently: Regional Development on the Atlantic Periphery.* Sydney, Nova Scotia: Cape Breton University Press.

Holmes, John. (1991) "The Globalization of Production and the Future of Canada's Mature Industries: The Case of the Automotive Industry," in *The New Era of Global Competition*, ed. by D. Drache and M. S. Gertler, pp. 153–180. Montreal and Kingston: McGill-Queen's University Press.

Honda Canada. "Growing with Canada: Honda Canada Inc. Corporate Profile 2006–2007."

Honda Motor Company. (2007–2009) *Annual Report.*

Honda Motor Company. (2009) "Honda Update 2009."

Honda Motor Company. (2007) "This is Honda in America."

Inwood, Gregory J. (2005) *Continentalizing Canada: The Politics and Legacy of the Macdonald Royal Commission.* Toronto: University of Toronto Press.

Irvwin, Douglas A. (2005) *Free Trade Under Fire. 2nd ed.* Princeton: Princeton University Press.

Japan Automobile Manufacturers Association of Canada (JAMA Canada). (2005) *A Short History of the Japanese Automotive Industry in Canada.* Toronto: JAMA Canada.

JAMA Canada. (2007-2009) "The Japanese Automotive Industry in Canada, 2007-2009." Toronto: JAMA Canada.

JAMA Canada. (2007-2009) *JAMA Canada Report.* Various issues.

Kumar, Pradeep, and John Holmes. (1998) "The Impact of NAFTA on the Auto Industry in Canada," in *The North American Auto Industry under NAFTA* ed. by S. Weintraub and C. Sands, pp. 92-183. Washington, D. C.: Center for Strategic and International Studies Press.

Kurihara, Tamiko. (1991) "Trade between Canada and Japan and the Role of *Sogo Shosha* in It for the Last Decade." *Annals of the Japan Association of Economic Geographers*, Vol. 37, No. 2, pp. 147-165.

Kurihara, Tamiko. (1993) "Direct Foreign Investment in Canada by *Sogo Shosha* Since 1954," *Geographical Review of Japan*, Vol. 66 (Ser. B), No. 1, pp. 52-69.

Kurihara, Tamiko. (1995) "The Free Trade Agreements and *Sogo Shosha* in Canada." *Toyo Economic Studies*, No. 20, pp. 313-337.

Kurihara, Tamiko. (1997) "Direct Foreign Investment in Canada by *Sogo Shosha*," in *Canada and Japan in the Pacific-rim Area, Proceedings of the Second Ritsumeikan-UBC Seminar*, pp. 57-72. Kyoto: Ritsumeikan University.

Kurihara, Tamiko. (2000) "A Comparative Study of the Economic Activities of *Sogo Shosha* in the United States and Canada in the Early 1990s." *Geographical Review of Japan*, Vol. 73 (Ser. B), No. 2, pp. 191-206.

Kurihara, Tamiko. (2004) "A Comparative Study of the Economic Activities by *Sogo Shosha* in the United States and Canada in the Late 1990s," in *Understanding Japan: Essays Inspired by Frank Langdon*, ed. by Lawrence T. Woods, pp. 189-209. Vancouver: Centre of International Relations, University of British Columbia.

Laidler, David E. W., and William B. P. Robson, eds. (2005) *Prospects for Canada: Progress and Challenges 20 Years after the Macdonald Commission.* Toronto: C. D. Howe Institute.

Laxer, Gordon. (1989) *Open for Business: The Roots of Foreign Ownership in Canada*. Toronto: Oxford University Press.

Leacy, F. H., ed. (1983) *Historical Statistics of Canada. 2nd ed*. Catalogue no. 11-516-XIE. Ottawa: Statistics Canada.

Levitt, Kari. (1970) *Silent Surrender: The Multinational Corporation in Canada*. Toronto: Macmillan of Canada.

Lipsey, Richard G., Daniel Schwanen, and Ronald J. Wonnacott. (1994) *The NAFTA: What's In, What's Out, What' Next*. Policy Study 21. Toronto: C. D. Howe Institute.

Lustig, Nora, Barry P. Bosworth, and Robert Z. Lawrence, eds. (1992) *North American Free Trade: Assessing the Impact*. Washington, D. C.: Brookings Institution.

MacDonald, L. Ian. ed. (2000) *Free Trade: Risks and Rewards*. Montreal and Kingston: McGill-Queen's University Press.

Manitoba. (2008-2009) *Manitoba Budget*.

Marchak, Patricia. (1979) *In Whose Interests: An Essay on Multinational Corporations in a Canadian Context*. Toronto: McClelland and Stewart.

Maslove, Allan M., ed. (2008) *How Ottawa Spends, 2008-2009: A More Orderly Federalism?* Montreal and Kingston: McGill-Queen's University Press.

McBride, Stephen. (2005) *Paradigm Shift: Globalization and the Canadian State. 2nd ed*. Halifax: Fernwood Publishing.

McBride, Stephen, and John Shields. (1997) *Dismantling a Nation: The Transition to Corporate Rule in Canada*. Halifax: Fernwood Publishing.

McCalla, Douglas, ed. (1990) *The Development of Canadian Capitalism: Essays in Business History*. Toronto: Copp Clark Pitman.

McCann, L. D., ed. (1987) *Heartland and Hinterland: A Geography of Canada. 2nd ed*. Scarborough, Ontario: Prentice Hall Canada.

McCann, Larry and Angus Gunn, eds. (1998) *Heartland and Hinterland: A Regional Geography of Canada. 3rd ed*. Scarborough, Ontario: Prentice Hall Canada.

McDougall, John N. (2006) *Drifting Together: The Political Economy of Canada-US Integration*. Peterborough, Ontario: Broadview Press.

McFetridge, D., ed. (1991) *Foreign Investment, Technology and Economic Growth*. The Investment Canada Research Series. Calgary: University of Calgary Press.

Molot, Maureen Appel, and Fen Osler Hampson, eds. (2000) *Canada among Nations 2000: Vanishing Borders*. Don Mills, Ontario: Oxford University Press.

Morici, Peter. (1991) *A New Special Relationship: Free Trade and U. S.-Canada Economic Relations in the 1990s*. Halifax, Nova Scotia: Institute for Research on Public Policy, and Ottawa: Centre for Trade Policy and Law.

Muirhead, Bruce. (2007) *Dancing Around the Elephant: Creating a Prosperous Canada in an Era of American Dominance, 1957–1973*. Toronto: University of Toronto Press.

Natural Resources Canada. (2009) *Canadian Mineral Yearbook 2008*. Catalogue no. M38-5/57E-PDF. Ottawa.

Nevaer, Louis E.V. (2004) *NAFTA's Second Decade: Assessing Opportunities in the Mexican and Canadian Markets*. Mason, Ohio: Thomson, South-Western.

New Brunswick, Department of Finance. (2008) *The New Brunswick Economy 2008*. Fredericton, New Brunswick.

New Brunswick, Department of Finance. (2009) *Budget 2009–2010*.

Newfoundland and Labrador, Department of Finance. (2008–2009) *The Economy 2008*, and *The Economy 2009*. St. John's, Newfoundland.

Niosi, Jorge. (1978) *The Economy of Canada: A Study of Ownership and Control*. Translated by Penelope Williams. Montreal: Black Rose Books.

Niosi, Jorge. (1985) *Canadian Multinationals*. Translated by Robert Chodos. Toronto: Garamond Press.

Norrie, Kenneth, Douglas Owram, and J. C. Herbert Emery. (2008) *A History of the Canadian Economy*. 4th ed. Toronto: Nelson.

Nova Scotia, Department of Finance. (2009) *Nova Scotia Trade 2008: National Accounts, Vol. 1*. Halifax, Nova Scotia.

Nova Scotia, Department of Finance. (2009) *Overview of Nova Scotia Economy, 2002–2007. 5th ed.* Halifax, Nova Scotia.

O'Neill, Tim. (2005) "Macro Stability and Economic Growth: The Past 20 Years," in *Prospects for Canada: Progress and Challenges 20 Years after the Macdonald Commission*, ed. by David E. W. Laidler and William B. P. Robson, pp. 25–40. Toronto: C. D. Howe Institute.

Ontario, Ministry of Finance. (2008) *2008 Ontario Budget: Budget Papers*.

Ontario, Ministry of Finance. (2009) *2009 Ontario Budget: Budget Papers*.

Organisation for Economic Co-operation and Development. (1996–2008) *OECD Economic Surveys: Canada*. Vol. 1996–Vol. 2008/11. Paris: OECD.

Orme, William A., Jr. (1996) *Understanding NAFTA: Mexico, Free Trade, and the New North America*. Austin: University of Texas Press.

Paterson, D. G. (1976) *British Direct Investment in Canada, 1890–1914*. Toronto: University of Toronto Press.

Perry, Ross. (1982) *The Future of Canada's Auto Industry: The Big Three and the Japanese Challenge*. Toronto: James Lorimer.

Pomfret, Richard. (1993) *The Economic Development of Canada. 2nd ed.* Toronto: Nelson Canada.

Prince Edward Island, Department of Provincial Treasury. (2008) *Public Accounts of the Province of Prince Edward Island, Vol. 1. Consolidated Financial Statements*. Charlottetown, Prince Edward Island.

Prince Edward Island, Department of Provincial Treasury. (2008) *34th Annual Statistical Review 2007*.

Prince Edward Island, Department of Provincial Treasury. (2009) *35th Annual Statistical Review 2008*.

Quebec, Finances. (2009) *2009–2010 Budget: Budget Plan.*
Randall, Stephen J., ed. (1992) *North America Without Borders?: Integrating Canada, the United States, and Mexico.* Calgary: University of Calgary Press.
Reynolds, Clark W., Leonard Waverman, and Gerardo Bueno, eds. (1991) *The Dynamics of North American Trade and Investment: Canada, Mexico, and the United States.* Stanford, Calif.: Stanford University Press.
Riggs, A. R., and Tom Velk, eds. (1993) *Beyond NAFTA: An Economic, Political and Sociological Perspective.* Vancouver: Fraser Institute.
Robert, Maryse. (2000) *Negotiating NAFTA: Explaining the Outcome in Culture, Textiles, Autos, and Pharmaceuticals.* Toronto: University of Toronto Press.
Robson, William B. P. (2007) "Stuck on a Spoke: Proliferating Bilateral Trade Deals are a Dangerous Game for Canada," e-brief. Toronto: C. D. Howe Institute.
Rotman School of Management (2008) *The Finance Crisis and Rescue: What Went Wrong? Why? What Lessons Can Be Learned?* Toronto: University of Toronto Press.
Rotstein, Abraham. (1973) *The Precarious Homestead: Essays on Economics, Technology and Nationalism.* Toronto: New Press.
Royal Commission on the Automotive Industry (V. W. Bladen Commission). (1961) *Report.* Ottawa: Queen's Printer and Controller of Stationery.
Royal Commission on Canada's Economic Prospects. (1958) *Final Report.* Ottawa: Queen's Printer.
Royal Commission on Corporate Concentration. (1978) *Report of the Royal Commission on Corporate Concentration.* Ottawa: Minister of Supply and Services Canada.
Royal Commission on the Economic Union and Development Prospects for Canada. (1985) *Report of the Royal Commission on the Economic Union and Development Prospects for Canada.* Vol. 1, 2 and 3. Ottawa: Minister of Supply and Services Canada.

Rugman, Alan M. (1990) *Multinationals and Canada-United States Free Trade*. Columbia, S. C.: University of South Carolina Press.

Rugman, Alan M., ed. (1994) *Foreign Investment and NAFTA*. Columbia, S. C.: University of South Carolina Press.

Rugman, Alan M. (2000) *The End of Globalization*. London: Random House Business Books.

Safarian, A. E. (1966) *Foreign Ownership of Canadian Industry*. Toronto: McGraw-Hill Company of Canada.

Saskatchewan, Bureau of Statisitics. (2008) *Economic Review 2007, No. 61*.

Saskatchewan. (2009) *Saskatchewan Provincial Budget 2009-10*.

Savoie, Donald J. (2006) *Visiting Grandchildren: Economic Development in the Maritimes*. Toronto: University of Toronto Press.

Seccareccia, Mario. (2007) "Critical Macroeconomic Aspects of Deepening North American Economic Integration," in *Whose Canada?: Continental Integration, Fortress North America, and the Corporate Agenda*, ed. by Ricardo Grinspun and Yasmine Shamsie, pp. 234-258. Montreal and Kingston: McGill-Queen's University Press.

Sorel, Eliot, and Pier Carlo Padoan, eds. (2008) *The Marshall Plan: Lessons Learned for the 21st Century*. Paris: OECD.

Sorrentino, Constance. (2000) "International Unemployment Rate: How Comparable Are They?" *Monthly Labor Review*, June 2000, pp. 3-20.

Statistics Canada. *The Daily*. Various Issues.

Statistics Canada. (2006/2007) *Canadian Economic Observer*. Catalogue no.11-210. Ottawa: Statistics Canada.

Statistics Canada. (2008) *Gross Domestic Product by Industry, April 2008*. Catalogue no. 15-001-X. Vol. 22. No. 4. Ottawa: Minister of Industry.

Statistics Canada. (2009a) *Canada's International Investment Position: Second Quarter 2009*. Catalogue no. 67-202-X. Vol. 7. No.2. Ottawa: Minister of Industry.

Statistics Canada. (2009b) *Canadian International Merchandise Trade*,

December 2008. Catalogue no. 65-001-X. Vol. 62. No. 12. February 2009. Ottawa: Minister of Industry.

Stern, Robert M., ed. (1989) *Trade and Investment Relations among the United States, Canada, and Japan*. Chicago: University of Chicago Press.

Suzuki Motor Corporation. (2008-2009) *Annual Report*.

Swiston, Andrew, and Tamim Bayoumi. (2008) "Spillovers Across NAFTA." IMF Working Paper, WP/08/3. Washington, D. C.: International Monetary Fund.

Task Force on the Structure of Canadian Industry. (1968) *Foreign Ownership and the Structure of Canadian Industry*. Ottawa: Queen's Printer and Controller of Stationery.

Thomas, David M. and Barbara Boyle Torrey, eds. (2008) *Canada and the United States Differences That Count. 3rd ed*. Peterborough, Ontario: Broadview Press.

Thompson, John Herd and Stephen J. Randall. (2008) *Canada and the United States: Ambivalent Allies. 4th ed*. Montreal and Kingston: McGill-Queen's University Press.

Toyota Motor Corporation. (2007-2009) *Annual Report*.

Toyota Motor Corporation. (2007) United States Operations, 2007.

Twomey, Michael J. (1993) *Multinational Corporations and the North American Free Trade Agreement*. Westport, Conn.: Praeger.

United Nations. (2008) *Demographic Yearbook 2005*. New York, United Nations.

Urmetzer, Peter. (2005) *Globalization Unplugged: Sovereignty and the Canadian State in the Twenty-first Century*. Toronto: University of Toronto Press.

Urquhart, M. C., ed. (K. A. H. Buckley, assistant editor) (1965) *Historical Statistics of Canada*. Cambridge: University Press, and Toronto: Macmillan Co. of Canada.

Urquhart, M. C. (1986) "New Estimates of Gross National Product, Canada, 1870-1926: Some Implications for Canadian Development," in *Long-Term Factors in American Economic Growth*, Studies in Income and Wealth Vol. 51, ed. by Stanley L. Engerman, and Robert E. Gallman, pp. 9–94. Chicago: University of Chicago Press.

Urquhart, M. C. (1988) "Canadian Economic Growth, 1870–1980." Discussion Paper No. 734. Kingston: Institute of Economic Research, Queen's University.

Wallace, Iain. (2002) *A Geography of the Canadian Economy.* Don Mills, Ontario: Oxford University Press.

Watkins, Melville H., and Hugh M. K. Grant, eds. (1993) *Canadian Economic History: Classic and Contemporary Approaches.* Ottawa: Carleton University Press.

Waverman, Leonard, ed. (1992) *Negotiating and Implementing a North American Free Trade Agreement.* Vancouver: Fraser Institute.

Waverman, Leonard. (1993) "The NAFTA Agreement: A Canadian Perspective," in *Assessing NAFTA: A Trinational Analysis*, ed. by Steven Globerman and Michael Walker, pp. 32–59. Vancouver: Fraser Institute.

Weintraub, Sidney, and Christopher Sandas, eds. (1998) *The North American Auto Industry Under NAFTA.* Washington, D. C.: Center for Strategic and International Studies (CSIS) Press.

White, Randall. (1985) *Ontario 1610–1985: A Political and Economic History.* Toronto and London: Dundurn Press.

Wonnacott, Paul. (1987) *U. S. and Canadian Auto Policies in a Changing World Environment.* Canadian–American Committee. Sponsored by C. D. Howe Institute (Canada) and National Planning Association (U. S. A.).

Wonnacott, Ronald J. (1990) "U. S. Hub-and-Spoke Bilaterals and the Multilateral Trading System." *C. D. Howe Institute Commentary 23.* Toronto: C. D. Howe Institute.

Wonnacott, Ronald J., and Paul Wonnacott. (1967) *Free Trade Between the United States and Canada: The Potential Economic Effects.* Cambridge, Mass.: Harvard University Press.

Wood, Colin J. B., ed. (2001) *British Columbia, The Pacific Province:*

Geographical Essays. Canadian Western Geographical Series Vol. 36. Victoria, B. C.: Western Geographical Press.

World Economic Forum. (2008) *The Global Competitiveness Report 2008-2009.* Geneva: World Economic Forum.

Yeates, Maurice. (1998a) "The Industrial Heartland: Its Changing Role and Internal Structure," in *Heartland and Hinterland: A Regional Geography of Canada, 3rd ed.*, ed. by Larry McCann and Angus Gunn, pp. 109-145. Scarborough, Ontario: Prentice Hall Canada.

Yeates, Maurice. (1998b) *The North American City. 5th ed.* New York and Don Mills, Ontario: Longman.

〈データベース〉
Government of Canada's website: Industry Canada. Trade Data Online.
Government of Canada's website: Statistics Canada. 2006 Census.
Government of Canada's website: Statistics Canada. CANSIM Tables.
International Monetary Fund. World Economic Outlook Database.
Standard & Poor's/Case-Shiller Home Price Indices.

参考文献（和文）

アイアコッカ，リー（2009）『アイアコッカ：わが闘魂の経営』徳岡隆夫訳，ゴマブックス．

秋田茂（2004）「総論　パクス・ブリタニカとイギリス帝国」『イギリス帝国と20世紀　第1巻　パクス・ブリタニカとイギリス帝国』秋田茂編，pp. 1-17, ミネルヴァ書房．

秋元英一（1995）『アメリカ経済の歴史：1492-1993』東京大学出版会．

綾部恒雄・飯野正子編（2003）『カナダを知るための60章』明石書店．

飯澤英昭（1993）「カナダのジレンマ：帝国協調路線から対米従属路線へ」『南北アメリカの500年　第4巻　危機と改革』歴史学研究会編，pp. 137-158, 青木書店．

飯澤英昭（1995）「NAFTAとAPECにみる米国の通商戦略」『太平洋国家のトライアングル：現代の日米加関係』黒沢満・ジョン・カートン編，pp. 177-210, 彩流社．

池上岳彦（2008）「第5章　財政連邦主義の変容」『多文化主義社会の福祉

国家：カナダの実験』新川敏光編, pp. 140-163, ミネルヴァ書房.
池上岳彦・アンドリュー・デウィット (2009)「アメリカとカナダの租税政策：どのように，そしてなぜ異なるのか」『租税の財政社会学』神野直彦・池上岳彦編, pp. 69-112, 税務経理協会.
岩崎美紀子 (2002)『行政改革と財政再建：カナダはなぜ改革に成功したのか』御茶の水書房.
榎本悟 (2004)『海外子会社研究序説：カナダにおける日・米企業』御茶の水書房.
大原祐子 (1981)『世界現代史　31：カナダ現代史』山川出版社.
大原祐子 (1996)『カナダ史への道』山川出版社.
小沢健二 (1999)『カナダの農業と農業政策：歴史と現状』輸入食糧協議会.
オンタリオ州政府 (2006-2008)「オンタリオの自動車産業」.
加勢田博編 (2001)『カナダの経済：その軌跡と展望』昭和堂.
片山誠一・W. W. Chang (1995)「米加自由貿易協定の評価をめぐって」『環太平洋経済の発展と日本』永谷敬三・石垣健一編, pp. 141-154, 勁草書房.
加藤普章 (2002)『カナダ連邦政治：多様性と統一への模索』東京大学出版会.
カナダ産業構造特別委員会 (1969)『外国資本と国民経済：ワトキンス報告』小沼敏・村田憲壽訳, ぺりかん社.
河村一 (2007)『カナダ金融経済の形成：中央銀行の成立過程から見た』御茶の水書房.
河村幹夫監修, 甘利重治・山岡博士 (2007)『石油価格はどう決まるか：石油市場のすべて』時事通信出版局.
木村和男編 (1999)『新版　世界各国史 23：カナダ史』山川出版社.
久保鉄男 (2009)『ビッグスリー崩壊』フォーイン.
公文溥 (1999)「自動車産業：ビッグ・スリーの回復」『アメリカ経済の再工業化：生産システムの転換と情報革命』法政大学比較経済研究所・萩原進・公文溥編, pp. 53-80, 法政大学出版局.
栗原武美子 (1994)「総合商社による業種別対加直接投資」『カナダ研究年報』第 14 号, pp. 67-82.
栗原武美子 (1999)「米州自由貿易圏構想と日本の対加直接投資」『東洋大学経済論集』, 第 25 巻第 1 号, pp. 1-17.

栗原武美子（2001a）「カナダにおける大企業の本社立地と都市の階層性」『都市・空間・権力』竹内啓一編，pp. 288-327，大明堂．
栗原武美子（2001b）「最近の日本の対加直接投資の特徴」『カナダ研究年報』第21号，pp. 1-19．
栗原武美子（2002）「カナダの情報通信技術産業と最近の日本の対加直接投資の動向」『東洋大学経済論集』第27巻第1/2号，pp. 97-114．
栗原武美子（2003），「加速する加米経済統合：FTAからNAFTAへ」『カナダを知るための60章』綾部恒雄・飯野正子編，pp. 136-141，明石書店．
栗原武美子（2005）「最近の日本の対加直接投資の州別の特徴」『東洋大学経済論集』第30巻第2号，pp. 109-125．
栗原武美子（2006）「日本の対加直接投資の州別の特徴」『カナダにおける日本の海外直接投資と地域通貨』平成14年度～平成16年度科学研究費補助金研究成果報告書・丸山真人研究代表，pp. 1-58．
栗原武美子（2007）「北米自由貿易協定（NAFTA）以後のカナダ・オンタリオ州の貿易に関する研究」『東洋大学経済論集』第32巻第2号，pp. 45-59．
栗原武美子（2008）「日本からカナダ・オンタリオ州の自動車産業への直接投資に関する実証研究」『東洋大学経済論集』第33巻第2号，pp. 179-197．
ケアレス，J. M. S.（1978）『カナダの歴史：大地・民族・国家』清水博・大原祐子訳，山川出版社．
佐々木潤（1986）『変わりゆくカナダ：21世紀の繁栄をめざして』日本貿易振興会（ジェトロ）．
佐々木潤（1994）『一体化する北米経済：NAFTA時代の到来』日本貿易振興会（ジェトロ）．
佐々木潤（1997）「88 北米自由貿易協定（NAFTA）（1994年）」『資料が語るカナダ：1535-1995』日本カナダ学会編，pp. 220-223，有斐閣．
佐々木隆雄（1997）『アメリカの通商政策』岩波書店．
ジェトロ『通商弘報』各号（日刊，2004年4月1日よりWeb配信に変更）．
ジェトロ（2002-2009）『ジェトロ貿易投資白書：2002-2009年版』ジェトロ．
JAMA Canada（2009）「カナダの日系自動車産業：実績と実数，2009年」

JAMA Canada.
下川浩一（1977）『米国自動車産業経営史研究』東洋経済新報社.
下川浩一（1997）『日米自動車産業攻防の行方』時事通信社.
白川一朗編（1989）『米加自由貿易協定・EC統合をみる：自由貿易と保護主義・地域主義』東洋経済新報社.
新川敏光編（2008）『多文化主義社会の福祉国家：カナダの実験』ミネルヴァ書房.
杉本公彦（2007）『カナダ銀行史：草創期から20世紀初頭まで』昭和堂.
世界経済情報サービス（ワイス）（2005-2007）『ARCレポート：カナダ2005-2007』世界経済情報サービス（ワイス）.
世界経済情報サービス（ワイス）（2006-2008）『ARCレポート：米国2005-2007』世界経済情報サービス（ワイス）.
苑原俊明（2008）「56　バルフォア報告（1926），ウェストミンスター条令（1931）」『資料が語るカナダ：1535-2007　新版』日本カナダ学会編，pp. 138-139, 有斐閣.
髙橋俊樹（2005）『カナダの経済発展と日本：米州地域経済圏誕生と日本の北米戦略』明石書店.
地主敏樹（1995）「カナダと自由貿易協定」『環太平洋経済の発展と日本』永谷敬三・石垣健一編, pp. 155-180, 勁草書房.
ディッケン, P.（2001）『グローバル・シフト：変容する世界経済地図　上・下』宮町良広他訳, 古今書院.（Peter Dicken (1998) *Global Shift: Transforming the World Economy. 3rd ed.* London: Paul Chapman Publishing）.
トヨタ自動車（2007）「トヨタの概況　2007：データで見る世界の中のトヨタ」（広報資料）.
トヨタ自動車（2009）「トヨタの概況　2009：データで見る世界の中のトヨタ」（広報資料）.
長尾謙吉（2000）「工業の立地展開と企業間リンケージ：カナダ日系自動車企業の事例」『グローバル競争とローカライゼーション』大阪市立大学経済研究所・森澤恵子・植田浩史編, pp. 51-73, 東京大学出版会.
日本カナダ学会編（1997）『資料が語るカナダ：1535-1997』有斐閣.
日本カナダ学会編（2008）『資料が語るカナダ：1535-2007　新版』有斐閣.

日本カナダ学会編（2009）『はじめて出会うカナダ』有斐閣．
日本貿易振興機構（2003）『NAFTA にくみ込まれるカナダ』．
日本貿易振興機構（ジェトロ）（2008）『調査レポート：米国発金融危機の経済・ビジネスへの影響』ジェトロ．
日本貿易振興機構（ジェトロ）（2010）『調査レポート：米国発金融危機の経済・ビジネスへの影響　各国・地域編』2010 年 3 月 30 日改訂版，ジェトロ．
萩原進（1999）「自動車産業労使関係の変容」『アメリカ経済の再工業化：生産システムの転換と情報革命』法政大学比較経済研究所・萩原進・公文溥編，pp. 81-111，法政大学出版局．
林直嗣（1994）『カナダの金融政策と金融制度改革』近代文藝社．
林上（1999）『カナダ経済の発展と地域』大明堂．
林上（2004）『現代カナダの都市地域構造』原書房．
春田素夫・鈴木直次（2005）『アメリカの経済　第 2 版』岩波書店．
藤本隆宏（2003）『能力構築競争：日本の自動車産業はなぜ強いのか』中央公論新社．
ヘイ，キース　A.（1972）『日本経済とカナダ：資源をめぐる新しい関係』公文俊平訳，日本経済新聞社．
ポムフレット，リチャード（1991）『カナダ経済史』加勢田博他訳，昭和堂．
松原豊彦（1996）『カナダ農業とアグリビジネス』法律文化社．
松原豊彦（2009）「農業と農産物」『はじめて出会うカナダ』日本カナダ学会編，pp. 187-195，有斐閣．
松原宏（2003）「カナダの地域構造：国際関係の転換と東西軸・南北軸の交錯」『先進国経済の地域構造』松原宏編，pp. 187-219，東京大学出版会．
水戸考道（2006）『石油市場の政治経済学：日本とカナダにおける石油産業規制と市場介入』九州大学出版会．
矢野恒太記念会編（2009）『世界国勢図会　2009/2010』矢野恒太記念会．
吉田健正（1999）『カナダ：20 世紀の歩み』彩流社．

謝　辞（Acknowledgements）

　筆者がカナダを最初に訪れたのは1979年であった．当時，文部省の学生国際交流制度によってミシガン州立大学大学院で学んでいた．そこで知り合ったアメリカ人の友人が，ある時，大学のあるイースト・ランシングからデトロイトへ車で連れて行ってくれた．デトロイトの中心街，いわゆるダウンタウンに近づくと，そこはかつて華やかだった面影が残されていたが，うら寂れた商店街が並んでいた．今で言う，日本の駅前のシャッター通りの観である．友人によると，白人の中産階級は郊外の大きな一戸建て住宅を求めて町の中心部を去り，それと共に商店も郊外へ移ったとのことであった．

　デトロイト中心部の再開発計画として，ルネッサンス・センターと名付けられた超近代的なビルディングがフォード社の資金援助の下に建てられ，1977年にオープンしたばかりであった．円筒状の斬新なデザインの高層ビルディングを中心に，その周りに4つのビルディングが林立する一区画は，やや荒廃した周囲の景観とまったく対照的であったのが印象的であった．当時はそこにフォードのオフィスが入っていたが，その後GMがルネッサンス・センターを買収し，現在はGMの本社が置かれている．

　そこから，トンネルをくぐって着いたところが，デトロイト川の反対にあるカナダのウィンザーであった．「トンネルを越えるとそこは雪国」ではないが，トンネルを出たら花が飾られた，とても小奇麗な町に着いたことが強烈な印象と共に残っている．安全で清潔でしかも活気に満ち溢れていたウィンザーのダウンタウンは，デトロイトの中心部とはこれまた対照的であった．この時に，国境の存在を強く意識させられた．

その後，1981年からカナダ政府国費留学生としてブリティッシュ・コロンビア大学（University of British Columbia, UBC）大学院で勉学する恩恵に恵まれた．留学を開始した時期は1985年のプラザ合意の円高以前で，当時は1カナダドルが200円以上もした．4年間にわたる奨学金のお陰で博士課程を終了することができた．博士論文は，"Japanese Direct Foreign Investment in the United States and Canada by *Sogo Shosha* Since 1951"である．Ph.D.取得後，1987年から1989年にかけて，トロントのヨーク大学で教鞭を取った．爾来，日本と北米の貿易ならびに直接投資を中心に研究を続けてきた．

＊　　　　　＊

学生として，また教師としてカナダで過ごした期間，そして帰国後も長年にわたって数多くの人々が筆者の研究を支援して下さった．カナダ，日本，アメリカ，イギリスの政府関係者，お茶の水女子大学の恩師や諸先生方，研究会でご指導頂いた一橋大学の先生方や所属学会の諸氏，貴重なお時間を割いて筆者の聞き取り調査に丹念に協力して下さった数多くの日本の企業とその海外現地法人の方々，ならびに友人達には心より感謝申し上げたい．余りにも多くの皆様にご指導頂いたため，全員のお名前をここに列挙することができないことをご容赦願いたい．

UBCのTerry McGee名誉教授，元ヨーク大学（現UBC）のPaul Evans教授，ヨーク大学のBernard Frolic名誉教授，トロント大学のMichael Donnelly名誉教授，Wendy Dobson教授，オックスフォード大学・日産日本問題研究所Arthur Stockwin名誉所長，JETROの黒川淳二氏，カナダ大使館の国武浩之氏，トロント大学のMrs. Eileen Lam, Exhibition PlaceのMs. Linda Cobonの皆さんには，長年にわたってご指導・お力添えを賜わっている．故Frank Langdon UBC名誉教授にも，学生時代からご指導を賜わった．

2008年度トロント大学アジア研究所で在外研究を行なった際には，Joseph Wong研究所長，Tania Li教授，図書館のMr. Perry Hall，オンタ

リオ州政府の Mr. John Langley や Mrs. Maureen Enge, JAMA Canada の Mr. David Worts, Mrs. Joan Gleason, サイモン・フレーザー大学の川崎剛准教授，Mrs. Vivien Choy に特にお世話に与かった．

また，勤務先の東洋大学経済学部の歴代の学部長，同僚の諸先生方，職員の皆様には大変お世話に与かっている．とりわけ，服部信司名誉教授ならびに三浦安子名誉教授には筆者が体調不良の時に励ましとご高配を賜わった．

「はじめに」で述べたように，2002年から2004年にかけて科学研究費補助金（基盤研究(B)(2)）により，カナダ10州全部を訪れ，連邦政府，州政府，研究機関，大学，ジェトロ・トロント，日系企業で貴重な聞き取り調査をすることができた．また，2006年度の日本証券奨学財団の研究調査助成金により，カナダでホンダ社とトヨタ社を訪ね，聞き取り調査および工場見学をする機会に恵まれた．東京本社では，本田技研工業の坂元尚文氏およびトヨタ自動車の鶴澤孝志氏，カナダでは増田英夫副社長をはじめとするホンダ・カナダ社の皆様，ならびに Mr. Real (Ray) Tanguay 社長をはじめとするトヨタ・モーター・マニュファクチュアリング・カナダ社の皆様に様々なご指導を頂いた．

カナダ政府からは学生時代に奨学金を，また，教員としてカナダ研究論文助成金を頂戴した．さらに今回は本書の出版に当たって，東京大学出版会に対しカナダ出版賞が授与された．長年にわたり私の北米研究を理解し，惜しみない支援を続けて下さっているカナダ政府に心より感謝申し上げたい．第21回（2009／2010年）のカナダ出版賞（Canadian Publishing Award for Japan）への応募に当たっては，関根友彦元ヨーク大学教授ならびに松原宏東京大学教授にご推薦頂いた．また，丸山真人東京大学教授には全文にわたって有益なコメントを頂いた．さらに，カナダ大使館広報部の寺内美佐子氏と栗原知紀氏にも大変お世話に与かった．

なお，本書の草稿は2008年度の在外研究中に完成する予定であったが，同年にリーマン・ショックによって経済情勢が大きく変動したことと，私の父と義父が他界し2度にわたる一時帰国を余儀なくされたことにより，

草稿の完成が1年遅れた．2010年の酷暑の中，義母も他界した．2011年には東北・関東大震災が発生し，勤務先でもその対応に追われた．様々な想定外の出来事により，当初の企画とずれが生じてしまった中で，適宜，建設的なご助言を続けて下さった東京大学出版会の大矢宗樹氏には，深謝申し上げたい．

また，細々と筆者が研究を続けて来られたのも，夫・真人さんが常に支援してくれたお陰である．ここに記して感謝の念を表わしたい．

最後に，研究者の道へと筆者を最初に導いて下さり，また長年にわたり暖かく見守って下さった故一橋大学名誉教授・竹内啓一先生に本書を捧げたい．

2011年4月30日

栗原 武美子

A Study of the Contemporary Canadian Economy: Diverse Provincial Economies and the Automotive Industry

Abstract

Tamiko Kurihara

The purpose of this book is threefold. First, it provides Japanese readers with accurate information regarding the Canadian economy at both the national and provincial levels. Second, it explores special features of the Canadian economy in the global context with special attention to the economic relationship with the United States of America (U.S.). Third, it demonstrates that Japan has been an important trading partner for Canada, and that Japanese direct investment in Canada, particularly in the automotive industry, is significant.

Traditionally, Canadian economic development is explained by Innis' staple theory. Since the focus of this book is on the contemporary Canadian economy, it adopts Peter Dicken's global shift hypothesis in which the interactions between multinational corporations and states (both single and regional economic blocs such as the European Union (E.U.) and the North American Free Trade Agreement (NAFTA)) constitute the primary generators of global economic transformation within the context of a rapidly changing technological environment.

In pursuing its purpose, this book is organized as follows. Part I deals with the Canadian economy at the national level. Part II covers the ten provincial economies and Part III concentrates on the automotive industry in Canada.

Part I consists of five chapters. Chapter 1 examines seven major characteristics of the current Canadian economy. These include Canada's position as one of the leading industrialized countries, its large land mass in relation to its small population, its small economy at one-tenth that of the U.S., its dependency on foreign trade in terms of its ratio to gross domestic product (GDP), and its dependency on its main trading partner, the U.S.

The following three chapters provide an overview of Canadian economic relationships and policies from 1867 to 2007. Chapter 2 explores the role Britain played as Canada's principal trading country and primary source of capital in the form of portfolio investment during the period from the Confederation in 1867 to World War I in 1914. Chapter 3 focuses on the years from 1914 to 1945, an era that witnessed rapid industrialization in Canada supported by American investment. It was also a turning point for Canada with the U.S. taking over the role of main trading partner and investment source from Britain.

Chapter 4 discusses the distinctive features of the Canadian economy after 1945. Canada enjoyed rapid economic growth until 1973, then experienced stagflation during the 1970s and 1980s, and suffered from severe economic recessions three times since the early 1980s. As the Canadian economy is highly dependent on the American economy, the pattern of annual growth rates of real GDP in Canada closely resembles that of the U.S. but with time lags. Similarly, the pattern of unemployment rates in Canada corresponds to the American equivalent, although the Canadian unemployment rates have been slightly higher than those of the U.S. for the past twenty years.

There had been growing concern over increasing

foreign direct investment in the mining and manufacturing sectors, especially by Americans. The Trudeau era was identified with the rise of economic nationalism. With the Third Option, Japan and European countries were regarded as counterbalances to the U.S. Consequently, and despite small trading amounts, Japan became Canada's second largest trading partner, after the U.S., from the early 1970s to the early 2000s. In spite of its meager investments, Japan was the third largest investing country, after the U.S. and the United Kingdom (U.K.), from the 1970s to the late 1990s. Then the pendulum swung from the economic nationalism to continentalism as manifested in the Canada-U.S. Free Trade Agreement in 1989 and NAFTA in 1994.

Chapter 5 presents effects of the most recent recession in 2008 and 2009. The sub-prime loan problem that originated in the U.S. triggered worldwide financial crises, although Canadian banks were evaluated as the soundest in the world. As the U.S. markets have been the largest exporting markets as a single country, the American recession has adversely affected the economies of many countries, and the degree of influence by American economic conditions on the Canadian economy has been far greater. Notably, declining property and stock values and job losses in the U.S. resulted in lower demand for Canadian lumber and automobiles. Both the U.S. and Canadian federal governments have launched into their economic recovery programs.

Part II is comprised of two chapters. Chapter 6 delineates the characteristics of the ten provincial economies based on the following factors: growth rate of real GDP; GDP by industry; unemployment rate; and the number of employees by industry. Among the ten provinces, Ontario has the largest GDP and the largest population in Canada. The GDP and population of Quebec are the second largest. Combined, the two provinces' GDPs accounted for 57.5% of the total GDP of Canada in 2007, indicating that the two provinces formed the Industrial Heartland of Canada. Following those two provinces, Alberta's GDP was 17.0% and British Columbia (B.C.)'s GDP was 12.4% of the total. As these four provinces contributed to 86.9% of the total Canadian GDP, they were the engine of the Canadian economy. The remaining six provinces -- namely, Saskatchewan, Manitoba, New Brunswick, Nova Scotia, Prince Edward Island (P.E.I.) and Newfoundland -- provided 12.6% of the total Canadian GDP, and three territories provided the remaining 0.5%.

Detailed examination shows that not only do the sizes of the economies of the ten provinces vary, but also their major economic bases. It is commonly observed that the financial, insurance and real estate industries combined were either the first or the second contributor to the economies of all ten provinces. Manufacturing was a key industry in Ontario, Quebec, Manitoba, New Brunswick and B.C. Automotive production predominated in Ontario, while aluminum and aircraft production were distinguished in Quebec. The mining industry, as well as crude oil and natural gas extraction, played a pivotal role in the economies of Alberta, Newfoundland and Saskatchewan. Agriculture was the primary industry in Saskatchewan and P.E.I. The public administration sector was important to all three Maritime Provinces and Newfoundland.

Provincial GDP in 2008 provides a different picture when compared with previous years. The growth rates of real GDP of Ontario, Alberta and B.C. showed negative, while those of Saskatchewan, Manitoba and Nova Scotia presented positive. The real GDP of the manufacturing industry in Ontario, particularly the automotive sector, decreased significantly. Similarly, those of forestry and the manufacturing industry (wood products) in B.C. and Quebec plunged. Correspondingly, the number of employees in the above-mentioned industries also decreased. By contrast, the number of employees in public administration increased in the nine provinces, except for Manitoba.

Chapter 7 discusses the principal trading countries and the major trading products of the ten provinces. In 2007 Ontario was the largest exporter and importer in Canada. In the same year, the second and third largest exporters were Alberta and Quebec, respectively, while the second and third largest importers were Quebec and B.C. According to the trade amounts from 2002 to 2007, the U.S. was the top exporting destination for all ten provinces, while seven provinces also relied on the U.S. as their largest supplier of imported goods. Following the U.S., Japan and China were major trading countries for B.C. and Alberta. Trade with Western European countries was more crucial than that with East Asia for Ontario and Quebec. Although meager in amount, Japan was among the top seven exporting destinations for all three Maritime Provinces and Newfoundland, while these four provinces were characterized by a tendency to import from a variety of countries/areas.

A scrutiny of the top three trading partners and the top five trading products in 2007 revealed that the ten provinces traded a wide range of commodities. The largest amount of trade merchandise was mineral fuels, whose trading pattern was quite unique. On the one hand, Alberta, Saskatchewan and Newfoundland exported crude oil and natural gas to the U.S. On the other hand, Ontario, Quebec, the Maritimes and Newfoundland imported crude oil from the U.S., Norway, the U.K., Saudi Arabia, Iraq, Russia and Venezuela. Following mineral fuels, automobiles and auto-parts were essential trading commodities, most of which were traded between Ontario and the U.S. Additionally, B.C. imported automobiles and auto-parts from Japan.

In 2008 a rise in the price of crude oil resulted in an increase in exports from Alberta, Saskatchewan and Newfoundland to the U.S. In contrast, exports of automotive-related products from Ontario, and those of wood products from B.C. to the U.S. sharply declined because of the lower demand caused by the American recession. The federal government established the Equalization Program in 1957 in order to rectify fiscal imbalances among provinces. Ontario had been a "have" province, but received $347 million in the fiscal year 2009-2010 for the first time since the Program was created. This indicates that a degree of dependency on the American markets and trading commodities had different effects on the provincial economies.

Part III is comprised of three chapters. Chapter 8 chiefly describes flourishing American automotive manufacturers. Ford, General Motors and Chrysler (the Big Three) established their subsidiaries in Canada in the early 20th century. Predominance of the Big Three in the automotive industry in Canada and the U.S. persisted until the early 1980s. In 1965 the Canada-U.S. Automotive Products Agreement, commonly known as the Auto Pact, was signed. This is a bilateral free trade agreement, which was only applicable to automotive products. However, the Auto Pact was a breakthrough for Canada, allowing it to improve its unfavorable trade balance as well as to transform automotive production in larger, united markets. The two oil crises in the 1970s negatively influenced the performance of the Big Three, because North American consumers demanded smaller, fuel-efficient Japanese cars. Subsequently, the Japanese government agreed to voluntary export restrains on automobiles to the U.S. and Canada in the 1980s.

Chapter 9 focuses on the subsidiaries of Japanese auto makers in Canada, the location of Ontario as a positive factor in the automotive industry, and the shift in the position of Canadian automobile production within NAFTA. In 1984 Honda was the first Japanese company to set up a car assembly plant in Canada. It had taken a similar step in the U.S. in 1982. Honda's Canadian plant was located in Ontario, and in 1986 Toyota followed suit and also built a car assembly plant in Ontario. That same year Suzuki and GM started a joint venture called CAMI Automotive Inc. Not only did Honda and Toyota later expand their production lines, but Honda also built an engine plant adjacent to its car assembly plant and Toyota established a satellite plant in 2008. All Japanese plants are located in Ontario.

In 1993 the Detroit Three (formerly known as the Big Three) produced 83.7% of 2.2 million light vehicles in Canada, while the production of Honda and Toyota was only 8.2%. CAMI, which produced both GM and Suzuki cars, consisted of 7.2% of the total production. In 2008 the Detroit Three's production declined to 61.3% of 2.0 million light vehicles in Canada, while the number and share of production by the two Japanese auto makers increased to 32.9% of the total production. CAMI's production was 5.9%. Besides the numbers, car production in Canada demonstrated supremacy of quality. In 2003 Toyota began production of the luxurious Lexus in its Cambridge plant, the only plant outside Japan to build this model.

Southwest Ontario possesses many factors attractive to the automotive industry, particularly location. Ontario is close to Detroit, the center of the American automotive industry, and is also connected to other vital American markets by a highly developed system of highways. Traditionally, this area had been the center of machinery industry with an accumulation of technological and automotive-related industries. The Windsor-Quebec City corridor forms the largest market in Canada and is home to a large, skilled labor force as well as many universities and research institutes that excel in developing new products and technology. For example, Honda developed a coating called "Pearl White" paint in the Alliston plant, and Toyota innovated an electronic "Kamban" system in Cambridge. The latter was disseminated to other Toyota plants around the world. In addition, the Ontario government has actively supported the automotive industry. Advantageous factors and favorable government policies led to an increase in light-vehicle production in Ontario. In 2003 Michigan produced approximately 2.8 million light vehicles and ranked number one in North America. In the same year, Ontario produced about 2.5 million light vehicles and ranked number two. From 2004 to 2009 Ontario replaced Michigan as the top car production province in NAFTA.

Chapter 10 depicts the collapse of GM and Chrysler and the impact of their decline on the Ontario economy. In 2007, 3.9 million passenger cars and 6.8 million trucks were produced in the U.S., while 1.3 million passenger cars and 1.2 million trucks were produced in Canada. Approximately 90% of the trucks were categorized as small trucks, which included small pickup trucks, mini-vans, and sports utility vehicles (SUVs). Structurally, automotive production in the U.S. was heavily centered in small trucks. Americans were already distressed with financial losses caused by the subprime loan problem and the sharp increase in oil prices in 2008. This resulted in American consumers demanding smaller, fuel-efficient passenger cars. Moreover, the

Detroit Three suffered from heavy legacy costs, including expensive medical insurance and pensions for retired workers. Under these circumstances, Chrysler and GM filed for U.S. Chapter 11 bankruptcy protection in 2009, and both the U.S. and Canadian federal governments, as well as the Ontario provincial government, bailed them out with loans and investments.

Ontario and Quebec had been the principal beneficiaries of NAFTA. Given that the automotive industry has been at the core of NAFTA and that approximately 80% of automobiles produced in Ontario were exported to the U.S., it is not surprising that Ontario's economy was severely impacted by the American recession. Although small in amount, the Japanese made strategic investments in the Canadian automotive industry. With the decline of the Detroit Three, the presence of Japanese automakers increased.

In conclusion, Canada has developed its economy by accepting immigrants and foreign capital. Given the concentration of American investments in the Canadian energy and automotive sectors, Canada has exported most of its crude oil and about four-fifths of its automobiles to the U.S. Canada has enjoyed an economy of scale by integrating itself into larger markets through NAFTA. Nevertheless, the most recent recession demonstrates that the deeper the integration of markets, the greater the adverse effect on the Canadian automotive industry.

The analysis of the automotive industry in North America confirms that Dicken's global shift hypothesis is quite appropriate. Who could imagine Ontario would surpass Michigan's Motor City in automotive production? Japan was the second largest trading partner for Canada from the early 1970s to the early 2000s, and the third largest investing country from the 1980s to the early 1990s. Even now, Japanese investment in the Canadian automotive industry definitely reveals its contribution to the Canadian economy.

Canada has tried to widen its economic bases by moving away from the energy and automotive industries toward the high technology and knowledge-intensive industries. Furthermore, while the U.S. has been the largest trading country, Canada has attempted to expand its other trading partners through bilateral free trade agreements and the Economic Partnership Agreement with the EU. Canada's trajectory and endeavors will be a valuable example for Japan to refer to in formulating its economic policies.

索引

あ 行

アイアコッカ, リー　197
亜鉛鉱／亜鉛鉱石　7, 167
赤毛のアン　92, 182
アキュラ　202
アコード　200, 202
厚板・板　28
圧延機製品　28
アメリカ（政府関連機関）
　　——運輸省　231
　　——エネルギー情報局　78
　　——財務省関税局　203
　　——商務省　77
アメリカ　3
　　——経済圏　25
　　——子会社の分工場　50
　　——製大型車　196
　　——の対加投資額　28
　　——の通商政策　37
　　——連邦破産法11条　69, 215
アメリカ・トヨタ・モーター・セールス社（Toyota Motor Sales, USA., Inc.）　204
アメリカン・インターナショナル・グループ（AIG, Inc.）　61
アラバマ州　202
アリストン　200
アリストン組立工場（ホンダ・カナダ）　202
アルキャン社（Alcan Inc.）　102
アルコア社（Alcoa Inc.）　103
アルジェリア　160

アルバータ・クリッパー・パイプライン計画　80
アルミニウム／アルミニウム鉱　7, 102, 166
　　——製品　177
アルミ・ホイール　200
アンゴラ　160
アンモニア　168
硫黄　164
イギリス　149
　　——の対加投資額　28
イタリア　150
一時解雇（レイオフ）　64
一般機械／一般機器　10, 74, 163, 176
イヌイット　8
衣服　208
医薬品　11, 167
イラク　162
医療　9, 116
医療保険　15
インガソール　201
インド　151, 172
インフィニティ　215
インフレ加速なしの失業率（NAIRU）→失業率
ヴァンクーバー　5
ウィニペグ　101
ウィンザー　7, 29, 189, 218, 230
ウェスト・テキサス・インターミディエート原油先物価格　→WTI原油先物価格
ウェストミンスター憲章　30
ウォータールー市　220

282──索引

ウォール・ストリート（Wall Street） 63
牛　28
ウッドストック工場（トヨタ）　204
ウッド・リヴァー　80
ウラニウム化合物　164
ウラン鉱　7
永住権を持つカナダ移民　→カナダ移民
英帝国経済会議　31
英帝国内特恵関税　30
　──制度　31
英連邦　30
エコ・エネルギー・改修プログラム（ecoENERGY Retrofit program）84
エコ・カー　241
エドモントン　5, 80
エネルギー資源　7, 239
エネルギー製品　75
エルカ酸　164
沿海州（マリタイム）　15
塩化カリウム　→肥料
円高　221
オイル　94
オイルサンド　7, 77, 240
オークヴィル　216
オークランド社　189
オーストリア　152
オートパクト協定　→米加自動車製品協定
オールズモービル社　188
オシャワ　29, 190, 216, 230
オタワ　31
オタワ＝ガティノー　5
オタワ＝ハル　5
オデッセー　202
オハイオ州　224
オバマ、バラク　86
　──政権　229
　──大統領　86

オペル社（Adam Opel AG）　190
オランダ　150
織物　167
卸売業　9
オンタリオ
　──自動車投資戦略（Ontario Automotive Investment Strategy: OAIS）　219
　──州の自動車　102

か 行

海外直接投資　14
海軍基地　182
外国投資審査庁（Foreign Investment Review Agency: FIRA）　43, 47
外資優遇措置　15
海底油田収入　181
ガイトナー財務長官　86
回廊地帯（Windsor＝Quebec City corridor）　7, 218
家具　163
加工金属　102
加工食品　178
ガス／ガス業　94, 116
家畜　164
カナダ（政府関連機関）
　──開発公社（Canada Development Corporations）　46, 48
　──経済審議会　51
　──小麦監視局　101
　──小麦局（Canadian Wheat Board）　101
　──産業省　9
　──住宅公社　83
　──天然資源省　169
　──統計局　5, 11
　──投資庁（Investment Canada）49, 56
カナダ（その他の機関）
　──商工会議所　51

索引──283

──製造業者連合　51
──労働者協議会　51
カナダ　3
　──企業債権者調整法　242
　──現地調達率　41
　──国勢調査（センサス）　5
　──債　24
　──自治領　19, 22
　──自動車市場　199
　──自動車労働組合（Canadian Auto Workers Union: CAW）　205
　──投資法　49
　──の全就業者数　129
　──の労働力人口　71
　──部品調達率　41
カナダ移民
　永住権を持つ──　183
カナダ-ヨーロッパ連合（EU）貿易促進協定　242
カナダ連邦　3, 19
　──政府　91
　──予算案　82
カニ　167, 168
カノーラ　164
紙　10, 126
紙製品　163, 177
紙パルプ　28
カリウム鉱／カリウム鉱業　7, 101
カルガリー　5
カローラ　200
環境問題　80
玩具　163
観光業　182
韓国　149
完成車の貿易収支　→貿易収支
関税および貿易に関する一般協定　→GATT
間接投資　22
　──額　28

起亜　231
キーストーン・パイプライン・システム　80
機械　102
機械関連機器　9
機械産業　218
機械製品　75
基幹産業　241
企業合併・買収（M&A）　56
企業経営　94
企業買収　236
企業別組合　228
企業別新車軽量自動車販売台数　215, 232
貴金属　165
基礎的化学品製造部門　124
キッチナー市　220
規模の経済　240
キャデラック社　188, 189
救済保証融資　197
キューバ　161
教育　15, 116
協定加盟企業　→米加自動車製品協定加盟企業
魚介類　167, 178
漁業　116, 126
金　30, 165
緊急インフラストラクチャー建築費　84
緊急経済安定化法案　→金融安定化法案
均衡予算　83
金属加工業　218
金本位制度　31
金融／金融業　8, 94, 104
金融安定化策（Financial Stability Plan）　86
金融安定化法案（緊急経済安定化法案）　61, 225
金融危機　33, 59, 225
金融資本　24

金融部門　239
キング，マッケンジー　31
クッシング　80
クラーク，ジョー　43
　　──首相　43
クライスラー・カナダ社　29, 191
クライスラー社　191
　　新生──　229
クライスラー・ファイナンシャル　225
グリーン・インフラストラクチャー基金　84
グリーンランド　157, 162
グレー・レポート　46
グローバル・シフト（*Global Shift*）　ii, 240
軍事　15
経営危機　225
景気後退（リセッション）　64, 72
景気刺激策　84
景気循環（economic cycle）　71
経済協力開発機構（OECD）　4
経済行動計画（Economic Action Plan）　83
経済的州間格差　→州間格差
経済的地域間格差　→地域間経済格差
経済的ナショナリズム　43, 196
経済不況　116
経済連携協定（Economic Partnership Agreement: EPA）　242
軽質低硫黄原油（Light Sweet Crude Oil）　68
軽量自動車　80, 201, 222
　　──生産台数　212
ケインズ学派　37
ケース・シラー住宅価格指数　59
毛織物　163
ケニア　152
ケベック・シティ　7
原産地規定　208

減税　87
建設業　116
建設ラッシュ　100, 112
現代自動車　50, 191
ケンタッキー州　224
現地組み立て事業　196
現地生産工場　197
現地調達率　52, 203, 208
ケンブリッジ　198, 200
ケンブリッジ工場（トヨタ）　203
原油　7, 28, 77, 176
　　──価格　75
　　──価格の上昇　112
　　──採掘　104
　　──埋蔵量　7
コイン　167
公益事業　29
光学機器　166
鉱業　29, 94, 116
　　──ブーム　30
工業団地　221
工業用機械　28
工業用原材料　75
航空機　102, 126, 164, 166
鉱産物　11
公式帝国　30
　　非──　30
工場閉鎖　236
公正貿易規定　37
高度成長　33
鉱物資源　3, 7, 239
鉱物性燃料　9, 74, 176
硬木　189
公務員　140
小売業　9, 116
ゴードン，ウォルター　45, 47
　　──委員会　46
小型トラック　202
国債　28
国際通貨基金（IMF）　37, 62

IMF 体制　37
国際復興開発銀行（世界銀行）　37
穀倉地帯　101, 125
国内総生産（GDP）　4
国民総生産（GNP）　4
穀物　127, 164, 177
互恵通商協定法　32
個人資産　228
個人消費　228
国家エネルギー政策（National Energy Program）　48
国家財政　22
固定為替相場制度　43
固定資産税　181
コバルト／コバルト鉱　7, 165
コミュニティー調整基金　85
小麦／小麦粉　28
小麦ブーム　3, 19
ゴム製品　165, 178
雇用者数　106
雇用喪失　71
コンドラチェフ　187
コンピュータ・グラフィックス　242
コンピュータの部品　168
コンフェデレーション　19

さ　行

サービス生産業　8, 106, 129
サービス貿易　52
サーブ　215
サーベラス・キャピタル・マネイジメント社　229
最恵国輸入関税　50, 208
財源調達力（fiscal capacity）　180
　――の上限（a fiscal capacity cap）　180
財産・公民権　15
財政赤字　83, 87
財政黒字　83
財生産業　8, 106

――の就業者数　129
再輸出額　→輸出額
サウジアラビア　7, 160
サケ　167, 168
サテライト工場　204
砂糖　28
サファリアン　47
サブプライム・ローン（低所得者向け高金利住宅ローン）　33, 53, 59, 225
産業基盤整備　221
産業構造　17
産業集積　218
産業省　→カナダ産業省
産業別組合　228
産業別実質 GDP　→実質国内総生産
産業別就業者数　9
　州別――　106
算定方式　180
シーフード加工食品　127
塩　7, 164
市況商品価格　75
資源依存型経済　125
資産査定　→ストレステスト
次世代事業基金（Next Generation of Jobs Fund）　219
自治権　91
失業手当　236
失業率　36, 104, 127
　インフレ加速なしの――（NAIRU）　36
　州別の――　104, 127
実質国内総生産（実質 GDP）
　産業別――　8, 94
　――の年成長率　17
　州別の――　93
実質国民総生産（実質 GNP）　25
自動車　29, 75
　――関連製品　10, 74, 125, 176
　――産業　29
　――生産台数比率　195

286——索　引

　　──製品輸出国　208
　　──の貿易収支　→貿易収支
　　──部品製造業　138
　　──貿易摩擦　197
　　──摩擦問題　188
自動車革新基金（Automotive Innova-
　　tion Fund）　219
自動車製品協定　→米加自動車製品協定
地盤沈下　241
シビック　202
シボレー・エクイノックス　205
シボレー社　190
社会福祉　9, 116
ジャガイモ　103
ジャスト・イン・タイム方式　220
州間格差
　　経済的──　17
　　──是正策　236
州政府の権限　15
住宅融資　59
住宅用木材需要　124
自由党　31, 43, 82
州の消費税　15
州別産業別就業者数　→産業別就業者数
州別の失業率　→失業率
州別の実質 GDP　→実質国内総生産
州別の人口　91
州別の名目国内総生産　→名目国内総生産
準州　91
純販売額（net sales value）　42
上位 10 品目別輸出入額　→輸出入額
商業　9
商業乗物　42
商品価格インデックス　68
商品貿易　158
情報通信技術　→ICT
情報通信産業　→ICT 産業
商用車　226
乗用車　226

ジョージタウン　198
新移民　8
新車販売台数　80
新車買い替え支援制度　231
真珠　167
新生 GM　→GM 社
新生クライスラー社　→クライスラー社
新聞用紙　28, 29, 166
進歩保守党　43, 49
新民主党（New Democratic Party:
　　NDP）　51
森林資源　3
水運業　188
水力発電　29, 102
スウェーデン　161
スズキ　200
スタグフレーション　33
ストレステスト（資産査定）　225
スバル　198, 231
スペイン　151
スポーツ用多目的車（SUV）　53, 202
スポーツ用品　163
スマーナ　197
スムート・ホーレイ関税法　31
スローン　190
税基盤　181
生産ネットワーク　199
生産連鎖　187
製紙業　102
製造業　8, 116
　　──への就業者数　113
西部カナダ　15, 129
政府関係（産業）　103
政府関連（就業者）　116
政府支援機関（Government-Spon-
　　sored Enterprises: GSEs）　60
精密機器　11
セイヨウアブラナ　164
世界銀行　→国際復興開発銀行
世界貿易機関　52

石炭　7, 28
赤道ギニア　160
石油　116
　　──危機　188
　　──産業　125
石油輸出国機構（OPEC）　80, 169
ゼネラル・モーターズ社　→GM社
繊維　208
センサス　→カナダ国勢調査
戦時借款　37
先住民（First Nations）　85
先進主要国会議（G8）　4
先進的製造業投資戦略（Advanced Manufacturing Investment Strategies: AMIS）　219
セント・トーマス　218
全米経済研究所（NBER）　64
全米自動車労働組合（United Auto Workers Union: UAW）　228
造船業　188
ソラーラ　203
ソルトレイク・シティ　77
ソレンティーノ　36

た　行

ターボプロペラ　168
第1次金属　102
第一次世界大戦　25
第1次石油危機　33, 194
大英帝国　30
　　──経済圏　24
対加直接投資　→直接投資
耐久消費財部門　136
　　非──　136
大恐慌　25
第3の選択　43
退職者向け医療保険基金（Voluntary Employee Beneficiary Association: VEBA）　229
大西洋カナダ　15, 92

大都市圏　→CMAs
第二次世界大戦　25
第2次石油危機　33, 194
大不況（Great Depression）　19
対米依存度　11
対米協調路線　32
ダイムラー＝クライスラー社　229
ダイムラー＝ベンツ社　229
大陸横断鉄道　22
大陸主義　43
台湾　149
ダウ・ジョーンズ工業平均（Dow Jones Industrial Average: DJIA）　62
高岡工場（トヨタ）　237
多角化　242
多国籍企業　46, 239
タコマ　237
タナー　34
タバコ　165
多文化主義政策　3
タラ　115
短期的資金供与　228
地域間経済格差（経済的地域間格差）　15, 179
地域経済振興開発　179
チーズ　28
チェンバーズ　34
畜産　127
知識集約型産業　242
チタニウム鉱　7
知的所有権　52
中位5州　180
中央カナダ　15, 92
中国（中華人民共和国）　149
中古住宅価格　59
直接投資　22
　　対加──　22
　　──額　28
チリ　152

地理的近接性　218
通商　15
低所得者向け高金利住宅ローン　→サブプライム・ローン
ディッケン（Peter Dicken）　ii, 240
データ処理機　168
鉄鋼　165, 177
　――製品　163
鉄道公債　28
デトロイト　29, 188, 218
デトロイト・スリー　69, 187
デュラント　189
デュリエ兄弟　188
デルタ　200
デロジェ　195
電気機器／電気器具　10, 28, 163, 177
電子カンバンシステム　221
天然ガス　176
天然資源省　→カナダ天然資源省
デンマーク　151, 161
電力　165
ドイツ　150
ドイツ賠償金問題　37
銅　163
　――製品　165
　――マット　165
冬季オリンピック　106
　――選手村　118
都市圏　→CAs
ドミノ倒し　187
トヨタ・カナダ社（Toyota Canada Inc.）　200
トヨタ自動車（トヨタ）　50, 197, 200
トヨタ北米統括管理会社（Toyota Motor Engineering & Manufacturing North America, Inc.: TEMA）　205
トヨタ紡織　220
トヨテツ・カナダ（豊田鉄工・カナダ）　220

トランスミッション工場　230
トリニダード・トバゴ　162
トルドー，ピエール　43
　――首相　43
　――政権　196
トレント　205
トロント　5, 30
トロント株式市場（Toronto Stock Exchange）　63, 239
トロント総合指数（S&P/TSX Composite Index）　63

な　行

内国民待遇　52
ナショナリスト学派　47
ナショナル・ポリシー（National Policy）　22
7つの重点分野　87
ニクソン大統領　43
肉類　164
2国間自由貿易協定　242
2009年アメリカ再生および再投資法案（American Recovery and Reinvestment Act of 2009）　86
2008年住宅・経済回復法（Housing and Economic Recovery Act of 2008）　61
日系自動車部品メーカー　221
日系自動車メーカー　187, 199
ニッケル　164
　――鉱　7
日産自動車（日産）　197
日本
　――からの輸入額　→輸入額
　――人旅行者　182
　――製小型車　196
　――の投資残高　56
　――への輸出額　→輸出額
ニューヨーク商業取引所（New York Mercantile Exchange: NYMEX）

索引——289

68
ヌナヴト　17
農業　116
　　──就業者　113
ノーテル・ネットワークス（ノーザンテレコム）　241
ノルウェー　150

は行

ハーディスティ（Hardisty）　80
パートタイム　70
バーナンキ・アメリカ連邦準備制度理事会議長　66
ハーパー, スティーブン　82
　　──首相　82
　　──政権　229
　　──保守党政権　239
パール・ホワイト　220
ハイテク産業　241
パイプライン　77, 169, 240
ハイブリッド　53
　　──・カー　241
パイロット　202
白人自治領　30
馬車製造技術　189
パッカード社　188
発電機　168
ハブ・アンド・スポークス　50
バブル　33
パリティ　53, 75
ハリファックス　182
ハル　32
パルプ　102, 126, 163, 176
比較生産費論　50
東アジア　172
　　──諸国　149
非公式帝国　→公式帝国
ビジネス移民　8
ビジネス投資　85
非耐久消費財部門　→耐久消費財部門

ビチューメン　8
ピックアップ・トラック工場　230
ビッグ・スリー　38, 187
　　──子会社　194
非鉄金属　31
非農業部門の雇用者数（nonfarm payroll employment）　69
　　──の減少　70
日野カナダ社　222
ビュイック社　189
肥料（塩化カリウム）　164
ファースト・ネイションズ　8
ファニー・メイ　→Fannie Mae
フィアット・グループ　229
フィンランド　152
プエブラ州　224
フォーディズム　187
フォード・カナダ社　29, 189
フォードシステム　189
フォード社　29, 188
フォード式生産方式　241
フォルクス・ワーゲン　209
武器貸与法　37
富士重工業　198
不動産／不動産業　9, 94, 104, 140
部品　210
ブラーデン王立委員会　38
プラザ合意　221
ブラジル　151
プラスチック　11, 164, 176
プラチナ鉱　7
ブラック・ベリー　242
フランス　150
ブランプトン　218
フリーモント　197
フルタイム（の雇用）　70
ブルックス・オートモビル社　29
フレアティ財務大臣　86
フレーザー川　222
プレーリー　→平原州

フレディ・マック →Freddie Mac
ブレトン・ウッズ体制　37
フレンチフライ　104
ブロードバンド　85
フローレンスヴィル（Florenceville）　103
分工場　14, 191
　——化　25
紛争処理パネル　52
ヘイ　34
米加互恵通商協定　31
米加自動車製品協定（Auto Pact）　38, 50, 194, 196, 197, 207, 208
　——加盟企業　207
米加自由貿易協定（Canada-U.S. Free Trade Agreement: FTA）　49, 199, 207
平原3州　101
平原州（プレーリー）　8, 15, 92
平衡交付金制度（Equalization Program）　179
米州自由貿易圏　53
ペトロ・カナダ　43, 48
ベネズエラ　161
ベネット, リチャード・B.　31
ベルギー　151
ベンチャー企業　189
変動為替相場制度　43
貿易相手国　141
貿易依存度　9
貿易収支　22, 158
　完成車の——　210
　自動車の——　212
貿易パターン　17
貿易比率　172
貿易品目　141
貿易摩擦　222
法人所得税　181, 236
宝石　167
ボーキサイト　102

ポート・アーサー　80
ボーモント（Beaumont）　188
ボクソール社（Vauxhall Motors Ltd.）　190
北米産業分類システム（North American Industry Classification System: NAICS）　94
北米産自動車　221
北米自由貿易協定（North American Free Trade Agreement: NAFTA）　12, 50, 199, 208
北米単一市場　51
保険／保険業　9, 94, 104
保護関税政策　22
保護主義　37
保守党　31, 82
ポタッシュ・コーポ（Potash Corp／Potash Corporation of Saskatchewan）　101
ホタテガイ　167
北海地域　169
ボノモ　34
ボルボ　50, 191
香港　150
本田技研工業（ホンダ）　50, 197
ホンダ・カナダ →Honda Canada Inc.
ポンティアック　189
ボンバルディア社（ボンバルディエ社／Bombardier Inc.）　103

ま 行

マーシャル・プラン　37
マクドナルド, ドナルド　22, 48
　——報告書　48
マクローリン, ロバート　190
　——・キャリッジ社　190
　——社／——・モーターカー社（McLaughlin Motor Car Company）　29, 190

索引 —— 291

マケイン社（McCain Foods Ltd.） 103
マックスウェル・チャルマーズ（Maxwell-Chalmers） 191
マッケンジー・ガス計画 85
マッシー・ファーガソン 218
マツダ 198, 231
マトリックス 203
マネタリスト学派 37
マリタイム →沿海州
マリン・バイオロジー 182
マルルーニー, ブライアン 49
　——政権 196
マレーシア 159
ミシガン州 68, 222
ミズーリ州 224
三井物産 200
三菱自動車 198
民間航空機メーカー 103
無条件最恵国原則 37
ムラサキイガイ 168
メアリーズヴィル 197
名目国内総生産（名目GDP） 4, 91
　州別の—— 92
メキシコ 150, 209
綿製品 28
木材 10, 124
　——製品 74, 124, 126, 127, 176
「モザイク」社会 3
持たざる州（have-not provinces） 180
持てる州（have provinces） 180
モリブデン／モリブデン鉱 7, 163
モントリオール 5, 103

や 行

野菜類 164
有機化合物 164
郵便 15
輸出額 141

　再—— 9, 141
　日本への—— 56
輸出自主規制 197
輸出数量の割り当て 197
　上位10品目別—— 73
輸出品目 163
輸送機器 10
油田 115
輸入額 141
　日本からの—— 56
輸入比率 174
輸入品目 163
羊毛製品 28
ヨーロッパ経済共同体（EEC） 45
ヨーロッパ経済協力機構（OEEC） 38
ヨーロッパ連合（European Union: EU） 49

ら 行

ライフ・サイエンス 182
ラクサー 47
ラッド長官 231
リース業 9, 140
リーマン・ブラザーズ 61, 62
リーン生産 218
　——方式 241
リオ・ティント・アルキャン社（Rio Tinto Alcan Inc.） 102
リセッション →景気後退
リッジライン 202
立地条件 199
リトアニア 162
流動性供給枠 86
林業 116, 127
林産物 10
ルーズヴェルト, フランクリン 32
　——大統領 32
ルネッサンス・プロジェクト 219

292——索引

ルノー　209
レイオフ　→一時解雇
レガシー・コスト　228
レクサス　203
連鎖ドル　8, 94
連邦（アメリカ）
　——住宅金融局（Federal Housing Finance Agency）　61
　——住宅金融抵当金庫（Federal Home Loan Mortgage Corporation: FHLMC）　60
　——住宅抵当公社（Federal National Mortgage Association: FNMA）　60
　——準備制度理事会（Federal Reserve Board: FRB, the Fed）　61
連邦の結成　→コンフェデレーション
ロイヤルティー　240
ロートシュティン　47
ロシア　161
ロッキー山脈　3
ロブスター　167, 168

わ行

ワーク・シェアリング　205
ワールド・エコノミック・フォーラム　62
ワーン委員会　46
ワトキンス・レポート　46

アルファベット

ACOA（Atlantic Canada Opportunities Agency）　182
AIG　→アメリカン・インターナショナル・グループ
Aisin　204
AMIS　→先進的製造業投資戦略
Atlantic Accords　181
Auto Pact　→米加自動車製品協定

CA（Census Agglomeration）／CAs（Census Agglomerations：都市圏）　5
CAMI（CAMI Automotive Inc.）　50, 201, 205
Canadian Honda 社　199
CAPTIN（Canadian Autoparts Toyota Inc.）　200
CARS（Car Allowance Rebate System）　231
CAW　→カナダ自動車労働組合
C. D. ハウ研究所　47, 51
CMA（Census Metropolitan Area）／CMAs（Census Metropolitan Areas：大都市圏）　5
DJIA　→ダウ・ジョーンズ工業平均
EEC　→ヨーロッパ経済共同体
EPA　→経済連携協定
Establishment Survey Data　69
EU　→ヨーロッパ連合
EU 貿易促進協定　→カナダ-ヨーロッパ連合貿易促進協定
Fannie Mae（ファニー・メイ）　61
Fed　→連邦準備制度理事会
FHLMC　→連邦住宅金融抵当金庫
FIRA　→外国投資審査庁
FNMA　→連邦住宅抵当公社
FRB　→連邦準備制度理事会
Freddie Mac（フレディ・マック）　61
FTA　→米加自由貿易協定
G8　→先進主要国会議
G20　88
GATT（関税および貿易に関する一般協定）　37
　——体制　37
GDP　→国内総生産
GM（ゼネラル・モーターズ）社　29, 189
　新生——　230

GMAC／GMアクセプタンス社（GM Acceptance Corp.） 190, 225
GMカナダ社 29, 190, 200
GNP →国民総生産
GSEs →政府支援機関
have-not 236
HCM（Honda of Canada Manufacturing） 200
Honda Canada Inc.（ホンダ・カナダ） 200
Household Survey Data 69
ICT（Information and Communications Technology：情報通信技術） 33
ICT（情報通信）産業 33
——のバブル 242
IMF →国際通貨基金
IT産業 →ICT産業
JAMA Canada 205
M&A →企業合併・買収
NAFTA →北米自由貿易協定
NAICS →北米産業分類システム
NAIRU →失業率
NBER →全米経済研究所

NDP →新民主党
NUMMI（New United Motor Manufacturing, Inc.） 197
NYMEX →ニューヨーク商業取引所
OAIS →オンタリオ自動車投資戦略
OECD →経済協力開発機構
OEEC →ヨーロッパ経済協力機構
OPEC →石油輸出国機構
SARS（重症急性呼吸器症候群） 182
SUV →スポーツ用多目的車
TEMA →トヨタ北米統括管理会社
TG Minto 204
TMMC（Toyota Motor Manufacturing Canada Inc.） 200
Trim Master 204
T型車 189
UAW →全米自動車労働組合
VEBA →退職者向け医療保険基金
VIAレール 85
WTI（ウェスト・テキサス・インターミディエート）原油 68
——先物価格 67
XL7 205

著者略歴
1986 年　ブリティッシュ・コロンビア大学大学院，Ph.D.
1987 年　カナダ・ヨーク大学，助教授
1992 年　東洋大学経済学部専任講師，同助教授を経て，現職
　　　1998-99 年　オックスフォード大学，客員研究員
　　　2008-09 年　トロント大学，客員研究員
現　在　東洋大学経済学部教授

主要著作
『都市・空間・権力』（共著，大明堂，2001 年）
『カナダを知るための 60 章』（共著，明石書店，2003 年）
Understanding Japan: Essays Inspired by Frank Langdon
　　　（共著，Centre of International Relations, University of British Columbia, 2004 年）
『現代カナダを知るための 57 章』（共著，明石書店，2010 年）

現代カナダ経済研究
──州経済の多様性と自動車産業──

2011 年 7 月 29 日　初　版

［検印廃止］

著　者　栗原　武美子
　　　　（くりはら　たみこ）

発行所　財団法人　東京大学出版会
　　　　代表者　渡辺　浩
　　　　113-8654　東京都文京区本郷 7-3-1 東大構内
　　　　http://www.utp.or.jp/
　　　　電話 03-3811-8814　Fax 03-3812-6958
　　　　振替 00160-6-59964

印刷所　株式会社理想社
製本所　誠製本株式会社

Ⓒ 2011 Tamiko Kurihara
ISBN 978-4-13-046102-3　Printed in Japan

Ⓡ〈日本複写権センター委託出版物〉
本書の全部または一部を無断で複写複製（コピー）することは，著作権法上での例外を除き，禁じられています．本書からの複写を希望される場合は，日本複写権センター（03-3401-2382）にご連絡ください．

加藤普章著	カナダ連邦政治 多様性と統一への模索	5400円
大阪市立大学経済研究所 編 森澤恵子・植田浩史	グローバル競争とローカライゼーション	3800円
松原　宏著	経済地理学 立地・地域・都市の理論	4800円
松原　宏編	先進国経済の地域構造	4800円
園田節子著	南北アメリカ華民と近代中国 19世紀トランスナショナル・マイグレーション	7400円
油井大三郎編 遠藤泰生	多文化主義のアメリカ 揺らぐナショナル・アイデンティティ	3800円
持田信樹編	地方分権と財政調整制度 改革の国際的潮流	4800円

ここに表示された価格は本体価格です．御購入の際には消費税が加算されますのでご了承下さい．